金融创新环境下国际贸易市场管理发展研究

刘泉谷　张　盼　张丹丹　主编

张　惠　段淑媛　李红林　副主编

北方文艺出版社

图书在版编目（CIP）数据

金融创新环境下国际贸易市场管理发展研究/刘泉谷, 张盼, 张丹丹主编. --哈尔滨:北方文艺出版社, 2024.7. --ISBN978-7-5317-6326-0

Ⅰ.F832;F752

中国国家版本馆CIP数据核字第2024P350A6号

金融创新环境下国际贸易市场管理发展研究

JINRONG CHUANGXIN HUANJINGXIA GUOJI MAOYI SHICHANG GUANLI FAZHAN YANJIU

作　者 / 刘泉谷　张　盼　张丹丹

责任编辑 / 白天佑　　　　　　　封面设计 / 周雪颖

出版发行 / 北方文艺出版社　　　邮　编 / 150008

发行电话 / （0451）86825533　经　销 / 新华书店

地　址 / 哈尔滨市南岗区宣庆小区1号楼　网　址 / www.bfwy.com

印　刷 / 廊坊市瀚源印刷有限公司　开　本 / 710mm×1000mm　1/16

字　数 / 300千　　　　　　　　印　张 / 16

版　次 / 2025年4月第1版　　　印　次 / 2025年4月第1次印刷

书　号 / ISBN 978-7-5317-6326-0　定　价 / 88.00元

前　言

　　随着全球经济一体化的深入发展，金融创新与国际贸易市场的相互关系日益紧密。金融创新为国际贸易市场提供了更加便捷、灵活的交易方式和融资工具，而国际贸易市场则为金融创新提供了广阔的应用场景和市场需求。本书旨在全面深入地探讨金融创新与国际贸易市场的互动关系，为读者揭示这一领域的最新动态、理论和实践。

　　在金融创新的推动下，国际贸易市场不断涌现出新的业务模式和产品，如供应链金融、跨境人民币结算、数字货币等。这些创新不仅降低了交易成本，提高了贸易效率，还为参与国际贸易的企业提供了更多元化的金融服务。同时，金融创新也面临着风险和挑战，如跨境资本流动、货币错配和信息不对称等问题。如何在创新的同时有效防范和控制风险，成为业界关注的焦点。

　　国际贸易市场的概念涵盖了商品和服务在国与国之间的交换活动。其特点在于涉及不同国家之间的政策法规、文化差异和贸易惯例等方面的差异。随着全球化和区域经济一体化的深入发展，国际贸易市场的规模和影响力不断扩大。各国之间的贸易依存度逐渐增加，贸易结构日趋多样化，贸易方式也变得更加灵活多样。

　　金融创新与国际贸易市场的关系是一个复杂而多元的话题。本书从多个角度展开深入探讨，不仅关注金融创新对国际贸易市场的推动作用，还关注国际贸易市场对金融创新的影响和需求。通过对价格管理、项目管理、风险管理等方面的分析，本书旨在帮助读者全面了解这一领域的最新动态和实践。

　　在撰写本书的过程中，我们力求做到理论与实践相结合，深入浅出地阐述金融创新与国际贸易市场的互动关系。我们希望通过本书的出版，能够为相关领域的学者、从业人员和政策制定者提供有益的参考和启示，促进金融创新与国际贸易市场的共同发展。

　　本书共分为十七章，从多个角度全面深入地探讨金融创新与国际贸易市场的互动关系。第一章介绍了金融创新的定义与分类、国际贸易市场的概念与特点以及金融创新与国际贸易市场的关系。第二章至第七章分别从价格管理、项目管理、经济金融环境等方面展开分析，深入探讨这些因素对国际贸易市场的影响和作用。第八章至第十章重点分析了风险管理、竞争与合作，以及价格管理与项目管理的协同发展等议题。第十一章至第十四章则从经济金融会计财务、政策与法律环境、未来展望和风险与机遇等方面展开讨论。第十五章至第十七章聚焦于创新模式与实践、合作与共赢以及国际组织的贡献等议题。

在撰写过程中，我们注重内容的系统性和完整性，力求使各章节之间形成有机联系。同时，我们结合实际案例和数据，使本书更具说服力和实用性。我们希望通过本书的出版，能够为相关领域的学者、从业人员和政策制定者提供有益的参考和启示，促进金融创新与国际贸易市场的共同发展。

最后，我们要感谢参与本书撰写和出版的所有人员，正是他们的辛勤付出才使得本书得以顺利出版。同时，我们也希望读者能够从本书中获得有益的知识和启示，为推动金融创新与国际贸易市场的共同发展贡献自己的力量。

目　录

第一章 金融创新与国际贸易市场概述

第一节 金融创新的定义与分类

一、金融创新的定义

金融创新是一个广泛的概念，它涵盖了金融领域中各种新的产品、服务、技术、组织形式和市场的开发与实施。这不仅包括传统的银行业和证券业，还包括保险、信托、租赁等其他金融业态。金融创新的目的是提高金融机构的效率和竞争力，更好地满足客户需求，同时降低风险和提高盈利能力。

从历史上看，金融创新的出现往往是由于传统的金融业务无法满足市场需求或者受到管制而产生的。例如，在 20 世纪 70 年代，随着人们对金融自由化的呼声越来越高，金融创新开始加速发展。其中，最著名的例子是欧洲货币市场的出现，它为跨国公司和各国政府提供了更加灵活的融资渠道。此外，随着技术的发展，金融创新也开始涉及电子支付、区块链、人工智能等领域。

二、金融创新的分类

金融创新是一个广泛且多维的概念，涵盖了金融领域的许多方面。为了更好地理解和管理金融创新，对其进行适当的分类是必要的。以下是对金融创新的一些主要分类方式：

（一）产品创新与过程创新

产品创新：这种创新涉及到新的金融工具、服务或产品的开发。例如，新的投资工具、保险产品或贷款结构都可以被视为产品创新。产品创新通常以满足客户需求或解决特定问题为目标。

过程创新：这种创新主要关注金融服务的提供方式。例如，使用新技术简化交易过程、提高处理速度或降低成本都可以被视为过程创新。

（二）制度创新与机构创新

制度创新：这涉及到金融体系的根本性变革，如新的支付制度、监管框架或市场结构。制度创新通常需要政府或监管机构的参与。

机构创新：这种创新涉及金融机构的组织结构和管理方式的变革。例如，新的公司结构、运营模式或管理策略都可以被视为机构创新。

（三）监管创新与市场创新

监管创新：这种创新旨在提高金融系统的透明度、稳健性和公平性。例如，新的监管政策、法规或监管技术都可以被视为监管创新。

市场创新：这涉及到新的金融市场的开拓，如新的交易平台、市场参与者或交易机制。市场创新有助于提高市场效率和流动性。

（四）技术驱动型创新与市场驱动型创新

技术驱动型创新：这种创新主要源于技术进步，如电子支付、区块链、人工智能等新兴技术在金融领域的应用。技术驱动型创新可以大大提高金融服务的效率和便捷性。

市场驱动型创新：这种创新是为了满足市场需求而产生的。例如，在线贷款平台、数字货币或定制化投资方案都是为了满足客户的特定需求而出现的。

（五）局部创新与全局创新

局部创新：这种创新通常局限于金融行业的某个特定领域或地区。例如，某一地区推出的新的贷款产品或证券化工具。

全局创新：这种创新影响整个金融体系，如数字货币、全球支付系统或跨境金融服务。全局创新对金融行业的整体格局产生深远影响。

通过以上分类，我们可以更全面地理解金融创新的多样性和复杂性。不同类型的金融创新可能面临不同的挑战和风险，需要采取不同的策略和措施来促进和管理。同时，这些分类方式并不是绝对的，它们之间可能存在重叠和交叉，因为金融创新的本质是多维和动态的。

为了成功实施金融创新，金融机构需要具备以下几个关键要素：创新能力、风险管理能力、技术实力和市场洞察力。同时，与政府、监管机构和客户的合作也是推动金融创新的重要因素。

金融机构可以通过不断探索和实践，发掘新的商机和发展空间，从而在激烈的市场竞争中保持领先地位。同时，金融机构还需要关注金融创新的潜在风险和挑战，如市场波动、技术风险和合规问题等，以确保创新的可持续性和长期效益。

总之，金融创新的分类有助于我们更好地理解和把握金融创新的内涵和外延。通过深入分析不同类型的金融创新，我们可以为金融机构提供更有针对性的建议和支持，推动金融行业的持续健康发展。

三、金融创新的发展历程

金融创新是金融领域内发生的各种要素的重新组合和创造，它涵盖了金融产品、服务、技术、组织和管理等方面的创新。自金融业诞生以来，金融创新就一直是推动金融业发展的重要动力。以下是金融创新的主要发展历程：

（一）20 世纪 30 年代前的金融创新

在 20 世纪 30 年代之前，金融环境充满了挑战与机遇。由于严格的金融管制和烦琐的法律法规，金融行业的发展受到了很大的限制。然而，这并没有阻止金融创新的步伐。为了应对这些限制，金融机构开始探索新的产品和服务，以更灵活地满足客户需求并降低运营成本。

其中，可转让的定期存单就是一个典型的例子。这种创新产品使得客户的存款可以在一定期限内转让给他人使用，这大大提高了资金的流动性。而经纪人贷款则让客户可以通过经纪人从银行或其他金融机构获得贷款，这为客户提供了更多的融资渠道。

此外，证券化贷款也是那个时期的创新之一。这种贷款方式将原本不易流动的长期贷款转化为可以在市场上流通的证券，这不仅增加了贷款的流动性，也使得金融机构能够更好地管理其资产负债表。

这些金融创新的出现，无疑为当时的金融机构带来了巨大的便利。它们不仅使得金融机构能够更加灵活地满足客户需求，还降低了运营成本，从而提高了整体的效率和竞争力。

（二）20 世纪 60 年代至 70 年代的金融创新

20 世纪 60 年代至 70 年代，金融创新继续蓬勃发展，这一时期的创新主要得益于技术进步和金融自由化的深入推进。

技术进步，特别是电子技术的飞跃，为金融创新提供了强大的支持。金融机构开始广泛应用计算机系统，实现了业务的自动化和电子化。这不仅提高了金融服务的效率，还为客户提供了更加便捷的金融服务。电子转账、电子清算和结算等新服务模式的出现，大大提升了资金流转的速度和准确性，降低了运营成本。

与此同时，金融自由化的进程也在加速。各国政府和监管机构逐渐认识到金融管制对金融市场发展的制约，开始进一步放松金融管制，减少烦琐的法律法规，促进金融市场的竞争和创新。这一举措激发了金融机构的创新活力，促使他们不断推出新的金融产品和服务以满足市场需求。

这一时期出现了许多具有影响力的金融创新产品和服务。货币市场基金得到了更广泛的应用，为投资者提供了更多元化的投资选择，满足了他们对资金流动性和收益性的需求。信用卡业务迅速扩张，不仅在城市地区得到了普及，也逐渐扩展到乡村地区，成为人们日常生活中不可或缺的支付工具。此外，金融衍生品市场开始起步，出现了期货、期权等新型金融工具，为投资者提供了对冲风险和盈利的新手段。

这些金融创新在很大程度上改变了金融市场的格局和运行方式。它们使得金融机构能够更好地满足客户需求，提高服务效率，降低运营成本。同时，这些创新也推动了金融市场的竞争和繁荣，为整个经济社会的进步做出了重要贡献。

总的来说，20 世纪 60 年代至 70 年代是金融创新取得重要突破的时期。技术进步和金融自由化为金融机构提供了强大的动力和机遇，促使他们不断创新和改进。这些创新不仅改变了金融行业的格局，也深刻地影响了人们的生活和经济社会的运行方式。

随着时间的推移，金融创新将继续发挥重要的作用。面对未来的挑战和机遇，金融机构需要继续保持创新精神，不断探索新的产品和服务以满足客户需求。同时，政府和监管机构也需要继续推进金融自由化改革，为金融机构的创新提供更加有利的环境。只有这样，金融行业才能持续繁荣和发展，为经济社会的进步做出更大的贡献。

（三）20 世纪 80 年代至 90 年代的金融创新

20 世纪 80 年代至 90 年代，金融创新继续取得显著进展，这一时期的创新主要集中在金融衍生品和风险管理领域。

随着全球经济一体化进程的加速，金融市场的波动性日益增加，金融机构面临着越来越大的风险管理挑战。为了应对这一挑战，金融机构开始大力发展风险管理工具和技术。远期合约、期权、期货等金融衍生品在风险管理中的应用逐渐普及，为金融机构提供了更加灵活和有效的风险对冲手段。这些金融衍生品不仅能够帮助金融机构规避风险，还能为其创造额外的收益。

此外，金融衍生品市场的快速发展也对金融机构的资产负债管理和风险分散起到了积极的推动作用。通过使用金融衍生品，金融机构能够更好地匹配资产和负债，优化自身的资产负债结构，降低流动性风险。同时，这些衍生品还能帮助金融机构将风险分散到更广泛的投资者群体中，降低集中风险。

这一时期还出现了许多新的金融产品和业务模式。例如，资产证券化开始兴起，为金融机构提供了将长期资产转化为可交易证券的途径。这不仅丰富了投资者的投资选择，还为金融机构提供了新的融资渠道。另外，金融市场的电子化程度进一步提高，电子交易平台和网络银行等新型业务模式开始出现并迅速发展。这些新模式大大提高了金融市场的效率和便捷性，为投资者和金融机构提供了更加优质的服务。

　　值得注意的是，这一时期的金融创新还涉及到监管制度的变革。随着金融市场的复杂性和关联性不断增强，监管机构开始意识到传统监管方式的局限性，逐渐加强了对金融创新的监管力度。在确保金融稳定和保护投资者利益的同时，也推动了金融市场的健康发展。

　　总的来说，20世纪80年代至90年代的金融创新呈现出多元化和深入化的特点。风险管理、金融衍生品、资产证券化等领域的创新为金融机构提供了更加全面的风险管理工具和业务模式。同时，监管制度的变革也为金融创新创造了更加良好的环境。这些创新不仅提高了金融机构的竞争力和盈利能力，也增强了整个金融体系的稳健性。

　　回顾这一时期的金融创新，我们可以看到金融机构在应对市场变化和挑战方面展现出了强大的创新能力。在未来，随着科技的进步和全球经济格局的变化，金融创新将继续发挥关键作用。金融机构需要保持敏锐的市场洞察力，积极拥抱新技术和新模式，以持续创新驱动自身的发展和整个金融行业的繁荣。

　　（四）21世纪以来的金融创新

　　进入21世纪，，特别是在互联网和移动互联网技术的推动下金融创新的发展步伐进一步加快。这一时期的金融创新呈现出更加多元化和包容性的特点，不仅涉及到新兴业态的涌现，也涉及到传统金融机构的业务模式和服务方式的变革。

　　首先，在线银行成为这一时期金融创新的重要标志之一。随着互联网技术的普及，越来越多的金融机构开始提供在线银行服务，客户可以随时随地通过互联网或移动设备进行转账、查询、支付等操作。这种新型业务模式不仅为客户提供了更加便捷的服务体验，还降低了金融机构的运营成本，提高了服务效率。

　　其次，P2P借贷和众筹等新型融资方式也逐渐兴起。这些新型融资方式的出现，为中小企业和个人提供了更加广泛的融资渠道，降低了融资门槛和成本。通过互联网平台，投资者可以直接将资金投向需要融资的项目或个人，使得资金配置更加高效和灵活。

　　此外，数字货币和区块链技术也为金融创新带来了新的机遇和挑战。数字货币如比特币等，以其去中心化、匿名性、安全性等特点，对传统货币体系和金融机构带来了冲击。同时，区块链技术作为一种分布式账本技术，可以为金融交易和资产登记提供更加安全、透明和高效的解决方案。

　　在全球化和区域经济一体化的背景下，跨国金融机构和跨境金融服务也成为这一时期金融创新的重要方向。随着国际贸易和投资活动的不断增加，金融机构需要提供更加全面和个性化的跨境金融服务，以满足客户不断增长的需求。

　　然而，金融创新的快速发展也给监管机构带来了新的挑战。如何确保金融创新的合规性和风险可控性，防止金融风险的积聚和扩散，成为监管机构面临的重要问题。在这一背景下，监管科技（RegTech）开始兴起，利用先进的技术手段为监管机构提供更加高效和精准的监管工具和解决方案。

总的来说，21世纪的金融创新呈现出更加多元化和包容性的特点。在线银行、P2P借贷、数字货币、区块链技术、跨境金融服务等新兴业态不断涌现，为金融机构和监管机构带来了新的机遇和挑战。未来，随着科技的不断进步和全球经济格局的变化，金融创新将继续发挥关键作用，推动金融行业的持续发展和繁荣。

在这个时期，技术的运用进一步推动了金融产品和服务的变革。大数据、人工智能、区块链等新技术不仅提高了金融机构的处理能力和效率，还为客户提供了更加个性化、智能化的服务。例如，基于大数据分析的信用评分模型可以帮助金融机构更准确地评估借款人的信用风险；人工智能在客服、风控和投资顾问等领域的应用也大大提升了用户体验；区块链技术则有助于提高交易的透明度和安全性，降低操作风险。

（五）中国金融创新的发展历程

中国的金融创新大致经历了三个阶段：改革开放初期的金融创新、社会主义市场经济体制下的金融创新以及经济全球化背景下的金融创新。在每个阶段，金融创新都呈现出不同的特点和发展动力。近年来，中国在互联网金融领域取得了显著进展，如移动支付、P2P网贷、众筹等新兴业态发展迅速，成为全球互联网金融发展的典范之一。

总体来看，金融创新的发展历程是一个不断演进和变革的过程，受到技术进步、市场需求和政策环境等多重因素的影响。随着未来科技和全球经济格局的不断变化，金融创新将继续呈现出多元化、复杂化的发展趋势。为了适应这一趋势，金融机构需要保持敏锐的市场洞察力，加强技术创新和人才培养，以更好地满足客户需求并应对市场挑战。同时，政府和监管机构也需要不断完善相关政策和法规，以促进金融创新的健康发展并防范潜在风险。

第二节　国际贸易市场的概念与特点

一、国际贸易市场的概念

国际贸易市场，也称为全球市场或国际市场，是指不同国家和地区之间进行的商品和服务的买卖交易。这种交易通常跨越国界，涉及进出口过程。国际贸易不仅是各国之间经济交流的重要渠道，也是促进全球经济增长和发展的重要引擎。

（一）国际贸易市场的形成

国际贸易市场的形成可以追溯到古代时期。在那个时代，不同的国家之间就开始通过交换各自的特产来满足彼此的需求。古丝绸之路就是一个典型的例子，它连接了东西方，使得商品和文化的交流成为可能。沿着这条路线，中国的丝绸、瓷器和茶叶被运往欧洲，而欧洲的金属、玻璃和文化则传播到东方。这种交换不仅丰富了各国的物质生活，还加深了彼此的了解和文化交流。

随着时间的推移，地理大发现和航海技术的进步为国际贸易带来了新的机遇。欧洲的航海家如哥伦布、达·伽马和麦哲伦等人，通过他们的探险旅程，发现了新的大陆、岛屿和航线。这使得欧洲国家能够与世界各地进行直接贸易，而不再仅仅依赖传统的陆路贸易。这些新的贸易伙伴关系为欧洲带来了巨大的财富和资源，进一步推动了其经济和军事力量的增长。

到了 18 世纪末和 19 世纪初，工业革命的到来为国际贸易市场带来了根本性的变革。这场革命始于英国，随后传播到其他欧洲国家和美国。随着蒸汽机、纺织机和其他机械化设备的出现和应用，生产效率得到了极大的提高。这导致了大规模的生产和出口，使得欧洲和美国的商品在国际市场上具有强大的竞争力。同时，铁路和蒸汽船的发明也极大地改善了交通和通信条件，使得货物的运输和信息的传递变得更加快速和可靠。

随着国际贸易市场的不断扩大和深化，各国之间的经济联系也越来越紧密。今天，世界各国都在积极参与国际贸易，通过出口和进口来满足各自的需求和发展。国际贸易已经成为全球经济的核心之一，为各国经济的发展带来了巨大的机遇和挑战。

总的来说，国际贸易市场的形成和发展经历了漫长的历史过程。从古代的物物交换到地理大发现和航海技术的进步，再到工业革命带来的生产力和交通通信技术的革新，国际贸易逐渐成为全球经济的核心。今天，随着全球化和区域经济一体化的深入发展，国际贸易市场的规模和影响力还在不断扩大。它不仅促进了各国之间的经济交流和发展，还加强了不同文化之间的融合与理解。因此，对于未来的国际贸易市场，我们需要更加深入地了解其发展历程和特点，以便更好地应对挑战和机遇，推动全球经济的繁荣和发展。

（二）国际贸易市场的参与者

国际贸易市场的参与者主要包括出口商、进口商、制造商、供应商、分销商和贸易中介等。这些参与者通过提供商品和服务，满足不同国家和地区的消费者和生产者需求。

（三）国际贸易市场的商品和服务

国际贸易市场是一个多元化的领域，涵盖了各种商品和服务。从原材料、制成品到食品，从能源、技术到知识产权，国际贸易市场几乎囊括了所有类型的商品和服务。

首先，原材料是国际贸易市场的重要组成部分。这些原材料可能来自各种自然资源，如石油、天然气、金属矿石、农产品等。各国根据自身的资源优势和市场需求，进行原材料的出口和进口。这种原材料的贸易使得全球资源得到了更有效的配置，同时也促进了各国经济的发展。

制成品也是国际贸易市场的主要商品之一。制成品是由原材料经过加工和制造而成的产品，如机械、电子设备、服装、家具等。这些制成品不仅满足了人们的生活需求，也成为各国出口创汇的重要来源。在制成品贸易中，发达国家通常具有较高的技术水平和品牌优势，而发展中国家则以其低成本和劳动力优势参与市场竞争。

食品是国际贸易市场中的另一大类商品。随着全球人口的增长和消费水平的提高，食品需求不断增加。各国根据自己的农业资源和生产优势，出口具有特色的食品，如葡萄酒、咖啡、茶叶、水果等。同时，为了满足人们对健康和营养的需求，国际贸易市场也涵盖了各种加工食品和有机食品。

除了商品贸易，国际贸易市场还包括了能源和技术的交易。能源是现代社会运转的基础，而不同国家和地区拥有不同的能源资源。石油、天然气、煤炭等传统能源以及可再生能源如太阳能、风能等都在国际贸易市场中占有重要地位。技术的贸易则涉及到知识产权、专利、软件等无形商品的交易。技术贸易的发展推动了全球创新和产业升级，为各国经济的持续发展提供了动力。

此外，国际贸易市场还涵盖了各种服务贸易，如旅游、教育、金融等。这些服务贸易满足了人们日益增长的需求，也为各国提供了经济增长的机会。例如，旅游业已成为许多国家的支柱产业，通过提供旅游服务，国家可以吸引外国游客、增加外汇收入并促进当地经济发展。

（四）国际贸易市场的优势和挑战

国际贸易市场的优势在于能够实现资源优化配置，提高生产效率和经济效益。通过全球市场竞争，企业能够获得更广阔的市场和更丰富的资源，从而促进技术和管理水平的提升。此外，国际贸易还能促进文化交流和国际合作，增强各国之间的相互理解和友谊。

然而，国际贸易市场也面临一些挑战。首先，各国之间的贸易壁垒和贸易战可能对市场造成冲击，导致贸易成本增加和贸易关系紧张。其次，不同国家和地区之间的文化差异和消费习惯可能影响商品和服务的销售和市场接受度。此外，全球经济波动和汇率波动也可能对国际贸易市场产生影响。

（五）国际贸易市场的发展趋势

随着全球化和数字化的发展，国际贸易市场正在发生深刻变化。互联网和电子商务的普及使得跨境交易更加便捷和高效，降低了交易成本。同时，全球价值链和供应链的整合使得企业能够更加灵活地配置资源和开拓市场。此外，区域经济一体化和自由贸易协定的签署也促进了贸易自由化和市场开放。

然而，国际贸易市场的发展也面临一些挑战。保护主义和单边主义的抬头可能对多边贸易体系造成冲击，导致贸易摩擦和冲突增多。同时，发展中国家和经济体的不平等发展也可能加剧国际贸易市场的分化。为了应对这些挑战，国际社会需要加强合作与对话，推动贸易自由化和便利化，促进全球经济均衡发展。

综上所述，国际贸易市场是一个复杂而多维的概念，它涵盖了商品和服务的跨国交易、参与者和机制的运行以及与全球经济的关系。在全球化背景下，国际贸易市场在促进经济增长和发展方面发挥着重要作用。然而，也面临着诸多挑战和问题需要解决。因此，国际社会需要加强合作与协调，推动贸易自由化和便利化，以实现全球经济的可持续发展。同时，各国政府和企业也需要不断提升自身竞争力，积极开拓国际市场，以适应不断变化的市场环境和技术创新。通过共同努力和创新发展，国际贸易市场有望在未来继续发挥其在全球经济中的重要角色。

二、国际贸易市场的特点

（一）全球性

国际贸易市场具有全球性的特点，它超越了国界，使得世界各地的参与者能够相互交易。这种全球性特点使得企业能够将产品和服务销售到全球范围内，从而获得更广阔的市场和资源。全球性也意味着国际贸易市场容易受到全球政治、经济和环境因素的影响。例如，国际政治冲突、经济危机或自然灾害都可能对国际贸易市场产生重大影响。

（二）多样性

国际贸易市场的多样性体现在商品和服务的种类繁多。从原材料、制成品、食品、能源到技术和服务等，国际贸易市场涵盖了各种类型的交易。这种多样性满足了不同国家和地区的多样化需求，同时也为各国提供了展示自身优势和特色的平台。然而，多样性也意味着国际贸易市场存在各种差异和特点，需要参与者具备灵活适应不同市场的能力。

（三）竞争性

在国际贸易市场中，企业面临着来自世界各地的竞争对手。为了在竞争中获得优势，企业需要不断提高产品质量、降低成本、创新技术和管理模式。竞争性虽然给企业带来了压力，但同时也推动了企业不断进步和创新。

（四）风险性

国际贸易市场由于涉及不同国家和地区，因此存在许多不确定性因素，如政治稳定性、汇率波动、贸易壁垒等。这些因素可能对企业的经营产生负面影响，带来经济损失。因此，参与国际贸易的企业需要具备风险意识和风险管理能力，以应对潜在的风险。为了降低风险，企业需要进行充分的市场调研和风险评估，了解目标市场的政治、经济和社会环境。同时，企业也需要采取合适的保险和风险管理措施，以应对可能出现的风险。

（五）法规性

国际贸易市场受到国际法和各国法律法规的约束。这些法规旨在保护公平竞争、知识产权、消费者权益等。企业在进行跨国交易时，需要遵守相关法律法规，尊重知识产权，遵守贸易规则和标准。同时，国际组织和协议如世界贸易组织（WTO）等也为国际贸易市场提供了法律保障和争端解决机制。为了适应法规性要求，企业需要了解目标市场的法律法规和贸易规则，并建立合规管理体系。同时，企业也需要加强内部培训和教育，提高员工的法律意识和合规意识。

三、国际贸易市场的参与者

国际贸易市场是全球经济的核心，它由一系列的参与者组成，这些参与者各自扮演着不同的角色，共同推动了全球贸易的发展。了解国际贸易市场的参与者对于理解国际贸易的运作机制和动态至关重要。

（一）政府机构

1.制定国际贸易政策和规则：各国政府通过参与国际组织和协议，如世界贸易组织（WTO），制定国际贸易政策和规则，以促进公平竞争和保护消费者权益。

2.监管市场行为：政府机构负责对市场进行监管，确保企业遵守相关法律法规和贸易规则，防止不公平竞争和违规行为。

3.促进对外贸易：政府机构还负责促进对外贸易，为企业提供出口支持和市场开拓服务，帮助企业扩大市场份额和增加出口收入。

（二）跨国公司

1.全球生产和销售网络：跨国公司通常拥有全球生产和销售网络，能够在不同国家和地区进行生产和销售，实现资源的优化配置和规模经济效应。

2.技术和品牌优势：跨国公司通常拥有先进的技术和品牌优势，能够提供高质量的产品和服务，并在全球市场上树立品牌形象。

3.战略合作与并购：跨国公司还通过战略合作与并购等方式，拓展市场份额和资源渠道，提高自身的竞争力和影响力。

（三）中小企业

1.积极参与国际市场竞争：中小企业是国际贸易市场的重要参与者，它们积极参与国际市场竞争，通过出口产品和服务来增加收入和扩大市场份额。

2.灵活适应市场需求：中小企业通常更加灵活，能够快速适应市场需求的变化，推出创新的产品和服务，满足消费者多样化的需求。

3.与大企业合作与竞争：中小企业也通过与大企业合作与竞争，提高自身的竞争力和市场地位。它们可以借助大企业的品牌和渠道优势，扩大市场份额；同时也可以通过差异化竞争和创新，在大企业的竞争压力下获得生存和发展空间。

（四）国际组织与协议

1.提供贸易规则和争端解决机制：国际组织如世界贸易组织（WTO）为国际贸易市场提供了贸易规则和争端解决机制，保障了公平竞争和市场秩序。

2.促进自由贸易和多边主义：国际组织致力于促进自由贸易和多边主义，推动减少贸易壁垒和促进全球经济的开放与合作。

3.提供信息和咨询服务：国际组织还通过提供信息和咨询服务，帮助企业了解国际市场动态和贸易政策，提高企业的国际化水平和市场竞争力。

（五）行业协会与商会

1.代表行业利益：行业协会与商会是代表各自行业利益的组织，它们通过参与国际谈判和协商，为企业争取更好的贸易条件和保护本行业的利益。

2.提供信息和咨询服务：行业协会与商会还为企业提供信息和咨询服务，帮助企业了解市场动态、掌握行业趋势、提高经营效率。

3.促进行业内交流与合作：行业协会与商会还通过举办展览、研讨会等活动，促进企业间的交流与合作，推动行业的发展和创新。

国际贸易市场的参与者包括政府机构、跨国公司、中小企业、国际组织与协议，以及行业协会与商会等。这些参与者各自扮演着不同的角色，通过相互合作与竞争共同推动了全球贸易的发展。了解这些参与者的特点和作用有助于更好地理解国际贸易市场的运作机制和发展趋势。

第三节　金融创新与国际贸易市场的关系

一、金融创新对国际贸易市场的推动作用

金融创新作为现代经济发展的重要驱动力，对国际贸易市场产生了深远的影响。金融创新通过提供更加丰富和灵活的贸易融资工具、降低贸易风险以及提高资金配置效率等方式，为国际贸易市场的发展提供了强大的支持。

（一）提供更加丰富的贸易融资工具

传统的贸易融资方式通常较为单一，难以满足企业在贸易过程中的多样化需求。金融创新为国际贸易市场提供了更加丰富的融资工具，如信用证、保理、福费廷等，这些工具为企业提供了更加灵活和便捷的融资选择。通过这些融资工具，企业可以更好地管理现金流，降低融资成本，提高经营效益。

（二）降低贸易风险

国际贸易涉及的风险多种多样，如政治风险、汇率风险、信用风险等。金融创新为市场参与者提供了更加完善的风险管理工具，如外汇衍生品、利率衍生品等，帮助企业规避风险，降低损失。此外，一些金融机构还推出了贸易保险等产品，为企业提供更加全面的风险保障服务。

（三）提高资金配置效率

金融创新使得资金在全球范围内更加自由地流动，提高了资金配置的效率。这不仅为企业提供了更加便捷的融资渠道，还使得资金可以更加有效地投入到实体经济中，促进国际贸易的发展。此外，金融创新还推动了金融市场的全球化进程，使得各国之间的资金可以更加自由地流动。

（四）促进贸易便利化

金融创新为国际贸易提供了更加便利的服务，如电子支付、区块链技术等。这些创新技术的应用大大简化了贸易流程，提高了交易效率，降低了交易成本。例如，区块链技术可以简化单据处理过程，降低欺诈风险，提高交易的可追溯性。电子支付则为企业提供了更加便捷的支付方式，缩短了交易时间，提高了交易的效率。

（五）增强市场竞争力

金融创新为企业提供了更加灵活和多样化的金融服务，使得企业在国际贸易中更具竞争力。例如，一些金融机构为企业提供定制化的贸易融资方案，帮助企业更好地满

足客户的需求。此外，金融创新还推动了企业的产品和服务创新，提高了企业的国际竞争力。

金融创新对国际贸易市场的推动作用不可忽视。它不仅为企业提供了更加丰富的融资工具和风险管理手段，还促进了贸易便利化和资金配置效率的提高。然而，金融创新也带来了一些挑战，如监管难题、技术风险等。因此，在推动金融创新的同时，需要加强监管和风险控制，确保金融创新的可持续发展，为国际贸易市场的繁荣做出更大的贡献。

为了更好地发挥金融创新的积极作用，政府、金融机构和企业需要共同努力。政府需要制定完善的监管政策，保障金融创新的健康发展；金融机构需要加强创新能力，提供更加优质和多样化的金融服务；企业则需要提高自身的财务管理水平，更好地利用金融创新带来的机遇和优势。通过这些努力，我们可以进一步推动国际贸易市场的繁荣和发展。

二、国际贸易市场对金融创新的制约因素

随着全球化的不断深入，金融创新在国际贸易市场中的作用越来越重要。然而，在实际的发展过程中，金融创新受到多种因素的制约。这些因素主要来自市场环境、监管政策、技术发展以及企业自身条件等方面。为了更好地应对挑战，推动金融创新的发展，我们需要对这些制约因素进行深入分析。

（一）市场环境对金融创新的制约

1.经济波动的影响：经济波动是国际贸易市场中的常见现象。在经济危机或贸易战期间，市场需求可能会大幅下降，导致企业融资困难，进而限制了金融创新的推广和应用。

2.汇率波动的影响：汇率波动会增加企业的外汇风险，导致国际贸易成本上升。在汇率不稳定的情况下，企业可能会采取保守的财务策略，从而减少对金融创新的投入。

（二）监管政策对金融创新的制约

1.监管差异：不同国家和地区的监管政策存在差异，这会增加金融机构的合规成本和风险。在开展跨境业务时，金融机构需要适应不同市场的监管要求，这可能限制金融创新的推广。

2.监管过度：一些监管机构可能过度强调风险控制，导致金融创新受到限制。过度的监管可能导致金融机构过于谨慎，错失市场机会，阻碍金融创新的进程。

（三）技术发展对金融创新的制约

1.技术安全性：金融创新往往依赖于先进的信息技术。然而，网络安全问题日益突出，技术风险可能对金融创新构成威胁。金融机构需要投入大量资源用于技术保障，以确保数据安全和客户资金安全。

2.技术普及度：在一些地区，技术普及程度不高，限制了金融创新的应用范围。例如，一些发展中国家可能缺乏必要的基础设施，如互联网和移动支付等，影响了金融创新服务的普及。

（四）企业自身条件对金融创新的制约

1.财务管理水平：企业的财务管理水平直接影响到其利用金融创新的能力。企业需要具备先进的财务管理理念和技术，才能有效利用金融创新降低成本、提高效益。

2.风险意识：企业在追求创新的同时，也需要关注风险管理。一些企业可能因为风险意识不足，盲目追求收益而忽视了潜在的风险，导致财务状况恶化。

3.人才储备：金融创新需要具备专业知识和技能的复合型人才。然而，一些企业可能缺乏这样的人才储备，限制了其在金融创新方面的探索和发展。

总体而言，金融创新在国际贸易市场的发展受到了多方面的制约。为了更好地应对挑战和机遇，我们需要从多个方面入手，加强市场研究、优化监管环境、提高技术安全性以及提升企业实力等。只有这样，我们才能更好地推动金融创新在国际贸易市场的发展，为全球经济的繁荣做出更大的贡献。

三、金融创新与国际贸易市场的相互影响

随着全球经济一体化的深入发展，金融创新与国际贸易市场之间的相互影响愈发显著。金融创新为国际贸易市场提供了更加便利的交易工具和融资方式，而国际贸易市场的发展又反过来推动了金融创新的不断涌现。

（一）金融创新对国际贸易市场的影响

1.金融创新提升了国际贸易的便利性

金融创新不断涌现，为国际贸易提供了更加便捷的支付和结算方式。例如，跨境支付、信用证、保理等金融工具的应用，大大简化了贸易流程，缩短了交易时间，降低了交易成本。此外，金融创新还为国际贸易提供了多元化的风险管理工具，如外汇远期、期权、期货等，帮助企业规避汇率风险和利率风险。

2.金融创新支持了国际贸易的快速发展

金融创新为国际贸易提供了丰富的融资渠道和产品，支持了全球贸易的快速发展。

例如，出口信贷、贸易融资、供应链融资等金融产品的出现，为企业在贸易过程中提供了资金支持，帮助企业扩大贸易规模和市场份额。此外，金融创新还为企业提供了国际化的金融服务，如跨国公司外汇风险管理、国际投资、国际保险等，满足了企业在国际化过程中的金融需求。

（二）国际贸易市场对金融创新的影响

1.国际贸易市场促进了金融创新的多样性

国际贸易市场的发展带来了更加多样化的贸易需求和金融需求，促使金融机构不断进行金融创新以满足市场需求。例如，随着跨境电商的快速发展，相应的跨境支付、结算、融资等金融产品应运而生。此外，不同国家和地区的贸易政策、法规、商业环境等存在差异，也为金融创新提供了更多的可能性。

2.国际贸易市场扩大了金融创新的市场规模

国际贸易市场的不断发展壮大，为金融创新提供了更广阔的市场空间。随着全球贸易量的增长，企业和投资者对金融服务的需求不断增加，促使金融机构不断推出新的金融产品和服务，以满足市场需求。同时，国际贸易市场的竞争也促使金融机构加快金融创新步伐，提升自身竞争力。

（三）金融创新与国际贸易市场相互影响的机制

1.市场需求的驱动机制

金融创新与国际贸易市场之间的相互影响主要源于市场需求的变化。随着国际贸易市场的不断发展和壮大，企业和投资者对金融服务的需求呈现出多样化、个性化、高效化的特点。为了满足市场需求，金融机构不断进行金融创新，推出新的金融产品和服务，提升服务质量和效率。同时，金融机构也通过市场反馈不断优化和改进金融产品和服务，提升其适应性和竞争力。

2.政策环境的调控机制

政策环境是影响金融创新与国际贸易市场相互关系的重要因素之一。政府可以通过制定相关政策来促进或限制金融创新的发展，从而影响国际贸易市场的状况。例如，政府可以出台相关政策鼓励金融机构进行金融创新，提供多元化的融资渠道和风险管理工具，降低企业贸易成本和风险。同时，政府也可以通过调整关税、汇率等政策来影响贸易状况，进而影响金融市场的运行状况。

3.技术发展的推动机制

技术发展是推动金融创新与国际贸易市场相互影响的重要力量之一。随着信息技术的不断发展，大数据、云计算、区块链等技术的应用逐渐渗透到金融和贸易领域，为金融创新和贸易便利化提供了更多的可能性。例如，区块链技术可以简化贸易流程、缩短交易时间、降低交易成本；人工智能技术可以提升金融机构的风险管理能力、客户识别能力和服务效率；物联网技术可以提升物流效率，降低贸易成本。这些技术的发展和应用都将对金融创新和国际贸易市场的发展产生深远的影响。

第二章 价格管理的理论基础

第一节 价格管理的定义与目标

一、价格管理的定义

价格管理是指企业或组织对其所销售的产品或服务的价格制定、调整、执行和监控的过程。这个过程涉及到对市场环境、竞争对手、消费者需求、成本等多个因素的深入分析和理解，旨在确保所制定的价格策略能够满足企业的商业目标，包括销售额的提升、市场份额的扩大、利润率的提高等。

价格管理并不仅仅是一个单一的决策过程，而是一个持续的、动态的管理活动。随着市场环境的变化、技术的进步、消费者需求的演变，价格策略需要进行相应的调整。同时，价格管理也需要与其他市场营销组合元素（如产品、促销、地点等）进行协同，以实现整体的市场营销效果。

价格管理在企业经营中具有举足轻重的地位，因为价格是影响消费者购买决策的重要因素之一。一个合理的价格策略不仅能提高企业的市场份额和利润，还可以增强企业的竞争力，树立品牌形象，并与消费者建立长期的关系。

二、价格管理的目标

（一）价格管理的目的和目标

1.目的：价格管理的目的是通过合理的价格策略实现企业的商业目标。这些目标可能包括销售额的提升、市场份额的扩大、利润率的提高等。有效的价格管理能够使企业在满足消费者需求的同时，实现长期的盈利和发展。

2.目标：价格管理的具体目标可以根据企业的实际情况和市场环境来确定。例如，一个可能的目标是实现市场份额的最大化，通过低价策略吸引更多的消费者。另一个可能的目标是实现利润的最大化，通过高价策略满足特定消费者的需求。

（二）价格管理的决策因素

1.产品成本：产品成本是制定价格策略时最重要的因素之一。了解产品的成本可以帮助企业确定能够盈利的价格水平。如果价格低于成本，企业将面临亏损的风险。

2.市场供需关系：市场供需关系影响产品的价格。当市场需求大于供应时，企业可以提高价格；当供应大于需求时，企业可能需要降低价格以吸引消费者。

3.竞争环境：竞争对手的价格策略是影响企业定价的重要因素。企业需要了解竞争对手的价格水平、产品特点和市场定位，以便制定更具竞争力的价格策略。

4.消费者心理：消费者的购买决策不仅受到价格的影响，还受到其他因素的影响，如品牌形象、产品质量、促销活动等。企业需要通过市场调查了解消费者的需求和心理，制定符合其需求的价格策略。

5.法律法规与政策：在某些行业中，政府可能会对价格进行监管或限制。企业在进行价格管理时需要了解相关的法律法规和政策，确保其价格策略的合法性。

（三）价格管理的实施步骤

1.确定价格管理的目标：明确企业的商业目标，并以此为基础制定相应的价格策略。例如，如果企业的目标是扩大市场份额，那么其价格策略可能更倾向于低价策略。

2.进行市场调查与分析：深入了解市场环境、竞争对手、消费者需求等因素，为制定合理的价格策略提供依据。

3.制定具体的价格策略：基于市场调查和分析的结果，制定具体的价格策略。这可能包括确定基准价格、折扣政策、捆绑销售策略等。

4.执行与调整：将制定的价格策略付诸实践，并根据市场反馈进行调整。这需要与市场营销的其他方面进行协同，如促销活动、广告宣传等。

5.监控与评估：对实施价格策略后的效果进行监控和评估，以便对未来的价格策略进行调整和完善。这可以通过销售额、市场份额、消费者满意度等指标来进行衡量。

（四）价格管理的挑战与应对策略

1.挑战：企业在实施价格管理时可能会面临多种挑战，如竞争对手的低价策略、消费者对价格的敏感度、政府的监管政策等。这些挑战可能会影响企业的价格策略的有效性。

2.应对策略：针对这些挑战，企业可以采取多种应对策略。例如，针对竞争对手的低价策略，企业可以采取差异化战略，通过提供独特的产品特点或服务来吸引消费者；针对消费者对价格的敏感度，企业可以采取捆绑销售或提供附加值服务来提高消费者的感知价值；针对政府的监管政策，企业需要遵守相关法律法规，或者通过游说和公关活动来影响政策的制定。

综上所述，价格管理是一个涉及多个方面的动态过程。企业需要综合考虑产品成本、市场供需关系、竞争环境、消费者心理和法律法规等因素，制定合理的价格策略，并在执行过程中进行持续的调整和完善。通过有效的价格管理，企业能够更好地满足市场需求，实现其商业目标。

三、价格管理的重要性

在当今的市场环境中，价格管理已成为企业成功经营的关键要素之一。价格不仅是影响消费者购买决策的重要因素，也是企业实现盈利和增长的重要手段。因此，有效的价格管理对于企业的生存和发展至关重要。

（一）提高市场份额和销售额

合理的价格策略可以帮助企业吸引更多的消费者，提高市场份额和销售额。通过分析市场需求和竞争环境，企业可以制定具有竞争力的价格策略，满足消费者的需求，从而增加销售量。

（二）增强品牌形象和认知度

价格管理不仅关注销售额的提升，也关注品牌形象的塑造。通过合理的定价，企业可以传达其品牌的价值和定位，塑造独特的品牌形象。同时，稳定的价格策略也有助于建立消费者的信任和忠诚度，提升品牌认知度。

（三）提高利润水平

价格管理对于企业的盈利至关重要。通过合理的定价，企业可以在满足消费者需求的同时实现利润的最大化。这要求企业深入了解成本结构和市场需求，制定既能吸引消费者又能保证利润的价格策略。

（四）应对市场风险

价格管理可以帮助企业应对市场风险。例如，当市场供应过剩时，企业可以通过降价来降低库存压力；当成本上升时，企业可以通过提高价格来保持盈利水平。灵活的价格策略可以帮助企业更好地应对市场波动和不确定性。

（五）协同市场营销策略

价格管理是市场营销组合的重要一环，需要与其他市场营销策略协同作用。例如，企业可以通过促销活动、广告宣传等手段来增强消费者对价格的敏感度，提高销售效果。同时，价格策略也需要与产品定位、渠道策略等相匹配，以实现整体的市场营销效果。

综上所述，价格管理对于企业的成功经营具有重要意义。通过合理的价格策略，企业可以实现市场份额的提升、品牌形象的塑造、利润水平的提高以及市场风险的应对。因此，企业应重视价格管理，不断提升价格管理的水平，以适应不断变化的市场环境。

第二节 价格策略的制定与实施

一、价格策略的制定

价格策略的制定是企业经营决策中的重要环节，它涉及到市场需求、竞争态势、成本结构和产品定位等多个方面。一个成功的价格策略不仅能提高企业的市场份额和销售额，还能增强品牌形象和提高利润水平。因此，企业在制定价格策略时应充分考虑市场环境、目标客户和竞争态势等因素，以制定出具有竞争力的价格策略。

（一）市场调查与分析

在制定价格策略之前，企业需要对市场进行深入的调查和分析。了解市场需求、消费者偏好、竞争态势以及行业发展趋势等信息，以便更好地制定价格策略。通过市场调查，企业可以了解消费者对产品的认知和接受程度，以及竞争对手的价格策略和销售情况等。这些信息有助于企业准确定位，制定合理的价格策略。

（二）成本分析与定价目标

成本是价格策略制定的基础。企业需要对产品成本进行详细的分析，包括直接成本、间接成本和期间费用等。在成本分析的基础上，企业需要明确定价目标，如实现预期利润、提高市场份额或塑造品牌形象等。根据定价目标，企业可以制定相应的价格策略，如高价定位、低价定位或竞争定价等。

（三）竞争态势与市场定位

在制定价格策略时，企业需要关注竞争对手的价格策略和市场定位。了解竞争对手的产品特点、价格水平和销售情况等信息，有助于企业更好地制定价格策略。根据竞争态势和市场定位，企业可以选择不同的价格策略，如跟随竞争对手定价、差异化定价或市场渗透定价等。

（四）定价方法与策略选择

在制定价格策略时，企业可以根据市场需求、竞争态势和产品特点等因素选择合适的定价方法与策略。常见的定价方法包括成本导向定价、需求导向定价和竞争导向定价等。同时，企业可以根据实际情况选择不同的定价策略，如折扣定价、捆绑定价、心理定价和地区定价等。合理的定价方法和策略有助于企业实现预期的定价目标。

（五）价格调整与市场反应

在实施价格策略的过程中，企业需要密切关注市场反应和销售情况，并根据实际情况对价格进行适时调整。如果市场需求旺盛但销售额低于预期，企业可以考虑提高价格；如果市场竞争激烈或销售量下降，企业可以考虑降低价格或采取促销活动来吸引消费者。同时，企业需要关注消费者的反馈和意见，及时调整价格策略以满足市场需求和消费者需求。

（六）法律与政策限制

在制定价格策略时，企业还需要遵守相关的法律法规和政策限制。避免违反相关法律法规，以确保价格策略的合法性和有效性。同时，企业也需要关注行业标准和道德规范，保持良好的商业道德和信誉。

综上所述，制定价格策略是一个复杂的过程，需要综合考虑市场需求、竞争态势、成本结构和产品定位等多个因素。通过深入的市场调查和分析、合理的成本分析和定价目标设定、准确的竞争态势与市场定位、科学的定价方法和策略选择、及时的市场反应和调整以及遵守相关法律法规和政策限制等方面的努力，企业可以制定出具有竞争力的价格策略，实现经营目标和发展战略。

二、价格策略的实施

价格策略的实施是实现企业定价目标的关键环节。一个精心设计的价格策略需要得到有效的执行，才能发挥其应有的效果。价格策略的实施涉及到多个方面，包括销售渠道的配合、促销活动的策划、内部执行的管理等。下面将详细探讨价格策略的实施过程。

（一）明确实施目标与计划

在实施价格策略之前，企业需要明确实施的目标和计划。这包括确定具体的销售额、市场份额和利润等量化目标，以及制定相应的实施计划，包括时间安排、资源分配和责任分工等。明确的目标和计划有助于企业更好地组织资源和人员，确保价格策略的有效实施。

（二）培训与沟通

为了确保价格策略的顺利实施，企业需要对员工进行培训和沟通。培训内容包括价格策略的背景、目的、方法和技巧等，以提高员工对价格策略的认识和理解。同时，企业需要加强内部沟通，确保员工之间的信息传递畅通，以便更好地协同工作。

（三）销售渠道的配合

销售渠道是价格策略实施的重要环节。企业需要与销售渠道合作伙伴进行充分的沟通和协调，确保他们能够理解和接受企业的价格策略，并积极配合实施。这包括向渠道合作伙伴提供必要的培训和支持，以确保他们能够有效地推广和销售产品。

（四）促销活动的策划

促销活动是吸引消费者关注和提升销量的有效手段。企业可以根据价格策略的需要，策划各种促销活动，如折扣、赠品、捆绑销售等。在策划促销活动时，企业需要考虑目标客户的需求和心理预期，以及促销活动的成本和效益等因素。

（五）市场监控与调整

在价格策略实施过程中，企业需要密切关注市场反应和竞争对手的动态。通过收集和分析市场数据，企业可以了解销售额、市场份额和客户反馈等信息，以便及时调整价格策略。如果市场反应不如预期，企业需要对价格策略进行重新审视和调整，以适应市场需求的变化。

（六）持续改进与优化

价格策略的实施是一个持续的过程，需要企业在实践中不断改进和优化。通过对实施过程中的经验教训进行总结和分析，企业可以不断完善价格策略，提高其实施效果。同时，企业需要关注行业动态和市场趋势，及时调整和更新价格策略，以保持竞争力和市场地位。

综上所述，价格策略的实施需要企业在明确目标与计划的基础上，进行充分的培训与沟通、协调销售渠道、策划促销活动、监控市场反应并持续改进与优化。通过这些努力，企业可以确保价格策略的有效实施，实现经营目标和发展战略。同时，企业需要保持灵活性和创新性，不断适应市场变化和挑战，以保持竞争力和可持续发展。

三、价格策略的调整

价格策略的调整是指在实施价格策略过程中，根据市场反馈和公司目标的变化，对价格策略进行适时的修改和优化。价格策略的调整是必要的，因为市场环境和消费者需求是不断变化的，企业需要灵活应对这些变化，以保证价格策略的有效性。

（一）价格策略调整的重要性

1.应对市场变化：市场环境的变化可能导致原有的价格策略不再适用。例如，原材料成本的上涨或竞争对手的价格调整，可能要求企业调整价格策略以保持竞争力。

2.满足客户需求：随着消费者需求的变化，企业需要灵活调整价格策略以满足不同客户群体的需求。了解客户对价格的敏感度并根据需求调整价格策略可以提高销售和市场占有率。

3.提高盈利能力：通过对价格策略的调整，企业可以在不影响销售的前提下提高盈利能力。例如，提高价格或降低促销活动力度可以增加利润率。

（二）价格策略调整的实施原则

1.及时性：当市场环境发生变化时，企业应迅速作出反应，及时调整价格策略。延迟的调整可能导致市场份额的损失或利润的下降。

2.灵活性：价格策略的调整应根据具体情况灵活处理。不同的市场、产品或客户群体可能需要不同的价格策略。企业应避免一刀切的调整方式，根据实际情况进行调整。

3.科学性：价格策略的调整应基于市场调查和数据分析。企业应了解客户需求、竞争状况和成本结构，以便制定出科学合理的价格策略。

（三）价格策略的调整方式

1.直接调价：直接调价是指企业直接调整产品售价或服务的价格。这种方式的优点是操作简单，但需要谨慎使用，避免引起消费者反感。

2.促销活动调整：通过改变促销活动的力度或频率，企业可以在不改变产品售价的前提下影响消费者的购买决策。例如，增加赠品或延长折扣期限可以吸引更多消费者购买。

3.分级定价：企业可以根据客户的需求、购买习惯和支付能力对产品进行分级定价。通过提供不同档次的产品或服务，满足不同消费者的需求，提高整体销售业绩。

4.组合定价：企业可以将相关产品或服务进行组合定价，以吸引潜在客户或促进销量增长。组合定价的关键在于合理搭配产品或服务，使消费者感受到性价比的优势。

5.地区差异化定价：由于不同地区的消费水平、竞争状况和成本等因素存在差异，企业可以对不同地区采取不同的定价策略。这有助于企业在不同市场环境下保持竞争力。

6.心理定价：心理定价是指利用消费者的心理感受来制定价格策略。例如，采用吉祥数字或特殊日期的定价方式可以给消费者带来积极的心理暗示，提高购买意愿。

7.捆绑销售：捆绑销售是指将多个产品或服务组合在一起销售，以降低单个产品的售价。捆绑销售可以增加产品的附加值，提高销售业绩和市场占有率。

8.动态定价：动态定价是指根据市场需求、时间、地点等因素动态调整产品售价。例如，旅游景区的门票价格会根据季节和节假日的变化进行调整。通过动态定价，企业可以在需求旺季提高售价，在需求淡季降低售价，实现利润最大化。

（四）注意事项

1.法律合规性：在调整价格策略时，企业应确保遵守相关法律法规和行业规定，避免违法违规行为导致的法律风险和声誉损失。

2.客户沟通：在调整价格策略时，企业应与客户进行充分沟通，解释调价原因并取得客户的理解和支持。良好的沟通可以增强客户忠诚度和信任度。

3.市场监测与反馈：在调整价格策略后，企业应密切关注市场反馈和竞争对手的反应，以便及时调整和优化价格策略。同时，收集和分析市场数据可以帮助企业了解调价效果并作出相应决策。

第三节　价格管理在国际贸易市场中的重要性

一、价格管理对国际贸易市场的影响

价格管理在国际贸易市场中扮演着至关重要的角色，对市场的运行和企业的盈利能力具有深远的影响。在复杂的国际贸易环境中，价格管理不仅关乎单个企业的生存和发展，也关系到国家经济的繁荣与稳定。

（一）价格管理对国际贸易市场的积极影响

1.促进资源优化配置：合理的价格管理有助于实现全球资源的优化配置。在国际贸易中，价格机制发挥着关键作用，通过价格信号引导生产要素在不同国家和行业间流动，从而实现全球范围内的资源有效利用。

2.增强企业竞争力：有效的价格管理可以帮助企业在国际市场上获得竞争优势。通过合理的定价策略，企业可以平衡成本与市场需求，提高产品或服务的性价比，从而在国际竞争中脱颖而出。

3.推动国际贸易发展：合理的价格管理有助于国际贸易的繁荣发展。价格稳定和透明的国际贸易环境为企业间的合作与交流提供了良好的基础，促进国际贸易活动的顺利进行。

（二）价格管理对国际贸易市场的负面影响

1.贸易摩擦与冲突：不合理的价格管理可能导致国际贸易中的摩擦与冲突。例如，各国之间在资源出口价格上的差异可能引发贸易争端，甚至导致贸易战。此类冲突不仅影响相关国家的经济发展，还可能对国际关系造成不利影响。

2.市场失灵：在某些情况下，价格管理可能导致市场失灵。例如，某些国家为了保护本国产业，可能采取限制进口价格的措施，导致国际市场上的价格信号扭曲，影响资源的合理配置。

3.资源配置不合理：不当的价格管理可能导致全球资源配置不合理。例如，某些国家为了获取更多的国际市场份额，可能采取低价策略，导致资源过度集中于某一产业或地区，而其他国家和地区的比较优势无法得到充分发挥。

（三）应对策略与建议

1.加强国际合作：各国应加强在价格管理方面的国际合作，共同维护公平、透明和稳定的贸易环境。通过建立合作机制和加强政策沟通，可以减少贸易摩擦和冲突，促进资源在全球范围内的合理配置。

2.完善国际法规：国际社会应完善相关法规和贸易规则，确保各国在价格管理方面的行为符合公平竞争原则。通过加强贸易法规的执行力度，可以减少不正当的价格策略和保护主义行为，维护国际贸易市场的正常秩序。

3.提升企业竞争力：企业应注重提升自身竞争力，通过技术创新、品牌建设、质量管理等手段提高产品附加值和市场占有率。在价格管理方面，企业应根据市场需求、成本等因素制定合理的定价策略，增强自身在国际市场上的竞争力。

4.增强发展中国家的话语权：发展中国家在国际经贸体系中往往处于弱势地位，其价格管理措施可能受到发达国家的制约。因此，发展中国家应加强团结与合作，提高在国际组织中的话语权，争取更公平合理的贸易条件和价格管理空间。

5.建立预警机制：各国政府应建立国际贸易价格管理的预警机制，及时监测和分析国际市场价格动态，为企业提供有效的信息支持。预警机制的建立有助于企业提前应对价格波动风险，采取合理的应对措施。

6.培养专业人才：企业应重视培养熟悉国际贸易规则和价格管理的专业人才。通过引进和培养具备国际视野和专业知识的人才，企业可以更好地应对国际贸易市场的挑战和机遇。

7.发挥行业协会作用：行业协会在国际贸易中发挥着重要的桥梁纽带作用。通过加强行业协会的建设和发展，可以促进企业间的交流与合作，推动行业健康发展。同时，行业协会也可以为企业提供专业的咨询服务，帮助企业更好地应对国际贸易市场的价格挑战。

8.加强消费者教育和权益保护：政府和企业应加强对消费者的教育力度，提高消费者对国际市场价格的敏感度和判断力。同时，应加强对消费者权益的保护力度，打击不正当的价格行为和市场垄断行为，维护公平竞争的市场环境。

二、价格管理对企业竞争力的影响

在市场经济环境下，价格是企业间竞争的关键要素之一。价格管理对于企业的生存和发展具有重要意义，直接影响到企业的市场份额、利润和整体竞争力。

（一）价格管理与企业市场份额

在市场竞争中，价格是消费者选择产品的重要因素之一。企业通过制定合理的价格策略，能够吸引目标客户并增加市场份额。一方面，企业可以通过制定较低的价格来吸引价格敏感的消费者，从而增加市场份额；另一方面，企业也可以通过提供优质的产品或服务，并制定较高的价格来获取更高的利润。

（二）价格管理与企业利润

价格管理对企业利润的影响是显而易见的。企业制定的价格过高，可能会导致消费者流失，降低市场份额；而价格过低，虽然能够吸引消费者，但可能会降低产品的品质和企业的品牌形象。因此，企业需要根据市场需求、产品成本和竞争情况等因素制定合理的价格策略，以确保企业获得最大的利润。

（三）价格管理与企业竞争力

企业的竞争力主要体现在产品或服务的品质、价格、品牌等多个方面。价格管理是提升企业竞争力的重要手段之一。首先，企业可以通过合理的定价策略来平衡市场需求和产品成本，提高企业的盈利能力；其次，企业可以通过灵活的调价策略来应对市场变化和竞争压力，保持竞争优势；最后，企业可以通过建立良好的价格管理体系，提高企业的管理水平和效率，从而提升企业的整体竞争力。

（四）应对策略与建议

1.差异化定价：针对不同的市场、客户和产品，企业可以采取差异化定价策略，以提高企业的整体竞争力。通过差异化定价，企业可以在满足不同客户需求的同时，获得更大的利润空间。

2.竞争性定价：企业在制定价格策略时，应充分考虑竞争对手的价格水平。通过制定具有竞争力的价格策略，企业可以吸引更多的消费者并保持市场份额。同时，企业还应关注竞争对手的价格变化，及时调整自己的价格策略。

3.成本导向定价：成本是企业定价的基础。企业应充分了解自身的成本结构，并制定能够覆盖成本并获得合理利润的价格策略。在制定价格策略时，企业应注重提高生产效率和降低成本，以提高企业的盈利能力。

4.品牌定价：品牌是企业的重要资产之一。通过制定符合品牌形象的价格策略，企业可以提升品牌价值和消费者对品牌的认知度。品牌定价应注重品质与服务，以满足消费者的需求和期望。

5.动态定价：市场和客户需求是不断变化的，企业应制定动态的价格策略以适应市场变化。通过调整价格水平，企业可以保持竞争优势并满足客户需求。动态定价应注重市场调研和分析，以及及时调整价格策略的能力。

6.建立完善的价格管理体系：企业应建立健全的价格管理体系，包括价格制定、执行、监控和调整等环节。通过完善的管理体系，企业可以提高价格管理的效率和准确性，从而提升企业的竞争力。

7.培养高素质的价格管理团队：企业应组建专业的价格管理团队，负责制定和执行价格策略。团队成员应具备丰富的价格管理经验和市场分析能力，能够根据市场变化及时调整价格策略。同时，企业还应注重对价格管理团队的培养和激励，提高团队的整体素质和执行力。

8.强化企业内部沟通与协作：价格管理不仅是价格管理部门的事务，而是需要企业内部各部门的支持和协作。企业应加强内部沟通与协作，确保各部门对价格策略的理解和执行力度一致，从而提高企业的整体竞争力。

三、价格管理在国际市场的实践案例

（一）案例一：华为公司的定价策略

华为公司作为全球领先的通信设备供应商，在国际市场上采取了灵活的定价策略。华为根据不同国家的市场需求、竞争状况和客户群体，制定差异化的价格策略。例如，在发达国家市场，华为采取高端产品定价，树立品牌形象；而在发展中国家市场，则采取中低端定价，以性价比优势抢占市场份额。通过灵活的定价策略，华为在国际市场上取得了显著的成功。

（二）案例二：特斯拉汽车公司的定价策略

特斯拉汽车公司作为电动汽车领域的佼佼者，在国际市场上采取了高定价策略。特斯拉的产品定位高端市场，以高品质、高性能和高技术含量为卖点。通过高定价策略，特斯拉成功吸引了追求科技感和环保意识的消费者，并在国际市场上树立了独特的品牌形象。

（三）案例三：宜家家居的低价策略

宜家家居在国际市场上采取了低价策略，通过提供高性价比的产品吸引消费者。宜家的产品设计简洁实用，生产成本较低，同时通过高效的供应链管理和直销模式降低成本。宜家的低价策略吸引了大量价格敏感的消费者，使其在国际市场上占据了竞争优势。

（四）案例四：苹果公司的撇脂定价策略

苹果公司在新产品上市时往往采取撇脂定价策略，即高价定位，以获取高额利润。苹果的产品在国际市场上具有较高的知名度和品牌价值，消费者愿意为高品质的产品支付高价。随着市场竞争加剧和产品生命周期的延长，苹果会逐渐降低价格以吸引更多消费者。通过撇脂定价策略，苹果在国际市场上实现了高利润和高市场份额。

（五）案例五：亚马逊公司的动态定价策略

亚马逊公司作为全球最大的电商平台之一，在国际市场上采取了动态定价策略。根据市场需求、库存情况和竞争对手的价格变动，亚马逊会自动调整商品价格。这种动态定价策略有助于确保商品价格最优，提高销售量和客户满意度。同时，亚马逊还提供个性化推荐和促销活动，进一步吸引国际消费者。

这些企业在国际市场上的成功实践表明，价格管理对于提升企业竞争力具有重要作用。企业需要根据自身的产品特点、市场定位和竞争环境，制定符合实际情况的定价策略。同时，企业需要关注市场变化和竞争对手动态，及时调整价格策略以保持竞争优势。为了在国际市场上取得成功，企业还需要注重产品质量、品牌建设、营销渠道等多方面因素，形成综合竞争优势。

对于中国企业而言，要想在国际市场上取得更好的业绩，必须加强价格管理方面的实践和创新。首先，企业需要深入了解目标市场的需求和消费者心理，制定有针对性的价格策略；其次，企业应加强市场调研和竞争分析，掌握竞争对手的动态和价格水平；再次，企业应注重提高自身的核心竞争力，通过技术创新和质量提升降低成本；最后，企业应加强国际合作与交流，学习借鉴先进的价格管理理念和方法，提升自身的管理水平和竞争力。

第四节　价格管理的经济学原理

一、需求与供给理论

在经济学中，需求与供给理论是价格管理的重要理论基础。该理论主要研究市场上商品或服务的供给和需求关系如何决定市场价格。具体而言，当市场上某种商品或服务的供给量大于需求量时，价格会下降；而当需求量大于供给量时，价格会上升。企业在进行价格管理时，需要充分考虑这一经济学原理。

（一）需求理论

需求是指在一定时期内，消费者在各种可能的价格水平上对某种商品或服务愿意并且能够购买的数量。影响需求的因素主要包括消费者收入、相关商品价格、消费者偏好和消费者对未来价格的预期等。企业在进行价格管理时，需要考虑这些因素对需求的影响，制定合理的价格策略。

1.收入水平：一般情况下，随着收入的增加，消费者的购买力增强，对商品或服务的需求也会相应增加。因此，企业需要针对不同收入水平的消费者群体制定相应的价格策略。

2.相关商品价格：当市场上相关商品的价格发生变化时，消费者对某种商品的需求也会受到影响。例如，当替代品价格上涨时，消费者对该商品的需求可能会增加；而当互补品价格下降时，该商品的需求也可能会增加。

3.消费者偏好：消费者的个人喜好和口味会影响对商品或服务的需求。企业可以通过市场调查了解消费者的偏好，针对不同需求的消费者群体制定相应的价格策略。

4.预期价格：消费者对未来价格的预期也会影响其当前的需求决策。如果消费者预期未来价格会上涨，可能会增加当前的购买量；反之，则会减少购买量。

（二）供给理论

供给是指在一定时期内，生产者在各种可能的价格水平上对某种商品或服务愿意并且能够提供的数量。影响供给的因素主要包括生产成本、生产技术、生产者对未来价格的预期和生产者数量等。企业在进行价格管理时，需要考虑这些因素对供给的影响，制定合理的价格策略。

1.生产成本：生产成本是决定供给的重要因素。当生产成本上升时，企业可能会提高价格以维持利润水平；而当生产成本下降时，企业可能会降低价格以扩大市场份额。

2.生产技术：生产技术的改进和创新可以降低生产成本，提高生产效率，从而增加供给量。企业可以通过不断改进生产技术来降低成本，提高竞争力。

3.预期价格：生产者对未来价格的预期也会影响其当前的供给决策。如果预期未来价格会上涨，可能会增加当前的供给量；反之，则会减少供给量。

4.生产者数量：市场上生产者的数量也会影响供给。当市场上生产者数量较少时，供给相对集中，企业可以通过调整产量来影响市场价格；而当市场上生产者数量较多时，供给较为分散，企业之间的竞争较为激烈。

（三）需求与供给的均衡

在竞争性市场中，需求与供给相互作用达到均衡状态，此时的价格被称为均衡价格，对应的数量被称为均衡数量。企业在进行价格管理时，需要了解市场需求和供给状况，以确定均衡价格和均衡数量。通过调整价格策略，企业可以影响市场上的供求关系，达到扩大市场份额或保持利润水平的目的。例如，当市场上供大于求时，企业可以采取降价策略以刺激需求；而当市场上求大于供时，企业可以采取涨价策略以限制需求。

（四）需求与供给的变化

市场上的需求和供给是动态变化的，受到多种因素的影响。企业需要密切关注市场变化和趋势，及时调整价格策略以适应市场需求和供给的变化。例如，当消费者收入水平提高时，可能会增加对高品质商品或服务的需求；而当生产成本降低时，可能会增加企业的供给量。企业需要根据这些变化制定相应的价格策略，以保持竞争优势和实现可持续发展。

二、价格弹性理论

在经济学中，价格弹性理论是价格管理的重要理论基础之一。该理论主要研究市场需求和供给对价格变动的反应程度，即价格变动对市场需求和供给的影响程度。价格弹性理论对于企业制定价格策略、调整市场定位和实现利润最大化等方面具有重要的指导意义。

（一）需求弹性

需求弹性是指市场需求对价格变动的敏感程度。需求弹性可以通过需求弹性系数来表示，即需求量变动的百分比与价格变动百分比的比值。如果需求弹性系数大于1，则说明需求富有弹性，价格变动对需求量影响较大；如果需求弹性系数小于1，则说明需求缺乏弹性，价格变动对需求量影响较小。

企业在进行价格管理时，需要考虑需求弹性的影响。如果企业产品的需求弹性较大，则可以考虑采取降价策略来扩大市场份额和提高销售量；如果企业产品的需求弹性较小，则可以考虑采取涨价策略来增加利润。同时，企业也需要根据市场需求弹性的变化及时调整价格策略，以保持竞争优势和实现可持续发展。

（二）供给弹性

供给弹性是指市场供给对价格变动的敏感程度。供给弹性可以通过供给弹性系数来表示，即供给量变动的百分比与价格变动百分比的比值。如果供给弹性系数大于1，则说明供给富有弹性，价格变动对供给量影响较大；如果供给弹性系数小于1，则说明供给缺乏弹性，价格变动对供给量影响较小。

企业在进行价格管理时，需要考虑供给弹性的影响。如果企业产品的供给弹性较大，则可以考虑采取涨价策略来增加利润；如果企业产品的供给弹性较小，则可以考虑采取降价策略来扩大市场份额和提高销售量。同时，企业也需要根据市场供给弹性的变化及时调整价格策略，以保持竞争优势和实现可持续发展。

（三）交叉价格弹性

交叉价格弹性是指一种商品的需求量对另一种商品价格变动的反应程度。交叉价格弹性系数可以通过一种商品需求量变动的百分比与另一种商品价格变动百分比的比值来计算。如果交叉价格弹性系数大于 0，则说明两种商品存在替代关系；如果交叉价格弹性系数小于 0，则说明两种商品存在互补关系。

企业在进行价格管理时，需要考虑交叉价格弹性的影响。如果企业产品与竞争对手的产品存在替代关系，则竞争对手产品价格的上涨可能会导致企业产品需求的增加；反之，则可能会导致企业产品需求的减少。企业可以根据交叉价格弹性的大小和方向，制定相应的价格策略和营销策略，以扩大市场份额和提高销售量。

（四）收入弹性

收入弹性是指市场需求对消费者收入变动的敏感程度。收入弹性系数可以通过需求量变动的百分比与消费者收入变动百分比的比值来计算。如果收入弹性系数大于 0，则说明需求富有收入弹性，消费者收入的提高可能会导致需求量的增加；如果收入弹性系数小于 0，则说明需求缺乏收入弹性，消费者收入的降低可能会导致需求量的减少。

企业在进行价格管理时，需要考虑收入弹性的影响。如果企业产品的收入弹性较大，则可以考虑采取涨价策略来增加利润；如果企业产品的收入弹性较小，则可以考虑采取降价策略来扩大市场份额和提高销售量。同时，企业也需要根据市场收入弹性的变化及时调整价格策略，以保持竞争优势和实现可持续发展。

三、市场结构与竞争理论

在经济学中，市场结构与竞争理论是价格管理的另一个重要理论基础。该理论主要研究市场中的企业数量、规模、市场份额以及产品差异程度等因素对价格的影响，以及企业如何通过价格策略来应对市场竞争。

（一）市场结构类型

市场结构可以根据企业数量、市场份额和产品差异程度等因素分为不同的类型，包括完全竞争市场、垄断竞争市场、寡头市场和垄断市场。不同的市场结构对价格的影响不同，企业需要根据市场结构的特点来制定相应的价格策略。

1.完全竞争市场：在完全竞争市场中，企业数量众多，每个企业市场份额很小，产品同质化程度高。企业通常只能接受市场价格，无法通过定价策略来影响市场需求。此时，企业应该关注成本和效率，通过降低成本和提高效率来获得竞争优势。

2.垄断竞争市场：在垄断竞争市场中，企业数量较多，每个企业有一定的市场份额，产品具有一定差异。企业可以通过定价策略来影响市场需求，但需要考虑到竞争对手的反应。此时，企业应该注重产品差异化和品牌建设，通过提供独特的产品和品牌价值来提高市场份额。

3.寡头市场：在寡头市场中，企业数量较少，市场份额较大，产品具有一定的差异化。企业可以通过定价策略和市场份额来影响市场需求，但需要考虑到竞争对手的反应。此时，企业应该注重合作和竞争的平衡，通过与其他企业的合作来实现共赢。

4.垄断市场：在垄断市场中，只有一个企业占据了全部或大部分市场份额，产品具有明显的差异化。企业可以自由定价，但需要考虑到政府监管和社会责任。此时，企业应该注重社会责任和可持续发展，通过积极履行社会责任来获得更广泛的认可和支持。

（二）竞争理论

竞争理论主要研究市场竞争中企业如何通过价格策略和其他手段来获得竞争优势。其中最著名的理论是迈克尔·波特的五力模型和竞争动态理论。

1.五力模型：迈克尔·波特的五力模型认为，行业中存在着五种力量影响着竞争态势，包括行业内竞争对手的实力和策略、潜在进入者的威胁、替代品的威胁、供应商的议价能力和买家的议价能力。企业可以根据五力模型分析所处的行业环境和竞争态势，制定相应的价格策略和其他战略来提高竞争优势。

2.竞争动态理论：竞争动态理论认为，市场竞争是一个动态的过程，企业之间的竞争关系不仅取决于当前的实力和策略，还受到历史和未来发展的影响。因此，企业需要时刻关注竞争对手的动态和行业发展趋势，制定灵活的价格策略和战略规划，以应对市场的变化。

（三）应对竞争的价格策略

在市场竞争中，企业可以采用多种价格策略来应对竞争对手的挑战和市场的变化。

1.渗透定价：在产品刚刚进入市场时，为了迅速占领市场份额，可以采用较低的价格来吸引消费者。渗透定价策略可以降低消费者对价格的敏感度，提高市场需求。

2.撇脂定价：对于一些具有独特价值和市场需求的产品，企业可以采用较高的价格来获取高额利润。撇脂定价策略可以吸引对价格不敏感的高端消费者，提高企业的利润率。

3.弹性定价：根据市场需求和竞争状况的变化，企业可以灵活调整产品的价格。如果市场需求对价格变动较为敏感，可以适当降低价格来吸引消费者；如果市场需求较为稳定，则可以提高价格来增加利润。弹性定价策略可以使企业在市场竞争中保持一定的竞争优势。

4.合作定价：在某些行业中，企业之间可以通过合作来制定共同的价格策略，以实现共赢。合作定价策略可以降低恶性竞争的风险，提高行业的整体利润水平。

第三章 价格管理在国际贸易市场中的实践

第一节 国际贸易市场中的价格形成机制

一、国际贸易市场的特点

国际贸易市场与国内贸易市场存在显著的差异，其特点主要表现在以下几个方面。

（一）市场广阔性

国际贸易市场是跨越国界的交易活动，其市场规模远远超过国内贸易市场。全球贸易量在不断增长，这为企业提供了更大的发展空间和机会。在国际贸易市场中，企业可以接触到来自世界各地的消费者和客户，进而扩大市场份额和销售渠道。

（二）竞争激烈性

国际贸易市场的竞争激烈程度远超国内市场。由于各国企业在技术、品牌、价格、质量等方面存在差异，企业需要不断提高自身的竞争力，以在国际贸易市场中获得优势。企业需要充分了解国际市场上的竞争对手和产品情况，制定有效的竞争策略，提高自身在国际市场中的地位。

（三）政策多样性

国际贸易市场涉及到不同国家和地区的法律法规、政策措施和文化差异等因素。企业在进行国际贸易时，需要了解并遵守不同国家的政策法规，同时要适应不同市场的文化和消费习惯。政策多样性要求企业具备较高的市场敏感度和适应性，能够灵活应对各种市场变化和挑战。

（四）风险复杂性

国际贸易市场存在一定的风险和不确定性，包括政治风险、汇率风险、运输风险和贸易壁垒等。企业在开展国际贸易时需要充分考虑这些风险因素，并制定相应的风险管理措施。此外，国际贸易市场还受到全球经济形势、国际政治局势和贸易政策调整等多种因素的影响，企业需要密切关注这些动态变化，以便及时应对市场的变化和挑战。

（五）全球化趋势

随着全球化进程的不断加速，国际贸易市场的全球化趋势日益明显。各国之间的经济合作和贸易往来不断加强，贸易自由化程度逐渐提高。同时，全球范围内的企业兼并与收购活动也日益频繁，跨国公司成为国际贸易市场的重要力量。全球化趋势要求企业具备全球视野和战略眼光，能够充分利用全球资源，提高自身的国际竞争力。

（六）技术革新性

随着科技的不断进步和应用，国际贸易市场也不断涌现出新的贸易方式和商业模式。例如电子商务的兴起为国际贸易提供了更加便捷和高效的交易方式，使得企业能够更加快速地进入国际市场并扩大销售规模。同时，技术革新也推动了产品创新和产业升级，为国际贸易市场注入了新的活力。企业需要紧跟技术发展的步伐，不断创新和完善自身的商业模式和产品线，以适应市场的变化和需求。

（七）环保意识的提升

在全球范围内，人们的环保意识不断增强，对环保产品和环保消费的需求日益增长。国际贸易市场中的绿色壁垒成为企业需要面对的挑战之一。企业需要关注环保法规和标准，加强环保技术的应用和创新，提高产品的环保性能和可持续性，以满足国际市场的需求和赢得消费者的信任。

（八）文化交融与认同

国际贸易市场中，文化因素对消费者的需求和行为产生重要影响。在全球化的背景下，不同文化之间的交融与认同成为企业需要关注的重要方面。企业需要了解目标市场的文化特点和消费习惯，尊重文化差异，促进文化交流与融合。通过与当地文化的融合，企业可以更好地适应当地市场的需求和环境，提高品牌的认知度和忠诚度。

综上所述，国际贸易市场具有广阔性、竞争激烈性、政策多样性、风险复杂性、全球化趋势、技术革新性、环保意识的提升和文化交融与认同等特点。企业在开展国际贸易时需要充分了解这些特点，制定科学合理的市场策略和管理方法，以提高自身竞争力并适应不断变化的市场环境。

二、价格形成机制的基本原理

国际贸易市场价格的形成，受到多种因素的影响，包括供求关系、生产成本、竞争状况、政策法规、国际市场动态等。这些因素相互作用，共同决定了国际贸易市场的价格水平。

（一）供求关系与价格形成

供求关系，这个经济学中的基本原理，在国际贸易市场中扮演着至关重要的角色。它如同一双看不见的手，调节着市场的运作，影响商品和服务的价格。在国际贸易的背景下，供求关系的影响更为复杂，涉及不同国家、不同文化和不同的经济条件。

当供应量大于需求量时，意味着市场上的商品或服务相对充裕。在这种情况下，卖家之间的竞争可能加剧，为了吸引买家，一些卖家可能会选择降低价格。这种降价行为会导致整个市场的价格下跌。对于买家而言，供应过剩意味着有更多的选择和更低的价格，他们可以以更优惠的价格购买到所需的商品或服务。然而，对于卖家而言，过度的供应可能导致利润下降，甚至出现亏损的情况。

相反，当需求量大于供应量时，价格往往会上涨。在这种情况下，买家之间的竞争可能导致价格上涨。卖家由于掌握了有限的资源或供应渠道，可能会提高价格来获取更高的利润。对于买家而言，需求的增加可能使他们不得不支付更高的价格来满足自己的需求。这种价格上涨可能会导致消费者的购买力下降，影响他们的生活质量。

除了简单的供求关系，国际贸易市场还受到许多其他因素的影响。例如，关税和贸易壁垒可能导致进口商品的成本增加，进一步影响价格。货币汇率的波动也可能对国际贸易价格产生影响。此外，政治风险、自然灾害和全球疫情等因素也可能对市场供求关系和价格造成冲击。

为了应对供求关系的变化，国际贸易市场的参与者需要具备敏锐的市场洞察力和灵活的应变能力。他们需要时刻关注全球市场的动态，了解供求状况的变化趋势，以便及时调整自己的经营策略。同时，他们也需要关注国际贸易政策、关税和贸易协定等方面的变化，以便更好地应对市场的不确定性。

综上所述，供求关系是决定市场价格的重要因素之一。在国际贸易市场中，供应方和需求方的状况直接影响着价格的形成。供求关系的变化反映了市场上的供需状况，对于市场参与者来说，了解并应对这种变化是至关重要的。通过了解供求关系的变化趋势，市场参与者可以更好地把握商机、规避风险，为国际贸易市场的繁荣和发展做出贡献。

在全球化的背景下，国际贸易市场的供求关系变得越来越复杂和多变。面对这种挑战和机遇，市场参与者需要不断学习和探索新的应对策略。只有这样，他们才能在不断变化的市场环境中保持竞争优势、实现可持续发展。

（二）生产成本与价格形成

在国际贸易市场中，商品的价格是由多种因素决定的，其中生产成本是一个非常重要的组成部分。生产成本是指生产商品所需的各项费用之和，包括原材料成本、劳动力成本、技术成本等。这些成本因素在国际贸易中具有非常重要的意义，因为它们直接影响商品的价格水平。

　　首先，原材料成本是生产成本的重要组成部分。在国际贸易市场中，许多商品需要从其他国家进口原材料。因此，原材料的供应状况、价格水平和运输成本等因素都会影响商品的生产成本。如果原材料价格上涨，生产成本也会相应增加，进而导致商品价格的上涨。

　　其次，劳动力成本也是生产成本的重要组成部分之一。不同国家和地区的劳动力成本差异很大，因此企业在制定销售价格时需要考虑到劳动力成本的因素。在劳动力成本较高的国家和地区，企业可能需要制定更高的销售价格来弥补劳动力成本的增加。

　　此外，技术成本也是生产成本的重要组成部分之一。随着科技的不断发展，许多商品的生产需要采用先进的技术和设备。这些技术和设备的引进和维护都需要大量的资金投入，因此技术成本也会影响商品的生产成本和价格水平。

　　企业需要根据生产成本和市场供求状况来制定合理的销售价格。在制定销售价格时，企业需要综合考虑生产成本、市场需求和竞争状况等因素。如果企业制定的销售价格过高，可能会导致市场需求下降；如果销售价格过低，可能会导致企业无法覆盖生产成本，进而影响企业的经济效益。

　　因此，企业需要制定合理的销售价格，以确保经济效益的实现。在国际贸易市场中，企业还需要关注市场需求和竞争状况等因素的变化，以便及时调整自己的经营策略和销售价格。同时，企业也需要加强内部管理和技术改造等措施，降低生产成本和提高生产效率，以提高自身的竞争力和市场地位。

　　综上所述，生产成本是商品价格的重要组成部分，直接影响商品的价格水平。在国际贸易市场中，企业需要根据生产成本和市场供求状况来制定合理的销售价格，以确保经济效益的实现。同时，企业还需要关注市场需求和竞争状况等因素的变化，加强内部管理和技术改造等措施，以提高自身的竞争力和市场地位。只有这样，企业才能在不断变化的市场环境中保持竞争优势、实现可持续发展。

　　（三）竞争状况与价格形成

　　在国际贸易市场中，竞争状况是影响价格形成的重要因素之一。企业之间的竞争不仅会直接影响到市场份额和销售量，还会对商品的价格水平产生深远的影响。竞争状况通常表现为价格竞争和非价格竞争两种形式。

　　价格竞争是指在国际贸易市场中，企业通过降低销售价格来争夺市场份额的一种竞争方式。在价格竞争中，企业需要尽可能地降低生产成本和销售价格，以提高市场竞争力。然而，价格竞争也存在着一些问题。首先，过度的价格竞争可能会导致企业利润下降，甚至出现亏损的情况。其次，价格竞争可能会导致企业陷入恶性循环，不断降低销售价格以争夺市场份额，最终导致整个行业的利润水平下降。

而非价格竞争则是指企业通过产品差异化、品牌建设等方式来提高竞争优势的一种竞争方式。与价格竞争不同，非价格竞争更加注重产品的品质、品牌形象和附加值等方面。通过产品差异化和品牌建设，企业可以更好地满足消费者的需求，提高产品的附加值和市场竞争力。非价格竞争不仅可以提高企业的竞争优势，还可以帮助企业避免陷入恶性价格竞争的泥潭。

在制定销售价格时，企业需要综合考虑市场竞争状况和自身的经营策略。如果市场竞争激烈，企业可能需要采取更加灵活的价格策略来争夺市场份额。如果企业具有较强的品牌影响力和产品差异化优势，则可以采取更加注重品质和品牌形象的非价格竞争策略。

综上所述，竞争状况是影响价格形成的重要因素之一。在国际贸易市场中，企业需要根据市场竞争状况来制定相应的价格策略，以保持竞争优势。在价格竞争中，企业需要尽可能地降低生产成本和销售价格；而非价格竞争中，企业需要注重产品的品质、品牌形象和附加值等方面。通过合理的价格策略和市场定位，企业可以更好地满足市场需求和提高自身的竞争力。

（四）政策法规与价格形成

政策法规在国际贸易市场的价格形成中扮演着至关重要的角色。各国政府通过制定一系列的政策和法规，如关税、进口配额、补贴等，来干预国际贸易市场的运行，这些政策不仅直接影响着商品的价格水平，还深刻影响着市场的竞争格局。

关税是各国政府用来保护本国产业的主要手段之一。通过征收关税，政府可以增加进口商品的成本，从而降低其价格竞争力，为本国企业创造更有利的市场环境。然而，过高的关税可能会引发贸易战，导致国际贸易关系紧张。因此，各国政府在制定关税政策时需要权衡各种因素，以实现公平、合理的国际贸易。

进口配额是另一种常见的政策工具。通过限制进口数量，政府可以控制商品流入本国市场的速度和规模，从而保护本国产业免受过度竞争的冲击。然而，进口配额可能导致价格上涨、供应短缺和黑市交易等问题。因此，政府在实施进口配额政策时需要谨慎考虑其可能带来的负面影响。

除了关税和进口配额，补贴也是政府常用的干预手段。政府通过为特定产业或企业提供财政支持，可以降低其生产成本，提高其市场竞争力。然而，过度补贴可能导致资源错配、产能过剩和国际贸易不公平等问题。因此，政府在实施补贴政策时需要遵循公平竞争和国际规则。

此外，国际贸易协议和国际组织的规定也会对市场价格产生影响。例如，世界贸易组织（WTO）通过推动自由贸易来促进全球经济增长和发展。通过削减关税和非关税壁垒，WTO 有助于降低进口商品的价格，提高消费者福利。然而，在某些情况下，国际贸易协议可能导致价格波动和市场不稳定。例如，当协议中的国家之间出现贸易不平衡时，可能会出现货币贬值或通货膨胀等问题，这些问题会对商品价格产生负面影响。

对于企业来说，关注相关政策法规的调整变化至关重要。企业需要密切关注各国政府的政策动向，了解相关法规的实施情况和影响，以便及时调整自身的经营策略和市场布局。同时，企业也需要积极参与国际贸易谈判和国际组织活动，以维护自身利益和推动公平贸易。

总之，政策法规对国际贸易市场的价格形成具有重要影响。各国政府通过制定关税、进口配额、补贴等政策来干预市场运行，进而影响商品的价格水平。企业需要关注相关政策法规的调整变化，以合理应对市场风险。同时，国际社会也需要加强合作与协调，推动国际贸易的公平、自由和可持续发展。

（五）国际市场动态与价格形成

国际市场动态对国际贸易市场的价格形成具有深远的影响。全球经济形势的波动、国际政治局势的不确定性，以及贸易政策的调整，都是影响市场价格的重要因素。

首先，全球经济的增长速度对国际贸易市场的价格形成起着决定性的作用。当全球经济处于扩张阶段时，需求通常会增长，从而推高商品价格。然而，当经济增长放缓或陷入衰退时，需求往往会减少，导致价格下跌。这种情况下，企业需要灵活调整生产和销售策略，以适应市场需求的变化。

其次，国际政治局势的稳定性对市场价格也有显著的影响。政治动荡可能导致供应链中断、贸易受阻，从而影响商品的正常流通。此外，政治不稳定还可能导致货币贬值或资本流动受到限制，这些因素都可能对市场价格产生负面影响。

再者，贸易政策的调整也是影响市场价格的重要因素之一。各国政府通过制定贸易政策来保护本国产业和促进经济发展。然而，贸易保护主义措施如关税和配额可能导致贸易战和贸易摩擦，对市场价格造成冲击。企业需要密切关注各国贸易政策的动向，以应对潜在的市场风险。

除了全球经济形势、国际政治局势和贸易政策调整，其他因素如自然灾害、突发事件等也可能对市场价格产生影响。例如，自然灾害可能导致生产中断和供应链受阻，从而推高商品价格。

对于企业而言，密切关注国际市场动态至关重要。企业需要建立一套有效的信息收集和分析机制，以获取及时、准确的市场信息。通过了解国际市场动态，企业可以更好地把握市场趋势，预测价格变化，从而制定出有效的市场策略。

此外，企业还应加强与供应商、客户和行业组织的沟通与合作。通过建立稳定的供应链和客户关系，企业可以降低市场风险，更好地应对国际市场的挑战。同时，与行业组织合作也有助于企业了解行业动态和参与国际贸易规则的制定。

总之，国际市场动态对国际贸易市场的价格形成具有不可忽视的影响。企业需要密切关注全球经济形势、国际政治局势和贸易政策调整等因素的变化，及时调整市场策略以应对市场的变化和挑战。通过有效的市场分析和策略制定，企业可以在国际市场竞争中立于不败之地。同时，国际社会也需要加强合作与协调，推动国际贸易的公平、自由和可持续发展。

（六）汇率波动与价格形成

汇率波动对国际贸易市场价格的影响不容忽视。在国际贸易中，企业不仅需要关注商品的价格和质量，还要时刻关注汇率的波动情况。由于不同国家使用不同的货币，汇率的变动会直接影响到企业的成本和销售收入。因此，企业在参与国际贸易时，必须对外汇风险进行合理的管理。

首先，汇率波动会影响企业的成本。当本国货币升值时，企业进口原材料或设备成本会降低，这有助于降低生产成本。然而，当本国货币贬值时，进口成本会增加，从而推高企业的生产成本。这对于依赖进口原材料或设备的行业来说尤其重要。为了减轻汇率波动对企业成本的影响，企业需要提前了解汇率趋势，并采取相应的措施来应对。

其次，汇率波动也会影响企业的销售收入。当企业在海外销售产品时，销售收入会受到当地货币与本国货币汇率的影响。如果本国货币升值，企业的销售收入会相应增加；而本国货币贬值则会减少企业的销售收入。为了减少汇率波动对销售收入的影响，企业可以采取一些外汇风险管理措施，如使用外汇期权、远期外汇合约等金融工具进行风险对冲。

除了对成本和销售收入的影响，汇率波动还会影响国际贸易市场的价格竞争力。如果一个国家的货币贬值，其出口商品在国际市场上的价格可能会更有竞争力，从而增加市场份额。然而，如果货币升值，出口商品的价格可能会失去竞争力，导致市场份额减少。

为了降低汇率波动对企业的不利影响，企业需要制定完善的外汇风险管理策略。首先，企业需要时刻关注汇率走势，及时掌握市场信息。其次，企业可以根据实际情况采取一些外汇风险管理措施，如利用金融工具进行风险对冲、合理安排收付款时间等。此外，企业还可以通过多元化经营、拓展海外市场等方式来降低单一货币汇率波动对企业的影响。

对于政府而言，也需要采取措施来应对汇率波动对国际贸易市场的影响。政府可以加强与国际社会的合作，推动国际货币体系的稳定发展。同时，政府还可以为企业提供外汇风险管理方面的指导和支持，帮助企业更好地应对汇率波动带来的挑战。

总之，汇率波动是影响国际贸易市场价格的重要因素之一。企业在参与国际贸易时需要关注汇率波动情况，采取合理的管理措施来降低外汇风险对企业的不利影响。政府也应为企业提供必要的支持和指导，共同推动国际贸易市场的稳定发展。

综上所述，国际贸易市场价格形成机制的基本原理主要包括供求关系、生产成本、竞争状况、政策法规、国际市场动态和汇率波动等因素的相互作用。这些因素共同决定了国际贸易市场的价格水平，影响着企业的市场竞争力和经济效益。因此，企业在开展国际贸易时，需要全面考虑这些因素，制定科学合理的市场策略和价格策略，以适应不断变化的市场环境并实现可持续发展。

三、价格形成机制的影响因素

国际贸易市场价格的形成，受到多种因素的影响。这些因素涵盖了从微观的企业层面到宏观的国际政治经济环境，对价格形成起着决定性的作用。

（一）企业因素

在国际贸易中，生产成本是企业制定价格的基础。企业在考虑生产成本时，不仅需要考虑原材料的成本，还需要考虑生产过程中的各种费用，如劳动力成本、技术成本、设备折旧等。这些成本因素直接影响到企业的定价策略。

对于一些依赖进口原材料的行业来说，汇率波动对生产成本的影响尤为显著。当本国货币升值时，进口原材料的成本会降低，这有助于降低生产成本；而当本国货币贬值时，进口成本会增加，推高生产成本。企业需要时刻关注汇率走势，以合理安排原材料进口，降低生产成本。

除了生产成本，市场需求也是影响企业定价策略的重要因素。在国际贸易中，企业需要了解目标市场的需求特点，包括消费者的购买力、消费习惯、偏好等。如果市场需求大于供应，企业可以制定较高的价格；而如果供应大于需求，企业可能需要降低价格以吸引消费者。

此外，竞争环境也是影响企业定价策略的重要因素之一。在国际贸易中，企业需要了解竞争对手的产品、价格等信息，以便制定出既能满足市场需求又能保持竞争优势的价格策略。企业可以通过提高产品质量、加强品牌建设、拓展销售渠道等方式来提升竞争力，从而在价格策略上获得更大的主动权。

为了降低汇率波动对企业的不利影响，企业需要采取外汇风险管理措施。例如，企业可以与供应商或客户协商采用固定汇率结算方式，以避免汇率波动带来的损失。此外，企业还可以利用金融工具进行外汇风险管理，如远期外汇合约、外汇期权等。政府也可以为企业提供外汇风险管理方面的指导和支持，帮助企业更好地应对汇率波动带来的挑战。

总之，在国际贸易中，生产成本、市场需求和竞争环境是影响企业定价策略的重要因素。企业需要综合考虑这些因素，制定合理的销售价格，以确保经济效益的实现。同时，企业也需要关注汇率波动情况，采取合理的管理措施来降低外汇风险对企业的不利影响。政府也应为企业提供必要的支持和指导，共同推动国际贸易市场的稳定发展。

（二）国际因素

在国际贸易中，贸易政策是一个不可忽视的因素，它对商品的价格有着深远的影响。关税是贸易政策中的一项重要措施，它直接影响到进口商品的成本，从而影响其在国际市场上的定价。关税的提高会使进口商品的成本增加，进而导致价格上升；相反，关税的降低或减免则会使进口商品的成本降低，从而降低商品价格。

除了关税，配额也是贸易政策中的另一项措施。配额限制了某种商品的进口数量，当配额接近或达到上限时，市场上该商品的供应量会减少，从而推高价格。反之，如果配额限制较松或没有配额限制，供应量增加，价格则可能下降。

非关税壁垒也是贸易政策中的一种常见手段。这些壁垒可能包括技术标准、卫生检疫、知识产权保护等，它们对进口商品的质量、安全和知识产权等方面提出要求，导致部分商品无法满足要求而被排除在市场之外，从而影响商品的价格。

除了贸易政策，汇率波动对国际贸易市场价格形成的影响也不容忽视。在国际贸易中，由于涉及不同货币的交换，汇率波动会导致商品成本和销售收入的相应变化。当汇率升值时，出口商品的成本相对降低，有利于提高出口商品的竞争力并保持较低的售价；相反，当汇率贬值时，出口商品的成本相对增加，可能导致企业提高售价以保持利润空间。

国际市场的动态变化也是影响国际贸易价格的重要因素之一。国际政治经济形势的变化、国际市场需求和供应状况等因素都会对国际贸易市场价格产生影响。例如，全球经济增速放缓可能会导致需求减少，市场竞争加剧，进而影响价格水平。同时，国际市场的供需关系也直接影响到商品的价格。当市场需求大于供应时，价格通常会上升；而当供应大于需求时，价格则可能下降。

此外，国际市场的竞争环境也是影响价格的重要因素之一。在竞争激烈的国际市场中，企业为了保持竞争优势并获得市场份额，需要制定合理的价格策略。一些企业可能会采取低价策略来吸引消费者，而另一些企业则可能通过提高产品质量、加强品牌建设等方式来提升竞争力，从而在价格策略上获得更大的主动权。

为了应对汇率波动对国际贸易的不利影响，企业可以采取一系列措施。首先，企业可以加强外汇风险管理，通过运用金融工具如远期外汇合约、外汇期权等来锁定汇率风险。其次，企业可以采取多元化的市场策略，分散汇率风险的影响。此外，企业还可以通过提高自身的竞争力来应对汇率波动带来的挑战。例如，企业可以加强研发创新、提高产品质量、降低生产成本等方式来提升竞争力。政府也可以通过提供外汇风险管理方面的指导和支持来帮助企业更好地应对汇率波动带来的挑战。

综上所述，贸易政策、汇率波动和国际市场动态等因素都对国际贸易价格形成产生了重要影响。为了在国际市场上获得竞争优势并实现可持续发展，企业需要密切关注这些因素的变化趋势，并根据市场状况灵活调整自身的定价策略。同时，政府也需要为企业提供必要的支持和指导，共同推动国际贸易市场的稳定发展。只有这样，才能更好地应对各种挑战和机遇，实现互利共赢的局面。

（三）全球价值链与供应链的影响

全球价值链和供应链的演变对国际贸易市场价格形成机制产生了深远的影响。随着全球化的深入发展，各国在生产、分销、物流等环节的相互依赖程度日益加深，这使得国际贸易市场的价格形成更加复杂。全球价值链中的各个环节的成本、效率和利润分配成为影响市场价格的重要因素。企业在制定价格策略时需要充分考虑全球价值链和供应链的特点和动态变化，以实现更高效的成本控制和价值创造。

（四）贸易保护主义与区域经济一体化的影响

近年来，贸易保护主义抬头和区域经济一体化进程加速对国际贸易市场价格形成机制带来了新的挑战和机遇。贸易保护主义措施如关税和非关税壁垒的实施，可能导致进口商品的成本增加，进而影响其市场价格。而区域经济一体化则通过消除贸易壁垒、促进成员国之间的经济合作，有助于降低生产成本、提高效率，从而对市场价格产生积极影响。企业在面对这一趋势时，需要灵活应对，调整市场策略，以适应不断变化的贸易环境。

（五）技术进步与电子商务的影响

技术进步和电子商务的发展也对国际贸易市场价格形成机制产生了深刻影响。技术进步降低了生产成本、提高了生产效率，为企业在国际市场上获得竞争优势提供了有力支持。电子商务则通过减少交易成本、拓宽销售渠道，使得企业能够更加灵活地应对市场需求变化，进而影响市场价格的形成。随着数字经济的快速发展，电子商务将在未来国际贸易中扮演更加重要的角色，对市场价格形成机制产生更广泛的影响。

综上所述，国际贸易市场价格形成机制的影响因素主要包括企业因素、国际因素、全球价值链与供应链的影响、贸易保护主义与区域经济一体化的影响以及技术进步与电子商务的影响等方面。这些因素相互作用、相互影响，共同决定着国际贸易市场的价格水平。

第二节　价格管理与贸易竞争力的关系

一、贸易竞争力的定义与衡量

贸易竞争力，是衡量一个国家或地区在国际贸易中所处地位的重要指标。它涉及到一国生产与出口商品在国际市场上的表现，以及该国在国际贸易中所获得的实际利益。准确理解和衡量贸易竞争力，对于制定有效的贸易政策、推动经济发展具有重要意义。

（一）贸易竞争力的定义

贸易竞争力，也称为贸易竞争优势或贸易比较优势，是一个国家或地区在生产、出口某一类商品时所拥有的优势。这种优势可能来源于低成本的生产要素、技术创新、品牌影响力、市场开发等多种因素。贸易竞争力决定了该国在国际贸易中的地位和收益，反映了其在全球价值链中的位置。

（二）贸易竞争力的衡量

贸易竞争力的衡量通常采用显性比较优势指数（Revealed Comparative Advantage，RCA）、贸易竞争优势指数（Trade 竞争优势指数又称 TC 指数或比较优势指数），是分析一个国家或地区的某种产品是否具有比较优势时经常使用的一个指标，其计算公式为：TC=(出口－进口)/(出口+进口)。当 TC 接近 0 时，说明比较优势不明显；当 TC 接近 1 时，说明该产品具有比较优势；而当 TC 接近－1 时，说明该产品不具有比较优势。

比较优势是指一个国家在生产某一产品时所拥有的相对成本优势。一个国家在生产某一产品时，如果其劳动生产率高于另一个国家，那么这个国家在该产品上就拥有比较优势。而一国在生产所有产品上的劳动生产率都高于另一个国家时，则该国在整体上拥有比较优势。因此，可以通过计算比较优势指数来判断一个国家在某一产品上是否具有比较优势。

此外，还有一些其他衡量贸易竞争力的指标，如出口市场占有率、国际竞争力指数等。这些指标可以从不同角度反映一个国家或地区在国际贸易中的竞争地位。

（三）贸易竞争力的提升途径

提升贸易竞争力是促进经济发展的关键。以下是一些提升贸易竞争力的途径。

1.提高生产效率：通过技术进步、提高劳动者素质等方式提高生产效率，降低生产成本，增加产品的附加值，从而提升贸易竞争力。

2.优化产业结构：调整产业结构，发展具有竞争优势的产业，优化资源配置，提高产品质量和服务水平。

3.培育自主品牌：加强品牌建设，提高自主品牌的知名度和美誉度，增强消费者对品牌的认知度和忠诚度。

4.拓展国际市场：积极开拓国际市场，扩大市场份额，增加出口额。同时，加强与国外企业的合作与交流，提高企业的国际化水平。

5.政策支持：政府可以通过财政、税收等政策手段支持企业提升贸易竞争力。例如，提供财政补贴、税收优惠等政策措施，降低企业成本，增强其市场竞争力。

6.加强人才培养：重视人才培养和引进，提高劳动者素质和技术水平，为企业发展提供人才保障。

7.推进创新驱动：鼓励企业加强技术创新、管理创新和商业模式创新，提高产品的技术含量和附加值，增强竞争优势。

8.建立完善的贸易体系：优化贸易环境，建立健全的贸易体系和服务体系，提高贸易便利化水平，降低交易成本。

综上所述，提升贸易竞争力需要政府和企业共同努力。政府应制定合理的贸易政策，为企业提供良好的发展环境；企业应积极采取措施提高自身实力和竞争力。只有双方协同合作，才能实现贸易竞争力的持续提升。

二、价格管理与贸易竞争力的关联

在国际贸易中，价格管理是影响一国贸易竞争力的重要因素之一。价格管理涉及到出口定价、成本核算、市场策略等多个方面，对于维护和提高企业在国际市场上的竞争力具有重要意义。

（一）价格管理与贸易竞争力的关系

价格管理是影响贸易竞争力的直接因素之一。企业通过合理的定价策略，能够更好地在国际市场上获得竞争优势。具体来说，价格管理与贸易竞争力的关系主要体现在以下几个方面。

1.出口定价策略：企业通过制定合理的出口定价策略，能够更好地满足市场需求，提高产品在国际市场上的知名度和美誉度，从而提升贸易竞争力。

2.成本核算与管理：价格管理涉及到企业的成本核算与管理。通过优化成本结构，降低生产成本，企业可以制定更有竞争力的价格，提高产品的性价比，从而增加贸易机会。

3.市场策略与定位：价格管理是企业市场策略的重要组成部分。通过合理的价格策略，企业可以更好地定位自身产品在市场中的位置，满足不同客户的需求，从而提升贸易竞争力。

4.价格稳定性与风险管理：企业在国际市场中面临着各种价格波动风险。通过有效的价格管理，企业可以制定合理的价格策略，保持价格的相对稳定，降低价格波动对贸易的影响。

（二）如何通过价格管理提升贸易竞争力

1.制定合理的出口定价策略：企业应根据市场需求、产品特点、竞争对手等因素，制定合理的出口定价策略。在定价时，应充分考虑成本、市场需求、产品差异化等因素，以提高产品的性价比和市场竞争力。

2.优化成本核算与管理：企业应加强成本核算与管理，优化成本结构，降低生产成本。通过提高生产效率、降低浪费等方式，企业可以制定更具竞争力的价格，提高产品的市场竞争力。

3.实施市场导向的价格策略：企业应根据市场需求和竞争情况，实施市场导向的价格策略。通过了解客户需求、分析竞争对手的定价策略，企业可以制定更加符合市场需求的价格，提高产品的市场占有率。

4.建立有效的价格管理体系：企业应建立有效的价格管理体系，明确各级管理人员在价格管理中的职责和权限。通过建立健全的价格管理制度和流程，提高企业的价格管理水平，增强企业的贸易竞争力。

5.加强风险管理：企业在国际市场中面临着各种价格波动风险。因此，加强风险管理至关重要。企业应密切关注国际市场的动态和趋势，制定合理的风险管理措施，降低价格波动对企业贸易的影响。

6.创新与差异化：企业应注重产品创新和差异化发展。通过创新和差异化，企业可以提供更具特色的产品和服务，满足客户的个性化需求，提高产品的附加值和市场竞争力。同时，创新和差异化也是企业在国际市场中树立品牌形象的关键因素之一。

7.建立合作伙伴关系：企业应积极寻求与国外客户的合作机会，建立稳定的合作伙伴关系。通过与国外客户的合作，企业可以更好地了解市场需求和趋势，提高自身的国际竞争力。同时，稳定的合作伙伴关系也有助于降低企业的经营风险和市场不确定性。

8.拓展多元化市场：企业应积极开拓多元化市场，扩大市场份额和出口渠道。通过拓展多元化市场，企业可以提高自身的抗风险能力和贸易机会的多样性，增加在国际市场的竞争力。

9.人才培养与引进：企业应重视人才培养和引进工作，提高员工的专业素质和管理水平。通过培养和引进高素质人才，企业可以提高自身的创新能力、管理水平和市场竞争力，为企业的长期发展提供有力支持。

10.关注政策环境与国际贸易规则：企业应关注国际市场的政策环境和国际贸易规则的变化趋势。通过了解和掌握相关政策和规则的变化情况，企业可以及时调整自身的发展战略和经营策略，提高贸易竞争力并降低潜在的风险。

综上所述，价格管理是影响贸易竞争力的关键因素之一。通过制定合理的出口定价策略、优化成本核算与管理、实施市场导向的价格策略等措施，企业可以提升自身的贸易竞争力并获得更多的市场份额和贸易机会。同时，企业还应关注政策环境与国际贸易规则的变化趋势、加强风险管理、创新与差异化发展、建立合作伙伴关系和拓展多元化市场等方面的工作，以实现更加全面和可持续的发展。

三、提高价格管理水平的策略

随着市场竞争的日益激烈，价格管理在贸易竞争力中的地位愈发重要。提高价格管理水平，对于企业来说，不仅是应对市场竞争的需要，更是提升贸易竞争力的关键。

（一）了解市场需求与竞争态势

在国际贸易中，深入了解目标市场和竞争对手是制定有效价格策略的关键。只有对市场有足够的了解，企业才能更好地满足消费者需求，提高市场份额。

首先，深入调研目标市场至关重要。企业需要对目标市场的消费者需求、偏好以及购买力进行全面的了解。通过市场调研，企业可以获取消费者的真实需求和期望，了解他们愿意为商品支付的价格范围。这样，企业可以根据市场需求来制定更加精准的价格策略，提高商品的市场竞争力。

除了消费者需求，企业还需要了解目标市场的竞争状况。在国际贸易中，来自不同国家和地区的竞争对手都可能对市场价格产生影响。因此，对竞争对手的全面分析是制定价格策略的重要环节。企业需要了解竞争对手的产品定价、销售策略、市场份额等信息，通过与竞争对手的比较，找到自身的优势和不足。

在分析竞争对手时，企业需要注意以下几点。首先，要关注竞争对手的产品定价策略。了解竞争对手的定价水平可以帮助企业制定更有竞争力的价格策略。其次，要关注竞争对手的销售渠道和营销策略。了解竞争对手的销售渠道和营销策略可以帮助企业更好地制定自己的销售策略和营销计划。此外，还要关注竞争对手的市场份额。了解竞争对手的市场份额可以帮助企业更好地了解市场竞争状况，从而制定更加合理的价格策略。

除了深入调研目标市场和竞争对手，企业还需要考虑其他因素对价格策略的影响。例如，市场需求和供应状况、国际政治经济形势的变化、国际市场的竞争环境等都会对价格策略产生影响。因此，在制定价格策略时，企业需要综合考虑各种因素，制定出更加科学合理的价格策略。

为了更好地应对市场竞争和消费者需求的变化，企业需要不断地进行市场调研和竞争对手分析。同时，企业还需要不断地优化自身的产品和服务质量，提高自身的竞争力。只有这样，才能在国际贸易市场中立于不败之地，实现可持续发展。

综上所述，深入调研目标市场和竞争对手是制定有效价格策略的关键。通过市场调研和竞争对手分析，企业可以更加精准地把握市场趋势和消费者需求，为制定合理的价格策略提供依据。同时，企业还需要综合考虑各种因素对价格策略的影响，制定出更加科学合理的价格策略。只有这样，才能在国际市场中获得竞争优势并实现可持续发展。

（二）优化成本结构与核算体系

在国际贸易中，降低生产成本是提高企业竞争力的关键。企业应该通过优化生产流程、提高生产效率等方式降低生产成本，从而在定价时更加灵活，提高产品的性价比和市场竞争力。

首先，企业需要对生产流程进行全面的分析和优化。通过分析生产流程中的各个环节，找出瓶颈和浪费，采取有效的措施进行改进。例如，引入先进的生产设备、改进工艺流程、提高自动化水平等，都可以降低生产成本和提高生产效率。

除了优化生产流程，企业还需要注重提高生产效率。通过提高员工的技能和素质、采用科学的管理方法、合理安排生产计划等措施，可以提高生产效率，降低生产成本。

除了降低生产成本，企业还需要对各项成本进行精细化管理。精细化管理要求企业对各项成本进行详细的分类和管理，严格控制不必要的开支。例如，对原材料的采购、存储和使用进行精细化管理，对能源的消耗进行严格控制，对废弃物进行回收利用等。通过精细化管理，企业可以提高资源的利用效率，降低浪费。

建立科学的成本核算体系也是降低生产成本的重要措施。成本核算的准确性和及时性对于制定价格策略和贸易竞争力至关重要。企业应该建立科学的成本核算体系，明确各项成本的构成和计算方法，确保成本核算的准确性和及时性。同时，企业还需要加强内部控制和审计，确保成本核算的合规性和可靠性。

在降低生产成本的过程中，企业还需要注重技术的创新和应用。通过引入先进的技术和设备，不仅可以提高生产效率、降低生产成本，还可以提高产品的质量和市场竞争力。同时，企业还需要注重人才培养和团队建设，提高员工的素质和技能水平，为企业的可持续发展提供有力保障。

综上所述，降低生产成本是企业在国际贸易中提高竞争力的关键。企业应该通过优化生产流程、提高生产效率、精细化管理、建立科学的成本核算体系以及注重技术创新和应用等措施来降低生产成本。只有这样，企业才能在激烈的市场竞争中立于不败之地，实现可持续发展。

（三）灵活运用多种价格策略

在国际贸易中，定价策略是影响企业市场竞争力的重要因素之一。为了更好地满足市场需求和提高销售额，企业可以采用多种定价策略，包括差异化定价、促销定价、地区定价和组合定价等。

首先，差异化定价可以根据市场需求、产品差异化和客户类型等因素制定差异化的价格策略。这种定价策略有助于满足不同客户的需求，提高产品的市场占有率。例如，对于高端客户群体，企业可以制定更高的价格，提供更优质的产品和服务；对于低端客户群体，企业可以制定更低的价格，提供更实惠的产品和服务。通过差异化定价，企业可以在不同的细分市场中获得更大的竞争优势。

其次，促销定价是在特定的市场环境下采用的一种定价策略，如打折、满减、赠品等。这种定价策略可以刺激消费者的购买欲望，提高销售额和市场竞争力。企业可以在销售旺季或淡季采用促销定价策略来吸引客户，增加销售额。同时，企业还需要根据市场情况和产品特点选择合适的促销方式，以达到最佳的销售效果。

第三，地区定价是根据不同地区的消费水平、经济状况和市场需求等因素制定地区特色的定价策略。由于不同地区的消费者需求和消费能力存在差异，企业需要根据当地市场的实际情况制定相应的价格策略。例如，在发达国家市场，消费者对产品的品质和服务的要求更高，因此企业需要制定相对较高的价格；而在发展中国家市场，消费者对价格较为敏感，因此企业需要制定相对较低的价格。通过地区定价策略，企业可以更好地满足不同地区消费者的需求，提高市场渗透率。

最后，组合定价适用于系列产品或配套产品。企业可以根据不同产品的特点、成本和市场需求等因素制定合理的价格搭配，以满足客户对产品组合的需求。通过合理的组合定价策略，企业可以提高整体销售效果，增强客户的购买意愿。例如，企业可以将一款产品的价格降低，以吸引客户购买该产品，同时将另一款产品的价格提高，以增加企业的利润。这种组合定价策略可以帮助企业在市场上获得更大的竞争优势。

在采用这些定价策略时，企业需要注意以下几点：首先，定价策略需要与企业的市场定位和品牌形象相符合；其次，企业需要对市场进行充分的研究和分析，了解客户需求和竞争情况；最后，企业需要灵活调整定价策略，根据市场变化及时做出相应的调整。

总之，在国际贸易中制定合适的定价策略是至关重要的。企业可以根据市场需求、产品差异化和客户类型等因素制定差异化的价格策略；在特定的市场环境下采用促销定价策略；根据不同地区的消费水平、经济状况和市场需求等因素制定地区特色的定价策略；以及针对系列产品或配套产品采用组合定价策略。通过合理的定价策略选择和运用，企业可以提高市场竞争力、满足客户需求并实现可持续发展。

（四）加强价格监控与调整

在国际贸易中，价格监控、灵活调整和预警机制是企业在定价策略中需要重视的三个关键因素。这些因素有助于企业更好地应对市场变化，保持竞争优势，降低经营风险。

首先，建立价格监控机制是至关重要的。企业需要实时关注市场价格动态和竞争对手的定价变化，以便及时调整自身定价策略。通过价格监控，企业可以获取市场价格信息，了解竞争对手的定价策略，分析市场趋势和客户需求。这样，企业可以更加准确地评估自身定价的合理性，调整价格以保持竞争优势。

为了更好地进行价格监控，企业需要采取一系列措施。首先，建立完善的市场情报网络，收集市场价格信息和竞争对手的动态；其次，定期分析市场数据，评估自身定价策略的有效性；最后，根据市场变化及时调整定价策略，以保持竞争优势。

其次，灵活调整产品价格也是企业在定价策略中需要考虑的重要因素。由于市场供求关系、成本波动等因素的影响，产品价格可能会出现波动。为了保持市场竞争力，企业需要根据市场变化和客户需求灵活调整产品价格。这种灵活性不仅有助于企业应对市场风险，还可以提高客户满意度和忠诚度。

为了实现灵活调整产品价格的目标，企业需要采取一系列措施。首先，建立完善的市场分析机制，及时了解市场供求关系和成本波动情况；其次，制定灵活的定价策略，根据市场变化和客户需求及时调整产品价格；最后，加强与客户的沟通与合作，提高客户满意度和忠诚度。

最后，建立价格预警机制可以帮助企业在国际市场中及时应对潜在的价格风险。预警机制可以通过监测市场价格波动、竞争对手的定价变化等因素，为企业提供预警信息，帮助企业提前做好应对措施。这样，企业可以降低经营风险和市场不确定性，提高在国际市场中的竞争力。

为了建立有效的价格预警机制，企业需要采取一系列措施。首先，确定预警指标和阈值，建立预警模型；其次，定期监测市场数据和竞争对手的动态，收集预警信息；最后，及时采取应对措施，降低潜在的价格风险和市场不确定性。

综上所述，企业在国际贸易中制定定价策略时需要重视价格监控、灵活调整和预警机制等关键因素。通过建立完善的市场情报网络、灵活调整产品价格和建立预警机制等措施，企业可以更好地应对市场变化、保持竞争优势、降低经营风险并提高市场竞争力。这些措施有助于企业在国际市场中取得更好的业绩和发展。

（五）强化内部管理与培训

在国际贸易中，企业要想取得成功，除了需要关注产品本身的质量和性能外，还需要在价格管理方面下功夫。价格管理并不仅仅是定个价格那么简单，它涉及到企业的整体战略、市场定位、客户需求等多个方面。因此，完善管理制度、培训与提升以及激励与考核成为企业在价格管理中不可忽视的三个关键环节。

首先，完善管理制度是企业在价格管理中必须重视的基础工作。一个健全的价格管理制度应该明确各级管理人员在价格管理中的职责和权限，使每个层级的人员都能清楚自己的角色和任务。这样的制度可以确保企业在面临价格决策时，各级人员能够迅速、准确地做出反应。同时，一个完善的管理制度还能提高企业的价格管理水平和工作效率，使企业在市场竞争中更具优势。

为了建立这样的制度，企业需要从多个方面入手。首先，要对现有的价格管理制度进行全面的审查和评估，找出存在的问题和不足之处；其次，根据企业的实际情况和市场环境的变化，对制度进行修订和完善，确保其适应性和有效性；最后，要确保制度的执行和监督，使制度真正落地生根，发挥其应有的作用。

除了完善管理制度，培训与提升也是企业在价格管理中需要重视的环节。国际贸易环境复杂多变，价格策略需要根据市场变化进行不断调整。因此，企业需要定期开展价格管理培训和知识分享活动，提高员工的价格管理意识和能力。通过培训和知识分享，员工可以更好地理解和执行企业的价格策略，提高企业的贸易竞争力。

在培训方面，企业可以选择内部培训或外部培训。内部培训可以由企业内部的专家或经验丰富的主管进行授课，主要针对企业的实际情况和业务需求进行讲解；外部培训可以选择专业的培训机构或高校的相关课程，让员工接受更全面、系统的知识体系。同时，企业还可以通过知识分享会、研讨会等方式，鼓励员工分享自己的经验和见解，促进相互学习和进步。

除此之外，激励与考核也是企业在价格管理中需要关注的重要环节。合理的激励和考核机制可以激发员工的积极性和创造力，推动企业价格管理水平的提升。企业可以根据自身的实际情况和市场环境的变化，制定相应的激励和考核措施。例如，对于在价格管理工作中表现优秀的员工给予一定的奖励或晋升机会；对于表现不佳的员工进行适当的辅导或调整岗位等措施。

为了确保激励与考核机制的有效性，企业需要制定明确的考核标准和评估方法。同时，要确保考核的公正性和客观性，避免主观因素对考核结果的影响。此外，企业还需要对考核结果进行及时反馈和沟通，帮助员工了解自己的不足之处和提升方向。

综上所述，完善管理制度、培训与提升以及激励与考核是企业在国际贸易中取得成功的重要保障。通过建立健全的价格管理制度、提高员工的价格管理意识和能力以及建立合理的激励和考核机制等措施，企业可以更好地应对市场变化、保持竞争优势并提高市场竞争力。这些措施有助于企业在国际市场中取得更好的业绩和发展。

（六）加强信息化建设与数据支持

在当今这个信息化的时代，信息化建设已经成为企业发展的重要驱动力。对于企业的价格管理而言，信息化建设同样具有不可替代的作用。通过加强信息化建设，企业可以提高信息传递速度和管理效率，为价格管理提供有力支持。

为了实现这一目标，企业需要从多个方面入手。首先，要建立完善的信息管理系统和数据库，确保信息的准确性和及时性。这样的系统可以涵盖企业的各个方面，包括生产、销售、采购等环节的数据，使企业能够全面掌握自身的经营状况和市场情况。

其次，企业需要加强信息系统的安全性和稳定性。随着信息技术的不断发展，网络安全问题也日益突出。企业需要采取有效的措施，确保自身信息系统的安全稳定运行，防止信息泄露和被攻击。

除了建立信息系统，数据支持也是企业在价格管理中需要重视的环节。收集和分析与价格管理相关的数据，可以帮助企业更加科学合理地制定价格策略。这些数据包括市场行情、竞争对手数据、成本数据等，通过数据分析，企业可以更加准确地了解市场和竞争对手的动态，制定更加符合实际情况的价格策略。

为了更好地进行数据分析，企业需要采用专业的数据分析工具和方法。这些工具可以帮助企业从大量数据中提取有用的信息，为企业决策提供科学依据。同时，数据分析也需要结合企业的实际情况和市场环境的变化，不断进行调整和完善。

除了数据支持，动态分析也是企业在价格管理中需要重视的环节。市场和竞争对手的动态变化是不可避免的，企业需要及时掌握这些变化并做出相应的调整。通过运用数据分析工具对市场动态和竞争对手进行实时监测和分析，企业可以及时调整自身的发展战略和经营策略，提高贸易竞争力并降低潜在的风险。

在动态分析方面，企业需要注重时效性和准确性。时效性要求企业能够快速获取和分析市场和竞争对手的动态变化；准确性则要求企业能够准确判断变化的影响和趋势，为企业决策提供可靠的依据。同时，动态分析也需要结合企业的实际情况和市场环境的变化，不断进行调整和完善。

综上所述，信息化建设、数据支持和动态分析是企业在价格管理中不可忽视的重要环节。通过加强信息化建设、收集和分析相关数据以及实时监测市场动态和竞争对手情况等措施，企业可以提高信息传递速度和管理效率、制定更加科学合理的价格策略并降低潜在的风险。这些措施有助于企业在国际贸易中取得更好的业绩和发展。

综上所述，提高价格管理水平对于增强企业的贸易竞争力具有重要意义。通过深入了解市场需求与竞争态势、优化成本结构与核算体系、灵活运用多种价格策略、加强价格监控与调整、强化内部管理与培训以及加强信息化建设与数据支持等措施的实施，企业可以提高自身的价格管理水平并获得更多的市场份额和贸易机会。同时，企业还应关注政策环境与国际贸易规则的变化趋势、加强风险管理、创新与差异化发展、建立合作伙伴关系和拓展多元化市场等方面的工作以实现更加全面和可持续的发展。

第三节　不同贸易方式下的价格管理策略

一、加工贸易的价格管理策略

加工贸易是我国对外贸易的重要组成部分，其价格管理策略对于企业的经营和发展具有重要意义。

（一）成本加成定价法

成本加成定价法是一种常见的定价策略，即企业在产品成本的基础上加上一定的利润率来确定销售价格。对于加工贸易企业来说，成本加成定价法可以确保企业的利润空间，同时避免因价格过高而失去市场竞争力。在采用成本加成定价法时，企业需要考虑原材料成本、制造成本、管理费用等多方面的因素，并合理确定利润率。

（二）市场导向定价法

市场导向定价法是根据市场需求和竞争状况来确定产品价格。企业需要了解市场需求、消费者心理和竞争对手的价格策略等信息，以制定具有竞争力的价格。在市场导向定价法中，企业可以根据市场需求的变化及时调整价格，以保持市场竞争力。

（三）价值定价法

价值定价法是根据产品的价值来确定销售价格。产品的价值是指消费者对产品品质、功能和性能等方面的认可和价值评估。价值定价法要求企业了解目标客户的需求和期望，以及竞争对手的产品质量和价格等信息，以制定符合消费者价值观念的价格策略。

（四）竞争导向定价法

竞争导向定价法是根据市场竞争状况来确定产品价格。企业需要了解竞争对手的产品质量、价格、销售渠道等方面的信息，并制定具有竞争力的价格策略。在竞争导向定价法中，企业可以采用价格战、差异化竞争等策略来获取市场份额。

（五）区域定价策略

对于加工贸易企业来说，区域定价策略是一种常见的价格管理策略。由于不同地区的经济发展水平、消费习惯和市场需求等因素存在差异，企业需要根据不同地区的特点制定相应的价格策略。例如，对于发展中国家和地区，可以采用低价策略来开拓市场；对于发达国家和高消费地区，可以采用高价策略来提高产品形象和品牌价值。

（六）长期合同定价策略

长期合同定价策略是指企业与客户签订长期合同，约定产品的价格、数量、质量等方面的条款。长期合同定价策略可以帮助企业稳定销售收入和客户关系，同时避免因市场价格波动而影响企业的经营效益。在长期合同定价策略中，企业需要与客户协商合理的价格条款，并约定好违约责任和解除条件等事项。

（七）促销定价策略

促销定价策略是一种常见的营销手段，通过降低产品价格来吸引消费者和提高销售额。对于加工贸易企业来说，促销定价策略可以快速扩大市场份额和提高品牌知名度。常见的促销定价策略包括折扣销售、捆绑销售、赠品销售等。在采用促销定价策略时，企业需要注意控制成本和促销时间，避免对正常销售造成负面影响。

（八）个性化定价策略

个性化定价策略是根据消费者的需求和偏好等因素制定个性化的产品价格。个性化定价策略可以帮助企业更好地满足消费者的需求和提高产品附加值。在采用个性化定价策略时，企业需要建立完善的客户信息管理系统和数据分析平台，以实现精准的个性化定价。

（九）多元化定价策略

多元化定价策略是指根据产品的不同特点和市场需求等因素采用多种定价方式相结合的策略。对于加工贸易企业来说，多元化定价策略可以帮助企业更好地应对市场竞争和提高盈利能力。常见的多元化定价策略包括组合定价、分级定价、差异化定价等。在采用多元化定价策略时，企业需要充分考虑产品的特点、市场需求和竞争状况等因素，并制定科学合理的价格方案。

（十）供应链协同定价策略

供应链协同定价策略是指企业与供应商和客户之间建立协同合作关系，共同制定产品价格和销售策略。通过供应链协同定价策略，企业可以更好地整合资源、降低成本和提高市场竞争力。在供应链协同定价策略中，企业需要建立完善的供应链管理系统和信息共享平台，以实现供应链各方的有效协同和合作共赢。

二、转口贸易的价格管理策略

转口贸易作为一种特殊的贸易方式，其价格管理策略与一般贸易有所不同。转口贸易涉及到多个国家和地区的交易，价格管理需要更加复杂和精细。

（一）风险评估和定价

转口贸易是一种涉及多个国家和地区的贸易活动，由于其涉及的范围广泛，因此存在多种不可预测的风险。这些风险可能来自汇率波动、政治风险、运输风险等多个方面，对企业制定价格策略产生重要影响。

首先，汇率波动是转口贸易中最为常见的一种风险。由于涉及多个国家和地区，企业在计算成本和制定价格策略时需要考虑到不同货币之间的汇率波动。如果企业在某一时间段内接收付款和支付款项使用的是不同的货币，汇率波动可能会对企业的利润产生负面影响。因此，在制定价格策略时，企业需要对汇率波动进行充分考虑，并采取相应的措施来降低风险。

其次，政治风险也是转口贸易中不可忽视的一种风险。政治风险主要指由于东道国政治环境的变化、政策调整等因素导致的企业利益受损的风险。例如，东道国政策变化可能导致企业在该国的业务受到影响，或者东道国出现动荡的局面也可能对企业的正常经营产生负面影响。因此，在制定价格策略时，企业需要对东道国的政治环境进行充分了解，并采取相应的措施来降低政治风险对企业的影响。

此外，运输风险也是转口贸易中需要考虑的一种风险。由于转口贸易涉及的商品需要经过多个国家和地区的运输，因此运输过程中可能会出现各种不可预测的情况，如货物损坏、延误等。这些情况可能会对企业的经营造成损失，因此在制定价格策略时，企业需要考虑运输风险的因素，并采取相应的措施来降低风险。

在制定价格策略时，企业可以根据风险评估结果采取相应的措施来降低风险。例如，如果汇率波动较大，企业可以提高价格以覆盖风险；如果政治风险较高，企业可以采用保险或金融工具来降低风险；如果运输风险较大，企业可以与物流公司合作，采用更为可靠的运输方式来降低风险。

除了根据风险评估结果制定相应的价格策略，企业还可以采取其他措施来降低转口贸易中的风险。例如，企业可以加强与客户的沟通与合作，了解客户的经营状况和信誉度，从而更好地评估客户的信用风险。此外，企业还可以加强自身的风险管理能力，建立完善的风险管理制度和体系，提高自身的抗风险能力。

综上所述，企业在制定转口贸易价格策略时需要充分考虑多种风险因素，并进行风险评估。根据风险评估结果，企业可以制定相应的价格策略和其他措施来降低风险。这些措施有助于企业在转口贸易中取得更好的业绩和发展。同时，企业也需要不断加强自身的风险管理能力，建立完善的风险管理制度和体系，提高自身的抗风险能力，从而更好地应对各种不可预测的风险因素。

（二）市场调研和定位

市场调研和定位在制定转口贸易价格管理策略中扮演着至关重要的角色。为了制定出科学、合理的价格策略，企业需要对目标市场进行深入、全面的调研，了解市场的真实状况。

首先，对目标市场进行调研是必要的步骤。这包括了解市场的总体规模、增长趋势、消费者需求、竞争状况等信息。通过市场调研，企业可以更好地理解市场的需求和趋势，从而为制定价格策略提供有力的依据。例如，如果调研结果显示某一产品的市场需求稳步增长，但竞争者较少，企业可以考虑提高产品价格以满足市场需求。

其次，了解竞争状况也是市场调研的重要内容。企业需要了解竞争对手的产品定价、市场份额、营销策略等信息，从而评估自身在市场中的竞争力。通过对比竞争对手的价格策略，企业可以发现自己的优势和劣势，进而制定出更有竞争力的价格策略。

除了市场调研，明确市场定位也是制定转口贸易价格管理策略的关键环节。市场定位是根据企业的资源和能力，确定自己在市场中的位置和特色，从而制定出符合市场需求的价格策略。例如，如果企业的优势在于产品质量和研发能力，那么在制定价格策略时应该强调产品的品质和差异化优势，以吸引对品质有更高要求的消费者。

在明确市场定位的基础上，企业可以制定出符合市场需求的价格策略。这包括成本导向定价、竞争导向定价、市场导向定价等多种策略。企业可以根据自身的实际情况和市场状况选择合适的定价策略，以确保产品价格的合理性和竞争力。

此外，企业在制定转口贸易价格管理策略时还需要考虑其他因素，如汇率波动、运输成本、政策法规等。这些因素可能会对企业的成本和收益产生影响，进而影响企业的定价策略。因此，企业需要在综合考虑各种因素的基础上，制定出科学、合理的价格策略。

综上所述，市场调研和定位是制定转口贸易价格管理策略的基础。通过深入了解市场需求、竞争状况、消费者偏好等信息，企业可以更好地把握市场趋势和竞争格局。同时，明确市场定位并制定符合市场需求的定价策略，有助于企业在转口贸易中取得更好的业绩和发展。在实践中，企业可以根据实际情况灵活运用多种市场调研和定位方法，为制定科学、合理的价格策略提供有力支持。

为了提高市场调研的准确性和有效性，企业可以采用多种调研方法相结合的方式。例如，定量调研可以通过问卷调查、数据挖掘等方式获取大量客观数据，而定性调研则可以通过深度访谈、焦点小组等方式深入了解消费者的需求和偏好。通过综合运用这些方法，企业可以更全面地了解目标市场的真实状况。

在明确市场定位的过程中，企业可以根据自身的资源和能力，选择适合自己的定位策略。例如，如果企业的优势在于产品创新和研发能力，可以采取差异化定位策略，强调产品的独特性和创新性；如果企业的优势在于成本和效率，可以采取成本领先定位策略，以较低的价格吸引消费者。

总之，企业在制定转口贸易价格管理策略时需要充分考虑市场调研和定位的重要性。通过深入了解市场需求、竞争状况、消费者偏好等信息，明确市场定位并制定符合市场需求的定价策略，有助于企业在转口贸易中取得更好的业绩和发展。同时，企业也需要不断优化市场调研和定位的方法和流程，提高决策的科学性和准确性。

（三）成本分析和控制

成本分析和控制在转口贸易价格管理中占据着至关重要的地位。这不仅关乎企业的盈利水平，更是影响其市场竞争力的重要因素。在复杂的转口贸易中，企业需要面对多个环节的成本控制，包括采购、运输、仓储和销售等。

首先，采购成本是转口贸易中一个重要的环节。企业需要对原材料、零部件等的采购进行精细化管理，确保以合理的价格采购到高质量的货物。通过与供应商的谈判、建立长期合作关系等方式，企业可以争取更优惠的采购价格。同时，对采购过程进行严格的监控和管理，防止出现浪费和不必要的成本支出。

运输成本也是转口贸易中不可忽视的一部分。企业需要选择合适的运输方式、优化运输路线，降低运输时间和成本。对运输过程中的各个环节进行精细化管理，确保货物安全、准时到达目的地。此外，企业可以通过与运输公司建立长期合作关系，争取更优惠的运输价格。

仓储成本在转口贸易中也占据一定的比重。企业需要合理规划仓储设施、优化库存管理，避免货物积压和浪费。通过采用先进的仓储管理系统和技术，提高仓储效率和准确性。此外，定期对仓库进行盘点和清理，确保库存数据的真实性和准确性，进一步降低仓储成本。

销售成本的控制同样重要。企业需要制定合理的销售策略，提高销售效率和客户满意度。通过优化销售渠道、加强客户关系管理等方式，降低销售成本。同时，企业需要对销售过程进行监控和管理，防止出现不必要的开支和浪费。

除了对各个环节的成本进行精细化管理，企业还需要注重成本核算和分析。建立完善的成本核算体系，对各个环节的成本进行准确的记录和核算。通过对成本的深入分析，企业可以发现成本控制的重点和难点，进而采取有效的措施进行改进和优化。

通过对成本的精细化管理，企业可以提高经营效率、降低不必要的成本，从而在转口贸易中获得更高的利润和更强的价格竞争力。这不仅可以增强企业的盈利能力，还可以为其在市场中的发展提供有力的支持。

此外，随着全球化和市场竞争的加剧，企业对成本的控制也需要更加严格和精细化。通过采用先进的成本管理理念和方法，如作业成本法、价值链分析等，企业可以对各个环节的成本进行更深入的分析和控制，进一步提高经营效率和竞争力。

同时，企业也需要关注外部环境对成本的影响。例如，政策法规的变化、汇率波动等因素都可能对企业的成本产生影响。企业需要密切关注这些因素的变化，及时调整自身的成本控制策略，以适应外部环境的变化。

（四）灵活定价策略

转口贸易是一种特殊的贸易形式，涉及到多个国家和地区，因此企业需要制定更加灵活和细致的定价策略，以应对市场的变化和挑战。以下是一些建议，以帮助企业制定有效的定价策略。

首先，企业需要密切关注汇率波动。由于转口贸易涉及到多个货币，汇率的波动会对企业的成本和利润产生重大影响。因此，企业需要定期关注汇率走势，并采取相应的措施进行调整。例如，当某一货币贬值时，企业可以提高该货币区的产品价格或降低在该区域的销售目标；当某一货币升值时，企业可以适当降低价格或增加在该区域的销售力度。

其次，企业需要了解市场需求和竞争状况。在转口贸易中，市场需求和竞争状况是影响价格的重要因素。企业需要对目标市场进行深入的分析，了解消费者的需求和偏好，以及竞争对手的产品和价格策略。根据市场需求和竞争状况，企业可以制定更加有竞争力的价格策略。例如，在市场需求较大或竞争较小时，企业可以提高产品价格；在市场需求较小或竞争较大时，企业可以适当降低价格或推出促销活动。

此外，企业还需要根据产品特点采用差异化定价策略。在转口贸易中，不同产品的市场需求和成本差异较大，因此企业需要根据产品的特点制定不同的价格策略。例如，对于高价值、高技术含量的产品，企业可以制定较高的价格；对于低价值、低技术含量的产品，企业可以制定较低的价格。此外，企业还可以根据产品的品牌、质量、包装等因素制定不同的价格策略。

最后，企业需要建立完善的定价体系。定价体系是企业制定价格策略的基础和保障。企业需要建立完善的定价机制，明确各级人员的定价权限和责任，确保价格的合理性和科学性。同时，企业还需要定期对定价体系进行评估和调整，以适应市场的变化和企业的战略发展需要。

（五）建立长期合作关系

在转口贸易中，长期合作关系对于企业的成功至关重要。由于转口贸易涉及多个国家和地区，市场环境复杂多变，企业需要与供应商和客户建立稳定的合作关系，以应对市场的挑战和不确定性。

首先，与供应商建立长期合作关系可以帮助企业获得稳定的货源和优质的产品。在转口贸易中，货源的稳定性和质量对于企业的正常运营至关重要。通过与供应商建立长期合作关系，企业可以获得更加稳定和可靠的货源，确保产品的质量和交货期。同时，长期合作关系有助于企业与供应商建立更加紧密的沟通和协作机制，及时解决合作中出现的问题，提高合作效率和质量。

其次，与客户建立长期合作关系可以帮助企业获得稳定的销售渠道和忠诚的客户群体。在转口贸易中，客户需求和市场变化对于企业的销售业绩具有重要影响。通过与客户建立长期合作关系，企业可以更好地了解客户的需求和偏好，提供更加符合市场需求的产品和服务。同时，长期合作关系有助于企业建立忠诚的客户群体，提高客户满意度和口碑效应，进一步扩大市场份额和销售额。

此外，长期合作关系还有助于降低市场风险和交易成本。在转口贸易中，市场风险和不确定性较大，企业需要承担较大的风险和成本。通过与供应商和客户建立长期合作关系，企业可以获得更加可靠的市场信息和预测，降低市场风险和不确定性。同时，长期合作关系有助于企业减少短期交易的次数和频率，降低交易成本和时间成本，提高企业的运营效率和盈利能力。

最后，长期合作关系还有助于提高双方信任度，促进更紧密的合作和共赢发展。在转口贸易中，信任是双方合作的基础和关键。通过长期合作关系的建立和维护，企业与供应商、客户之间的信任度会逐渐增强，促进更紧密的合作和共赢发展。例如，企业可以与供应商共同研发新产品、开拓新市场；与客户共同制定营销策略、推广产品等。这些合作有助于提高双方的市场竞争力和品牌影响力，实现共同成长和发展。

为了建立长期合作关系，企业需要采取一系列措施。首先，企业需要与供应商和客户进行充分沟通和了解，明确双方的需求和合作目标。其次，企业需要与供应商和客户建立互信机制，确保双方的合作建立在诚信和可靠的基础上。同时，企业需要与供应商和客户制定详细的合作计划和协议，明确双方的权利和义务，确保合作的顺利进行。此外，企业还需要定期对合作关系进行评估和调整，及时解决合作中出现的问题和矛盾，确保合作关系的稳定性和持久性。

（六）合规性和反倾销应对

在转口贸易中，合规性和反倾销应对不仅是重要的价格管理策略，更是企业在复杂多变的市场环境中生存和发展的关键。

首先，了解相关国家和地区的法律法规、关税政策、反倾销措施等信息是企业在转口贸易中必须做足的功课。每个国家和地区都有其独特的贸易政策和规定，企业需要深入了解并严格遵守。这不仅可以避免因违规行为带来的经济损失，更可以维护企业的信誉和长期利益。例如，某些国家对进口产品的质量标准有严格要求，企业必须确保自己的产品符合相关标准，否则可能会面临退货、索赔甚至市场禁入的后果。同时，关税政策和税收规定也会直接影响产品的成本和定价策略，企业需对此进行细致研究和合理规划。

其次，合规性对于企业来说意味着稳健的经营和可持续发展。在转口贸易中，企业经常面临各种风险和不确定性，而合规经营是降低这些风险的有效途径。企业需要建立健全的内部管理制度，确保在交易过程中遵循相关法规，并及时应对和处理各种法律问题。同时，合规经营也有助于企业树立良好的形象，赢得供应商和客户的信任，进一步巩固和拓展市场份额。

反倾销应对在转口贸易中同样不可忽视。随着国际贸易竞争的加剧，反倾销调查成为各国保护国内产业、维护公平竞争的一种手段。企业需要密切关注国际市场动态，尤其是竞争对手的动向，以便及时应对可能的反倾销调查。一旦遭到反倾销调查，企业需要积极配合调查，提供相关证据和资料，维护自身的合法权益。同时，企业还需要加强自身的危机管理能力和法律意识，制定应对策略，降低反倾销调查带来的风险和损失。

为了更好地应对合规性和反倾销问题，企业可以采取一系列措施。首先，加强信息收集和分析能力，及时掌握相关国家和地区的法律法规、关税政策、反倾销措施等信息，以便制定相应的经营策略和应对措施。其次，建立健全的内部管理制度和风险防范机制，确保经营行为的合规性和风险控制的有效性。同时，加强与供应商和客户的沟通与合作，共同应对市场风险和挑战。此外，企业还可以通过寻求法律咨询、参与行业协会等方式获取专业支持和指导，提高自身的法律意识和应对能力。

（七）价格跟踪和调整

在转口贸易中，价格跟踪和调整是确保企业竞争力的关键策略。由于市场动态多变，企业必须时刻关注市场价格的走势，以及竞争对手的价格策略变化。这不仅关乎企业的盈利状况，更影响其在市场中的地位和影响力。

首先，定期跟踪市场价格动态是价格管理的核心环节。企业需要派遣专业团队或委托专业机构，对相关产品在国内外市场的价格进行监测和分析。这包括对原材料、半成品、成品等各个环节的价格变化进行深入了解，以掌握整个产业链的价格走势。通过这样的监测，企业可以及时发现价格波动的规律和趋势，为决策层提供有力的数据支持。

同时，企业还需要密切关注竞争对手的价格策略变化。了解竞争对手的价格定位、促销策略以及价格调整情况，可以帮助企业判断市场趋势，并做出相应的反应。在某些情况下，竞争对手的价格调整可能引发市场的连锁反应，企业必须快速做出判断和决策，以适应市场的变化。

其次，及时调整自身价格策略以保持竞争力是企业必须具备的能力。当市场价格出现波动，或者竞争对手调整价格时，企业必须快速响应，调整自己的价格策略。这可能涉及到价格上调、下调、促销策略等多个方面。企业需要结合自身的成本、市场需求、竞争态势等多个因素，制定出最优的价格策略。同时，企业还需要考虑与供应商和客户的合作关系，避免因价格调整带来不必要的摩擦和矛盾。

除了快速响应市场变化，企业还需要建立一套完善的快速响应机制。这包括建立高效的信息收集和分析系统，确保第一时间获取市场和竞争对手的动态；优化内部决策流程，减少不必要的层级和审批环节，以便在需要时能够迅速做出决策；加强与供应商和客户的沟通与协作，确保在价格调整时能够得到他们的理解和支持。

此外，企业还可以通过多种方式提高自身的价格竞争力。例如，加强研发和创新，推出更具竞争力的新产品；提高生产效率和质量管理水平，降低成本；拓展销售渠道和市场覆盖面，提高品牌知名度和影响力。通过这些措施，企业可以巩固自身的市场地位，并获得更大的发展空间。

综上所述，在转口贸易中，价格跟踪和调整是确保企业竞争力的关键策略。企业需要定期跟踪市场价格动态和竞争对手的价格策略变化，及时调整自身价格策略以保持竞争力。同时，建立快速响应机制，加强内部管理和协作，提高自身的实力和能力建设也是必不可少的。通过这些措施的落实和执行，企业可以更好地应对市场的挑战和机遇，实现可持续发展。

（八）加强金融支持和融资

在转口贸易中，金融支持和融资不仅是企业经营的必要条件，更是企业持续发展的关键因素。转口贸易涉及的环节众多，资金流转复杂，因此，企业需要金融机构提供全方位的金融服务以支持其业务运营。

首先，贸易融资是转口贸易中企业最常需要的金融服务之一。贸易融资可以帮助企业获得与贸易相关的短期或中期资金支持，满足企业在物流、仓储、报关等方面的资金需求。通过贸易融资，企业可以加速货物的流转速度，提高资金使用效率，从而扩大贸易规模和市场份额。

除了贸易融资，信用保险也是企业在转口贸易中需要的金融服务之一。信用保险可以为企业在进出口贸易中提供风险保障，帮助企业规避因买家违约或破产等风险带来的损失。通过信用保险，企业可以更加放心地拓展海外市场，与更多潜在客户建立合作关系。

此外，金融支持和融资还有助于企业应对各种金融风险。在转口贸易中，企业常常面临汇率波动、支付风险等金融风险。通过金融机构提供的金融服务，企业可以采取相应的措施来规避或降低这些风险。例如，利用金融衍生品进行套期保值，锁定汇率波动带来的成本风险；利用信用证等支付工具降低支付风险，确保货款的及时回收。

加强金融支持和融资对于企业的经营和发展具有重要意义。首先，金融支持和融资可以帮助企业降低资金成本，提高资金使用效率。在竞争激烈的转口贸易市场中，资金成本的高低往往决定了企业的竞争力。通过金融机构提供的金融服务，企业可以优化资金结构，降低融资成本，从而在市场上获得更大的竞争优势。

其次，金融支持和融资有助于企业拓展业务范围和扩大市场份额。随着转口贸易市场的不断扩大和深化，企业需要不断拓展业务领域和客户群体。通过金融机构的支持，企业可以更加便捷地进入新的市场和领域，扩大自身的业务范围和市场份额。

此外，金融支持和融资还可以为企业提供风险管理方面的支持。在转口贸易中，企业面临着各种金融风险和不确定性因素。金融机构可以利用其专业优势和丰富的经验，为企业提供风险管理方面的咨询和建议，帮助企业识别、评估和控制风险，确保企业的稳定发展。

（九）建立完善的定价体系和流程

建立完善的定价体系和流程是转口贸易价格管理的关键环节。企业需要明确定价目标、原则和方法，制定科学的定价策略和流程。同时，企业需要加强内部沟通与协作，确保各部门之间的信息畅通和协同工作。通过建立完善的定价体系和流程，企业可以提高工作效率和决策质量，降低经营风险和不确定性。

（十）加强人才培养和管理

在转口贸易中，人才的重要性不言而喻。一个企业的成功与否，往往与其员工的专业素质和综合能力密切相关。因此，企业必须重视人才培养和管理，将其视为一项至关重要的战略任务。

首先，建立完善的培训体系是人才培养和管理的基础。企业应该针对不同岗位和员工的需要，制订个性化的培训计划和课程。通过定期的内部培训、外部培训和专业进修，不断提升员工的专业技能和知识水平。此外，企业还可以邀请行业专家和学者举办讲座或研讨会，为员工提供更广阔的视野和思路。

除了培训，激励机制也是人才培养和管理的重要手段。企业应该建立一套科学、合理的激励机制，包括晋升通道、薪酬福利、奖励措施等。通过激励，激发员工的积极性和创造力，使他们更加投入工作，为企业创造更大的价值。同时，激励机制也有助于吸引和留住优秀的人才，增强企业的核心竞争力。

另外，加强管理也是人才培养和管理的关键环节。企业应该建立一套高效的管理制度和流程，确保员工在工作中的规范性和高效性。通过明确岗位职责、优化工作流程、强化执行力等措施，提高企业的整体运营效率和市场竞争力。同时，企业还应该关注员工的工作状态和心理健康，提供良好的工作环境和氛围，使员工能够更好地发挥其潜力和才能。

加强人才培养和管理有助于提高企业的核心竞争力。在转口贸易市场中，企业面临着激烈的竞争和挑战。只有拥有高素质、专业化的人才队伍，才能在市场竞争中立于不败之地。通过加强人才培养和管理，企业可以不断提升自身的核心竞争力，更好地应对市场挑战和机遇。

三、跨境电子商务的价格管理策略

跨境电子商务作为一种新型的商业模式，涉及不同国家和地区的消费者、供应商和市场竞争。价格是消费者最敏感的因素之一，因此，制定有效的价格管理策略对于跨境电子商务企业至关重要。

（一）价格定位策略

价格定位策略是跨境电子商务价格管理的基础。企业需要根据目标市场、消费者群体和产品特点，制定具有竞争力的价格策略。在制定价格定位策略时，企业需要考虑以下几个因素。

1.成本分析：企业需要对产品成本进行全面分析，包括生产成本、物流成本、税费等，以确保产品定价具有盈利空间。

2.市场需求：企业需要了解目标市场的需求状况，分析消费者对价格的敏感度，以制定符合市场需求的价格策略。

3.竞争状况：企业需要关注竞争对手的价格策略和市场定价，以制定具有竞争力的价格定位。

4.产品特点：企业需要根据产品特点，制定差异化的价格定位策略，以满足不同消费者群体的需求。

（二）促销定价策略

促销定价策略是跨境电子商务中常用的价格管理策略之一。通过促销定价策略，企业可以在短时间内提高销售额和市场份额。以下是一些常见的促销定价策略。

1.折扣定价：企业可以制定一定的折扣率，如满减、直降等，以吸引消费者购买。

2.捆绑定价：企业可以将多个产品捆绑在一起销售，以低于单独购买的总价吸引消费者。

3.会员定价：企业可以针对会员提供专属的优惠价格，如积分兑换、会员专享折扣等。

4.限时抢购：企业可以在特定时间段内提供限时抢购活动，以吸引消费者在短时间内购买。

（三）地区定价策略

由于跨境电子商务涉及不同国家和地区的消费者，因此制定地区定价策略至关重要。企业需要根据不同地区的消费水平、市场需求和竞争状况等因素，制定差异化的价格策略。以下是一些常见的地区定价策略。

1.跟随竞争对手定价：企业可以跟随竞争对手的价格策略，以保持市场竞争力。

2.市场差异化定价：企业可以根据不同市场的需求和竞争状况，制定差异化的价格策略。

3.成本加成定价：企业可以根据产品成本和预期利润，制定合理的地区价格。

4.需求定价：企业可以根据不同地区的需求状况和消费者的购买力，制定符合市场需求的价格策略。

（四）动态定价策略

动态定价策略是根据市场需求、竞争状况等因素的变化，灵活调整产品价格的一种策略。在跨境电子商务中，由于市场变化快速且复杂，动态定价策略可以帮助企业更好地适应市场变化和提高竞争力。以下是一些常见的动态定价策略。

1.实时竞价：企业可以根据市场供需关系和竞争对手的报价，实时调整自己的产品价格。

2.需求弹性定价：企业可以根据不同地区的需求弹性，制定不同的价格策略。例如，在需求弹性较大的地区，可以适当降低价格以提高销售额；在需求弹性较小的地区，可以适当提高价格以保证利润空间。

3.竞争监控定价：企业可以实时监控竞争对手的报价和市场动态，根据竞争状况及时调整自己的产品价格。

4.销售季节性定价：企业可以根据销售季节的变化，灵活调整产品价格。例如，在销售旺季可以适当提高价格以保证利润；在销售淡季则可以采取促销定价等策略以提高销售额。

（五）增值服务定价策略

除了产品本身的价格，跨境电子商务企业还可以通过提供增值服务来增加利润点。以下是一些常见的增值服务定价策略。

1.物流配送服务：企业可以提供快速、可靠的物流配送服务，并针对配送费用制定合理的定价策略。

2.售后服务：企业可以提供完善的售后服务，如退换货、维修等，并针对服务费用制定合理的定价策略。

3.金融分期付款：企业可以与金融机构合作，提供分期付款等金融服务，以满足消费者不同的支付需求。

4.定制化服务：企业可以根据消费者需求，提供定制化的产品或服务，并针对定制服务费用制定合理的定价策略。

第四章　价格管理的挑战与应对策略

第一节　国际贸易市场中的价格波动风险

一、价格波动风险的定义与分类

在国际贸易市场中，价格波动风险是一个常见的风险类型，它涉及到商品或服务的价格变动对贸易双方的影响。这种风险通常由市场供需关系、宏观经济因素、政策法规变化、汇率波动等多种因素引起。

（一）价格波动风险的定义

价格波动风险是指在国际贸易过程中，由于商品或服务的价格出现不规律或大幅度的涨跌，导致贸易双方的利益受到损失的可能性。这种风险通常与市场价格的波动密切相关，因此得名。在国际贸易中，无论是出口商还是进口商，都需要面对价格波动带来的不确定性，从而对企业的经营决策和盈利状况产生影响。

（二）价格波动风险的分类

1.需求风险

需求风险是指由于市场需求的变化导致的价格波动。在国际贸易中，市场需求的变化可能受到多种因素的影响，如经济形势、消费者偏好、季节性需求等。当市场需求下降时，可能导致商品或服务的价格下降，反之则可能导致价格上涨。需求风险对于出口商和进口商的影响较大，因为市场需求的变化可能导致销售量下降或成本上升。

2.供应风险

供应风险是指由于供应商或生产商的供应能力变化导致的价格波动。在国际贸易中，供应商或生产商的产能、生产成本等因素都可能影响商品的供应量，从而影响市场价格。当供应不足时，可能导致价格上涨；供应过剩时，可能导致价格下跌。供应风险对于进口商的影响较大，因为供应不足可能导致采购成本上升或采购困难。

3.汇率风险

汇率风险是指由于汇率波动导致的价格波动。在国际贸易中，交易双方通常使用不同的货币进行结算，因此汇率的波动可能会对双方的利益造成影响。当本币升值时，出口商的收入可能会减少；当本币贬值时，进口商的成本可能会增加。汇率风险是国际贸易中较为常见的一种风险类型，因为汇率的波动往往难以预测和控制。

4.政策风险

政策风险是指由于政策法规的变化导致的价格波动。在国际贸易中，政策法规的变化可能涉及关税、非关税壁垒、贸易限制等方面。这些政策的变化可能会对商品或服务的价格产生影响，从而影响贸易双方的利益。政策风险对于出口商和进口商的影响都较大，因为政策的变化往往难以预测和应对。

二、价格波动风险的来源与影响

在国际贸易市场中，价格波动风险是影响企业盈利能力的关键因素之一。为了有效地管理价格波动风险，首先需要了解其来源与影响。本部分将深入探讨价格波动风险的根源及其对国际贸易的潜在影响。

（一）价格波动风险的来源

1.供需关系失衡

供需关系是影响价格波动的核心因素。当市场供应量大于需求时，价格可能下跌；反之，如果需求超过供应，价格可能上涨。国际贸易中的商品和服务的供需关系受到多种因素影响，包括生产成本、运输费用、关税和非关税壁垒等。

2.宏观经济因素

国内和国际的宏观经济因素也可能导致价格波动。例如，经济增长、通货膨胀率、利率和政策调整等都可能对市场需求和供应造成影响，进而影响商品和服务的价格。

3.政策法规变化

政策法规的变化可能对国际贸易产生深远影响，从而引发价格波动。例如，关税和非关税壁垒的调整、贸易协议的签署和撤销、货币政策的变动等都可能对国际市场价格造成冲击。

4.汇率波动

汇率波动是国际贸易中常见的风险之一。由于交易双方通常使用不同货币进行结算，汇率的波动可能导致商品或服务的价格发生大幅度变化，从而影响企业的盈利能力。

5.自然灾害和地缘政治风险

自然灾害和地缘政治事件可能导致生产中断、运输受阻和市场需求变化，进一步引发价格波动。例如，资源短缺和贸易制裁等都可能对特定商品的价格产生重大影响。

（二）价格波动风险的影响

1.对企业经营的影响

价格波动风险对企业经营的影响主要体现在以下几个方面。首先，价格波动可能导致企业的利润水平不稳定，影响企业的盈利能力；其次，如果企业在生产、采购或销售过程中未能有效控制成本或定价策略，可能导致经营亏损；最后，价格波动还可能影响企业的战略规划和决策，使企业在市场定位、产品开发和投资等方面面临更多不确定性。

2.对国际贸易关系的影响

价格波动风险不仅影响单个企业的经营状况，还可能对整个国际贸易关系产生影响。如果贸易双方未能就价格达成一致或遭遇不公平交易，可能导致贸易摩擦和纠纷。此外，价格波动还可能影响贸易伙伴之间的信任和合作关系，使双方在未来的交易中持更加谨慎的态度。

3.对全球经济稳定的影响

国际贸易中的价格波动风险也可能对全球经济稳定产生影响。当关键商品的价格发生大幅度波动时，可能导致资源出口国的经济繁荣与萧条循环、通货膨胀加剧等问题。此外，过度的价格波动还可能引发全球范围内的经济危机，对世界经济造成严重冲击。

三、应对价格波动风险的策略

在国际贸易市场中，价格波动风险是一种常见的风险类型，对企业的经营和发展具有重要影响。为了有效地应对价格波动风险，企业需要采取一系列的策略和措施。本部分将详细探讨应对价格波动风险的策略，以帮助企业在国际贸易市场中稳定发展。

（一）建立风险管理机制

1.风险识别与评估

在国际贸易中，企业应首先对价格波动风险进行识别和评估。这包括分析市场供需状况、国际政策法规变化、汇率波动等因素，以及预测这些因素可能对商品价格造成的影响。

2.制定风险管理策略

基于对风险的识别和评估，企业可以制定相应的风险管理策略。例如，针对汇率波动风险，企业可以采取套期保值等金融工具来降低风险；针对政策法规变化，企业可以加强市场研究和合规性管理。

3.监控与调整

在实施风险管理策略后，企业应持续监控市场动态和风险状况，并根据实际情况进行调整。这包括定期评估风险管理效果、更新风险管理策略等。

（二）多元化市场和供应来源

1.多元化市场

企业可以通过开拓多个目标市场来降低对单一市场的依赖，从而分散价格波动风险。这可以通过多国设立子公司、建立分销渠道或开展跨境电商等方式实现。

2.多元化供应来源

企业可以与多个供应商建立合作关系，以确保原材料和零部件的稳定供应。这样可以在一定程度上降低单一供应商价格波动对企业的影响。

（三）灵活的定价策略和成本管理

1.灵活定价策略

在国际贸易中，企业应制定灵活的定价策略以应对价格波动风险。这包括根据市场供需状况、汇率波动等因素调整价格，以及采取差异化定价策略，针对不同市场和客户群体设定不同的价格。

2.成本管理

降低生产成本是应对价格波动风险的重要手段之一。企业可以通过优化生产流程、提高生产效率、降低原材料和运输成本等措施来降低成本，从而在价格波动时保持竞争力。

3.库存管理

合理的库存管理可以帮助企业应对价格波动风险。企业可以根据市场预测和实际需求制订库存计划，保持适当的库存水平，避免因库存积压或短缺而导致的经营风险。

（四）加强国际合作与沟通

1.国际经济合作组织参与

企业可以参与国际经济合作组织，与其他国家的企业共同应对价格波动风险。通过合作与协调，各国企业可以共同制定应对策略，降低单一国家的风险暴露。

2.政策沟通与协调

在国际贸易中，各国政府之间的政策沟通与协调对于稳定市场具有重要意义。企业应积极与政府部门沟通，了解政策变化趋势，并争取有利于企业的政策支持。同时，企业也可以通过行业协会等组织加强与其他国家的交流与合作，共同应对价格波动风险。

（五）创新业务模式和产品差异化

1.创新业务模式

通过创新业务模式，企业可以在国际贸易中获得竞争优势。例如，采用跨境电商模式可以降低传统贸易壁垒的影响；开展供应链金融业务可以为企业提供融资支持，缓解资金压力。这些创新业务模式可以帮助企业应对价格波动风险。

2.产品差异化战略

企业可以通过产品差异化战略提高自身的竞争力，降低对价格的敏感性。例如，通过研发创新、品牌建设等方式打造具有特色的产品，使企业在市场中获得更高的认可度和议价能力。这可以在一定程度上减轻价格波动对企业经营的影响。

第二节 应对价格波动的策略与工具

一、套期保值策略与工具

在国际贸易中，价格波动是常态，对于依赖外部市场和资源的经营主体而言，价格波动往往带来很大的经营风险。为了规避这种风险，许多企业选择使用套期保值策略与工具。本部分将详细探讨套期保值策略与工具在应对价格波动风险中的作用及其运用。

（一）套期保值策略的原理与作用

1.套期保值的原理

套期保值是一种利用衍生金融工具来对冲现货市场价格风险的交易策略。其基本原理是在现货市场和衍生品市场进行方向相反、数量相等的交易，以实现风险的对冲。当价格变动时，一个市场的收益可以弥补另一个市场的亏损，从而锁定未来的采购成本或销售价格。

2.套期保值的作用

（1）锁定成本或收益：通过套期保值，企业可以在未来某一特定时期锁定采购成本或销售价格，避免因价格波动带来的不确定性。

（2）降低库存成本：对于原材料或产成品库存占用的资金和仓储成本，企业可以通过套期保值提前锁定销售价格，降低库存持有成本。

（3）风险管理：套期保值为企业提供了一种有效的风险管理工具，帮助企业应对市场价格波动带来的经营风险。

（二）套期保值工具的应用

1.商品期货合约

商品期货合约是常见的套期保值工具之一。企业可以通过在期货市场买入或卖出期货合约的方式，实现套期保值。在期货市场，企业可以根据自身需求选择不同的合约月份和交易场所，以实现风险对冲。

2.场外衍生品合约

场外衍生品合约是一种个性化的套期保值工具，根据企业需求量身定制。企业可以根据自身的风险承受能力和对冲目标，与交易对手协商达成场外衍生品合约，如远期合约、期权合约等。

3.互换合约

互换合约是一种基于不同资产或利率之间的交换协议的衍生品。通过互换合约，企业可以在一定程度上规避汇率风险、利率风险等。

（三）套期保值策略的实施步骤

1.确定风险管理目标：明确企业套期保值的目标，如锁定成本、规避价格波动等。

2.分析风险敞口：评估企业在未来某一时期面临的价格风险敞口，包括需采购的原材料、产成品库存等。

3.选择合适的衍生品：根据风险管理目标和风险敞口分析，选择合适的衍生品进行套期保值。例如，对于原材料采购成本的风险敞口，可以选择相应的商品期货合约；对于汇率风险敞口，可以选择相应的货币互换合约等。

4.制定套期保值计划：包括确定套期保值的数量、期限、交易对手等，以及制定相应的风险管理措施。

5.执行与监控：按照套期保值计划执行交易，并持续监控市场动态和风险管理效果，及时调整套期保值策略。

（四）套期保值的注意事项与局限性

1.流动性风险：在某些情况下，套期保值交易可能面临流动性风险，即难以找到合适的交易对手或市场报价不具竞争力。企业需充分考虑市场流动性状况和自身交易需求。

2.基差风险：基差是指现货市场与衍生品市场的价格差异。在套期保值过程中，基差的变化可能影响对冲效果。因此，企业需密切关注基差变化，并适时调整套期保值策略。

3.成本与效益权衡：使用套期保值策略需考虑成本与效益的权衡。企业在实施套期保值策略时需充分评估其对经营的影响和成本效益的合理性。

二、风险分散策略与工具

在市场环境下，价格波动是常态，对于企业来说，如何有效应对价格波动带来的风险是关键。除了套期保值策略，风险分散策略与工具也是重要的应对手段。本部分将详细探讨风险分散策略与工具在应对价格波动风险中的作用及其运用。

（一）风险分散策略的原理与作用

1.风险分散的原理

风险分散是一种通过将投资或经营分散到不同的领域或项目，以降低单一领域或项目风险影响的策略。其基本原理是利用不同领域或项目之间的相关性差异，实现风险的相互抵消或降低，从而提高整体的风险承受能力。

2.风险分散的作用

（1）降低风险：通过将资源分散投资于不同的领域或项目，企业可以降低单一领域或项目的风险，提高整体经营的稳定性。

（2）提高收益：风险与收益通常呈正相关关系。通过风险分散，企业可以在一定程度上降低风险的同时，保持相对稳定的收益水平。

（3）优化资源配置：风险分散策略有助于企业优化资源配置，提高资源利用效率，从而更好地应对市场变化和不确定性。

（二）风险分散工具的应用

1.多元化投资组合：通过将资金投资于不同的行业、地区或资产类别，构建多元化的投资组合，降低单一投资的风险。

2.产品差异化：通过开发多样化的产品或服务，降低对单一产品的依赖，从而分散经营风险。

3.合作伙伴关系：与多个供应商或客户建立合作关系，降低对单一供应商或客户的依赖，实现风险的分散。

4.金融衍生品：利用金融衍生品如期权、期货等，进行风险的对冲和分散。

（三）风险分散策略的实施步骤

1.识别风险：对企业所面临的价格波动等风险进行识别和分析，明确风险来源和影响程度。

2.评估风险：评估企业当前的风险承受能力和分散程度，确定需要分散的风险类型和程度。

3.制定分散计划：根据风险评估结果，制定相应的风险分散计划，包括选择合适的分散工具、确定分散的比例和目标等。

4.实施分散策略：按照分散计划执行分散操作，如进行多元化的投资组合、产品差异化开发等。

5.监控与调整：对分散策略的实施效果进行持续监控，并根据市场变化和企业经营状况适时调整分散策略。

（四）风险分散的注意事项与局限性

1.管理成本：实施风险分散策略需要相应的管理成本，如投资组合的维护成本、市场调研和分析成本等。企业需综合考虑成本效益的合理性。

2.资源限制：企业资源有限，过度分散可能导致资源分配不足，影响核心业务的竞争力。因此，企业在实施风险分散策略时需合理配置资源。

3.市场环境：市场环境的变化可能导致分散工具的效果减弱或失效。企业需密切关注市场动态，及时调整分散策略。

4.道德与法律风险：在实施风险分散策略时，企业需遵守相关法律法规和道德规范，避免违法违规行为带来的风险。

总体而言，应对价格波动的策略与工具中，套期保值策略与工具、风险分散策略与工具都是重要的手段。企业在实际运用中需根据自身经营状况和市场环境选择合适的策略与工具，并综合考虑成本效益、风险管理效果等因素进行决策。同时，企业应持续关注市场动态和风险管理技术的发展，不断完善和优化风险管理策略与工具，以应对不断变化的市场环境。

三、风险转移策略与工具

在市场环境下，价格波动是常态，对于企业来说，如何有效应对价格波动带来的风险是关键。除了套期保值策略与风险分散策略，风险转移策略与工具也是重要的应对手段。本部分将详细探讨风险转移策略与工具在应对价格波动风险中的作用及其运用。

（一）风险转移策略的原理与作用

1.风险转移的原理

风险转移是一种通过将风险损失转移给其他方以降低自身风险的策略。其基本原理是将自身承受的风险通过合同、保险等方式转移给具有承担风险能力的第三方。

2.风险转移的作用

（1）降低风险：通过将风险转移给有承受能力的第三方，企业可以降低自身所承受的风险。

（2）提高风险管理效率：风险转移策略可以减轻企业自身风险管理压力，提高风险管理效率。

（3）优化资源配置：企业可以将有限的资源更多地投入到核心业务，从而提高资源利用效率。

（二）风险转移工具的应用

1.合同条款：在签订合同时，企业可以通过合理的条款设置，将因价格波动等带来的风险转移给对方。例如，在采购或销售合同中设定价格调整机制。

2.保险：通过购买保险，企业可以将特定风险转移给保险公司。例如，为原材料采购或产品运输购买保险。

3.第三方担保：通过第三方担保机构或个人为企业提供担保，企业可以将信用风险等转移给担保方。

4.期权交易：利用期权交易，企业可以在支付一定费用的情况下获得赚取收益或转移风险的权利。例如，购买看涨或看跌期权。

（三）风险转移策略的实施步骤

1.识别风险：对企业所面临的价格波动等风险进行识别和分析，明确风险来源和影响程度。

2.评估自身风险承受能力：评估企业自身对风险的承受能力和风险管理能力，确定需要转移的风险类型和程度。

3.选择合适的转移工具：根据风险评估结果，选择合适的风险转移工具，如合同条款、保险、第三方担保或期权交易等。

4.谈判并签订合同：与相关方进行谈判，明确风险转移的具体条款和条件，并签订正式的合同或协议。

5.监控与调整：对风险转移策略的实施效果进行持续监控，并根据市场变化和企业经营状况适时调整转移策略。

（四）风险转移的注意事项与局限性

1.合法合规性：企业在实施风险转移策略时需遵守相关法律法规，确保合同条款和转移方式的合法合规性。否则可能面临法律纠纷和合规风险。

2.公平性：企业在转移风险时需兼顾公平性原则，确保合同条款对双方都是公平合理的，避免单方面承担过多风险或不合理的义务。

3.信息披露与透明度：在涉及合同条款、保险或期权交易等风险转移方式时，企业需充分披露相关信息，保持透明度，以避免信息不对称导致的不信任和潜在纠纷。

4.成本效益分析：企业在实施风险转移策略时需进行成本效益分析，确保转移风险的代价是合理的，并能够为企业带来长远的利益。

5.风险管理协同效应：企业在使用风险转移策略时需考虑与其他风险管理策略的协同效应，如套期保值策略、风险分散策略等，以实现整体风险管理效果的优化。

总体而言，应对价格波动的策略与工具中，套期保值策略与工具、风险分散策略与工具和风险转移策略与工具都是重要的手段。企业在实际运用中需根据自身经营状况和市场环境选择合适的策略与工具，并综合考虑成本效益、风险管理效果等因素进行决策。同时，企业应持续关注市场动态和风险管理技术的发展，不断完善和优化风险管理策略与工具，以应对不断变化的市场环境。

第三节　提高价格管理能力的途径与建议

一、增强价格管理的意识与能力

在市场经济环境下，价格管理对于企业的生存和发展至关重要。提高价格管理能力，不仅可以增强企业的市场竞争力和盈利能力，还可以帮助企业更好地应对市场风险。本部分将重点探讨如何通过增强价格管理的意识与能力来提高价格管理能力，并提出相应的建议和途径。

（一）提高价格管理能力的必要性

随着市场竞争的加剧，价格管理在企业经营中的地位日益凸显。价格是企业与市场沟通的重要桥梁，同时也是企业盈利的主要来源之一。提高价格管理能力有助于企业在竞争激烈的市场中获得更大的竞争优势，提升企业的经营绩效。

（二）增强价格管理意识的途径

1.培养价格敏感度：企业应培养员工对市场价格变动的敏感度，使其能够及时捕捉市场信息，了解竞争对手的动态，为企业制定合理的价格策略提供依据。

2.树立成本意识：企业应强化员工的成本意识，让员工了解企业的成本构成，明确价格与成本之间的关系，从而更好地进行成本控制和价格决策。

3.培养市场意识：企业应加强员工的市场意识培养，使其能够深入了解市场需求、消费者心理及市场趋势，从而更好地把握市场机会和应对市场风险。

（三）提升价格管理能力的具体措施

1.制定合理的定价策略：企业应根据市场环境、产品特点及竞争状况等因素制定合理的定价策略，确保产品价格的合理性和竞争力。

2.建立价格管理制度：企业应建立完善的价格管理制度，明确各级管理人员在价格管理中的职责和权限，规范价格决策程序，确保价格管理的科学性和规范性。

3.加强成本核算和控制：企业应加强成本核算和控制，确保成本信息的真实、准确和完整，为制定合理价格策略提供有力支持。

4.实施价格监控和分析：企业应对产品价格进行实时监控和分析，及时了解市场价格的动态变化，以便调整自身价格策略，应对市场风险。

5.提高决策者的素质：企业应注重决策者素质的提高，通过培训、学习和实践等方式提高其价格管理的能力和水平，以确保决策的科学性和正确性。

（四）增强与利益相关方的沟通与协作

1.与供应商建立良好关系：企业应与供应商建立良好的合作关系，共同应对市场风险，实现互利共赢。通过与供应商的沟通与协作，企业可以更好地了解原材料市场的动态变化，为制定合理的产品价格策略提供依据。

2.与经销商保持密切联系：企业应与经销商保持密切联系，了解其销售情况、市场需求及竞争状况等信息。通过与经销商的沟通与协作，企业可以更好地把握市场趋势，调整自身价格策略，提高市场竞争力。

3.关注行业协会动态：企业应关注行业协会的动态，了解行业发展趋势、政策法规及标准等信息。通过参与行业协会的活动和交流，企业可以扩大人脉资源、拓宽信息渠道，为增强价格管理能力提供有力支持。

4.建立客户反馈机制：企业应建立完善的客户反馈机制，了解客户对产品的需求、对价格的敏感度及对竞争对手的评价等信息。通过客户的反馈，企业可以更好地调整产品定位、制定合理的价格策略和提高客户满意度。

5.关注宏观经济形势：企业应关注宏观经济形势的变化，了解国家政策、经济形势及国际市场动态等信息。通过分析宏观经济形势对企业经营的影响，企业可以制定更加科学、合理的价格策略，以应对市场风险、抓住市场机遇。

总结而言，增强价格管理的意识与能力是提高价格管理能力的重要途径与建议。通过培养员工的价格敏感度、树立成本意识和市场意识、制定合理的定价策略等措施可以提高企业的价格管理能力。同时加强与利益相关方的沟通与协作也是增强企业价格管理能力的重要手段。

二、完善价格管理的制度与机制

价格管理是企业经营管理中的重要环节，其目标是确保企业盈利的同时保持市场竞争力。为了提高价格管理能力，企业需要完善价格管理的制度与机制。本部分将重点探讨如何通过完善价格管理的制度与机制来提高价格管理能力，并提出相应的建议和途径。

（一）完善价格管理制度

1.制定明确的价格管理政策：企业应制定明确的价格管理政策，明确价格制定的原则、依据和审批权限，确保各级管理人员在价格管理中有章可循。

2.建立价格决策程序：企业应建立规范的价格决策程序，明确各级管理人员在价格决策中的职责和权限，确保价格决策的科学性和规范性。

3.完善价格调整机制：企业应建立灵活的价格调整机制，根据市场变化、竞争对手动态和成本变动等因素及时调整产品价格，提高企业的市场适应能力。

（二）建立价格信息管理系统

1.建立价格信息收集机制：企业应建立完善的价格信息收集机制，收集市场价格信息、竞争对手动态、成本变动等方面的信息，为企业制定合理的价格策略提供依据。

2.建立价格信息分析系统：企业应建立价格信息分析系统，对收集到的价格信息进行深入分析，挖掘其潜在价值，为企业制定科学、合理的价格策略提供有力支持。

3.建立价格信息反馈机制：企业应建立有效的价格信息反馈机制，及时了解客户对价格的反应和需求，为企业调整价格策略提供依据。

（三）加强成本核算和控制

1.制定合理的成本核算标准：企业应制定合理的成本核算标准，确保成本信息的真实、准确和完整，为制定合理价格策略提供有力支持。

2.强化成本控制：企业应强化成本控制，通过精细化管理、技术创新等方式降低成本，提高企业的盈利能力。

3.建立成本预警机制：企业应建立成本预警机制，对成本变动进行实时监控和分析，及时发现并解决成本问题，确保企业成本控制在合理范围内。

（四）建立监督和考核机制

1.建立监督机制：企业应建立完善的监督机制，对各级管理人员在价格管理中的行为进行监督和约束，防止权力滥用和市场操纵。

2.建立考核机制：企业应建立有效的考核机制，将价格管理工作纳入绩效考核体系，激励各级管理人员积极参与到价格管理工作中。

3.定期审计和评估：企业应对价格管理工作进行定期审计和评估，发现问题及时整改，确保价格管理制度的有效执行。

（五）加强培训和教育

1.提高管理人员的素质：企业应注重提高各级管理人员的素质，通过培训、学习和实践等方式提高其价格管理的能力和水平。

2.加强员工的培训和教育：企业应加强员工的培训和教育，提高其对市场价格、竞争对手和客户需求等方面的敏感度和认识水平。

3.培养专业人才：企业应培养专业的价格管理人才，建立起一支高素质、专业化的价格管理团队，为提高企业的价格管理能力提供人才保障。

总结而言，完善价格管理的制度与机制是提高价格管理能力的重要途径与建议。通过制定明确的价格管理政策、建立规范的价格决策程序和灵活的价格调整机制等措施可以提高企业的价格管理能力。同时加强成本核算和控制、建立价格信息管理系统、加强监督和考核以及加强培训和教育也是完善价格管理制度与机制的重要手段。

三、提升价格管理的技术与水平

随着市场经济的发展和竞争的加剧，价格管理在企业经营管理中的地位越来越重要。为了提高价格管理能力，除了完善价格管理的制度与机制，提升价格管理的技术与水平也是关键。本部分将重点探讨如何通过提升价格管理的技术与水平来提高价格管理能力，并提出相应的建议和途径。

（一）引入先进的定价策略

1.差异化定价：根据市场需求、产品特点以及竞争状况等因素，制定差异化的价格策略，以满足不同客户群体的需求。

2.心理定价：运用心理学原理，制定符合消费者心理的价格，提高产品的市场竞争力。

3.区域定价：根据不同地区的市场环境、成本差异以及客户需求等因素，制定合理的区域价格策略。

（二）运用现代信息技术

1.建立价格数据库：运用数据库技术，收集并整理企业内外各种价格信息，为企业制定价格策略提供数据支持。

2.数据分析与挖掘：运用数据分析与挖掘技术，深入挖掘价格数据的潜在价值，为企业制定科学、合理的价格策略提供有力支持。

3.云计算与大数据技术：运用云计算与大数据技术，提高数据处理效率，实现快速、准确的定价决策。

（三）建立动态价格调整机制

1.实时监控市场变化：运用现代信息技术，实时监控市场变化、竞争对手动态以及客户需求等方面的信息，为企业制定合理的价格策略提供依据。

2.灵活调整价格：根据市场变化、成本变动以及客户需求等因素，灵活调整产品价格，提高企业的市场适应能力。

3.定期评估与调整：定期对产品价格进行评估与调整，确保企业产品价格的合理性和竞争力。

（四）加强内部沟通与协作

1.建立内部沟通机制：加强企业内部各部门之间的沟通与协作，确保价格信息的传递畅通无阻，提高价格决策的效率和准确性。

2.跨部门协作：鼓励企业内部各部门之间的跨部门协作，共同参与价格策略的制定和实施，提高企业的整体竞争力。

3.定期召开价格管理会议：定期召开价格管理会议，总结经验教训，分享最佳实践，提高企业内部价格管理的水平。

（五）培养高素质的价格管理团队

1.选拔优秀人才：从企业内部选拔具有价格管理知识和经验的人才，组建高素质的价格管理团队。

2.提供专业培训：定期为价格管理团队提供专业培训，提高其在定价策略、市场分析、数据分析等方面的专业能力。

3.激励与评价：建立有效的激励机制和评价标准，鼓励价格管理团队不断提高自身素质和能力，为企业提高价格管理能力提供人才保障。

总体而言，提升价格管理的技术与水平是提高价格管理能力的重要途径与建议。引入先进的定价策略、运用现代信息技术、建立动态价格调整机制、加强内部沟通与协作以及培养高素质的价格管理团队等措施可以有效提升企业的价格管理水平。同时加强成本核算和控制、建立监督和考核机制以及加强培训和教育等措施也是提升价格管理技术与水平的关键手段。

第五章　项目管理在国际贸易市场中的实践

第一节　项目管理的概念与特点

一、项目管理的基本概念

项目管理是指在项目活动中运用一系列的知识、技能、工具和技术，以满足项目干系人的需求和期望。它涉及对项目从概念到完成的全过程进行规划、组织、指导和控制，以确保项目的成功实现。项目管理的基本概念包括以下几个方面。

（一）项目

项目是一种一次性、多任务的工作，具有明确的目标、范围、时间限制和预算。它涉及到各种资源的投入，包括人力、物力、财力和智力等，以实现特定的成果。项目的特征包括独特性、临时性和渐进明细性。

（二）项目管理

项目管理是一种管理方法论，涉及多个学科和领域的知识，如项目管理、组织管理、质量管理、财务管理等。项目管理使用一套系统的方法和工具来计划、组织、指导和控制项目的各个方面，以确保项目的成功实现。

（三）项目干系人

项目干系人是参与项目或受项目影响的所有人员，包括项目发起人、项目团队成员、客户、供应商等。项目干系人的需求和期望是项目管理的重要考虑因素，项目管理团队需要与项目干系人保持密切沟通，确保他们得到满足。

（四）项目管理过程组

项目管理过程组是指一系列的项目管理活动和任务，可以分为五个过程组，分别是启动、规划、执行、监控和收尾过程组。每个过程组都包含一组相关的过程和活动，这些过程和活动相互作用，共同实现项目的目标。

1.启动过程组：确定项目的目标、范围和可行性，并获得项目授权。这个过程组需要识别项目干系人的需求和期望，并制定项目的初步计划。

2.规划过程组：制定详细的项目计划，包括进度计划、成本预算、质量标准等。这个过程组需要评估项目的风险和机会，并制定相应的应对措施。

3.执行过程组：按照项目计划实施项目活动，完成项目的任务。这个过程组需要协调各种资源，确保项目活动的顺利进行。

4.监控过程组：跟踪和控制项目的进展情况，确保项目按计划进行。这个过程组需要定期评估项目的绩效，并与项目干系人沟通，及时解决问题和调整计划。

5.收尾过程组：完成项目的所有活动，并对项目进行总结和评估。这个过程组需要完成项目的验收工作，并对项目的经验和教训进行总结。

（五）项目管理知识领域

项目管理知识领域是指项目管理领域所涉及的专业知识和技能，可以分为九大知识领域，分别是项目整体管理、项目范围管理、项目时间管理、项目成本管理、项目质量管理、项目人力资源管理、项目沟通管理、项目风险管理以及项目采购管理。每个知识领域都有相关的理论和实践，项目管理团队需要掌握这些知识和技能，以便更好地进行项目管理。

（六）项目管理办公室（PMO）

项目管理办公室是一个组织机构或部门，负责提供项目管理支持、培训和咨询等服务，以确保项目的成功实现。PMO可以提供一系列的工具和服务，如制定项目管理标准和方法、培训项目经理和管理团队等，以提高整个组织的项目管理能力。

综上所述，项目管理是一种管理方法论，涉及多个学科和领域的知识。它使用一套系统的方法和工具来计划、组织、指导和控制项目的各个方面，以确保项目的成功实现。在实践中，项目管理团队需要掌握相关的理论和实践知识，并运用这些知识和技能来更好地进行项目管理。通过合理地运用项目管理的基本概念和方法，组织可以更有效地实现项目的目标，提高项目的成功率和管理效率。

二、项目管理的特点与优势

项目管理作为现代管理科学的重要分支，具有独特的特点和优势。它不仅关注项目的具体执行，更强调项目的整体规划、组织协调和控制，确保项目目标的顺利实现。以下是对项目管理的特点和优势的详细分析。

（一）项目管理的特点

1.目标导向：项目管理始终以项目目标为核心，确保团队在明确的共同目标下协同工作。

2.综合性：项目管理涉及从项目的启动、规划、执行到监控和收尾的全过程，需要综合考虑各种资源、时间和成本的平衡。

3.灵活性：项目管理注重应对变化，能够快速调整计划以适应项目中的各种变化。

4.风险管理：项目管理强调风险识别、评估和控制，为项目提供稳定的发展环境。

（二）项目管理的优势

1.提高效率：通过明确的计划和流程管理，项目管理能够显著提高项目的执行效率。

2.资源优化：项目管理有助于合理分配和优化项目资源，确保资源的有效利用。

3.增强团队协作：通过共同的目标和明确的角色分工，项目管理能增强团队之间的协作和沟通。

4.提升客户满意度：项目管理不仅关注项目本身的成功，更强调满足客户需求，从而提高客户满意度。

5.风险控制：通过系统的风险识别、评估和控制手段，项目管理能有效降低项目风险，保证项目的稳定推进。

6.标准化和专业化：项目管理促进项目管理办公室（PMO）的建立，提供标准化的流程和工具，使项目管理更加专业化和成熟。

7.增强战略对接：项目管理有助于将项目与组织战略对接，确保项目成果符合组织发展目标。

8.促进创新：项目管理鼓励团队成员积极参与，激发创新思维，推动项目的创新发展。

9.可预测和可控：通过项目计划和监控，项目管理使项目结果更具可预测性，且整个过程处于可控状态。

10.积累知识经验：项目管理过程中的经验教训总结有助于组织不断积累知识，提高未来项目的成功率。

（三）项目管理与传统管理的区别

与传统的管理模式相比，项目管理更加注重项目的独特性和临时性，采用结构化的方法对项目进行全过程管理。它不仅关注任务的执行，更强调对整体目标的把握、资源的优化配置以及风险的预防和控制。因此，在项目的执行过程中，项目管理能够更好地整合资源、提高效率、降低风险，从而确保项目的成功实现。

综上所述，项目管理的特点和优势使其成为现代组织发展的重要工具。通过科学地运用项目管理方法论和工具，组织能够更好地应对复杂多变的市场环境，提高项目的成功率和管理效率。在未来，随着管理理论和实践的不断进步，项目管理将在更多领域发挥其独特的价值和作用。

三、项目管理的发展与趋势

随着全球化、信息化和知识经济的发展，项目管理作为一门学科和实践活动，也在不断演变和进步。项目管理在过去的几十年中经历了许多变化，并随着技术和业务环境的发展而发展。以下是对项目管理的发展历程和未来趋势的探讨。

（一）项目管理的发展历程

1.起步阶段：20世纪40年代至60年代，项目管理主要应用于军事和建筑领域。这个阶段的重点是项目的计划、执行和控制，但缺乏系统性和综合性。

2.成长阶段：20世纪70年代至80年代，随着项目管理在越来越多的行业和企业中的应用，项目管理逐渐发展成为一门科学。项目管理的专业组织开始出现，如国际项目管理协会（IPMA）和美国项目管理协会（PMI）。

3.成熟阶段：20世纪90年代至今，项目管理进入成熟阶段。项目管理知识体系不断完善，项目管理软件市场迅速发展，项目管理成为许多企业的核心竞争力。

（二）项目管理的未来趋势

1.数字化和智能化：随着数字化技术的发展，项目管理将更加智能化，如大数据、人工智能和云计算等技术的应用将提高项目管理的效率和准确性。

2.可持续发展：随着社会对可持续发展的关注度不断提高，项目管理将更加注重环境、社会和治理（ESG）因素，确保项目的可持续发展。

3.敏捷和适应性：在快速变化的环境中，项目管理的敏捷性和适应性将更加重要。组织需要不断调整项目策略和计划，以应对市场变化和技术更新。

4.专业化和认证：随着项目管理的普及和应用，项目管理专业化和认证将更加重要。越来越多的企业和组织将要求项目团队成员具备相关的专业资格认证。

5.跨界合作与跨界融合：在多元化和交叉性的业务场景下，项目管理将更加注重跨界合作与融合，打破行业壁垒，整合资源，实现更广泛的项目目标。

6.强化风险管理：随着项目复杂性的增加，风险管理将更加重要。组织需要更加注重风险的预防、监测和控制，提高项目的抗风险能力。

7.定制化与个性化：随着消费者需求的多样化，项目管理将更加注重定制化与个性化。组织需要根据客户需求和市场特点，制定个性化的项目方案。

8.人才发展与组织文化：项目管理将更加注重人才的培养和发展，以及组织文化的建设。通过培养具备项目管理专业素养的人才，以及打造积极向上的组织文化，组织能够更好地实现项目目标。

9.全球化和地域化：随着全球化的发展，项目管理将更加注重跨文化沟通和合作。

同时，地域化的项目管理也将得到发展，组织需要了解当地的文化、法规和社会环境，以实现项目的成功实施。

10.云端化和远程化：随着远程工作和在线协作的普及，项目管理将更加云端化和远程化。组织需要利用云技术和远程协作工具，提高项目团队的协同效率。

项目管理的发展与趋势体现了社会、经济和技术的变革对项目管理实践的影响。为了适应未来发展的需要，项目管理专业人员需要不断更新知识和技能，掌握新兴技术和工具，提高项目管理的实践能力和创新思维。同时，企业和社会各界也需要加强对项目管理的重视和支持，推动项目管理的持续发展和广泛应用。在未来的发展过程中，项目管理将继续发挥其独特的价值和作用，为组织和社会的发展做出更大的贡献。

第二节　项目管理在国际贸易市场中的应用

一、国际贸易项目的特点与挑战

国际贸易项目是指跨越国界的贸易活动，涉及不同国家或地区的参与方。与国内贸易项目相比，国际贸易项目具有其独特的特点和挑战。这些特点和挑战主要来自文化差异、语言沟通、法规政策、货币汇率等方面。了解这些特点和挑战对于成功管理和执行国际贸易项目至关重要。

（一）国际贸易项目的特点

1.文化差异：不同国家和地区的文化背景、价值观、商业惯例和行为规范存在显著差异。在国际贸易项目中，必须充分了解和尊重参与方的文化特点，避免因文化冲突导致项目失败。

2.语言沟通：语言是国际贸易项目中最重要的沟通工具。除了英语等通用语言外，参与方通常使用各自的语言进行交流。因此，语言翻译和沟通技巧在国际贸易中尤为重要。

3.法规政策差异：各国在法律法规、关税政策、市场准入等方面存在很大差异。在国际贸易项目中，必须充分了解和遵守相关国家的法律法规，避免因违规行为导致项目受阻。

4.货币汇率波动：国际贸易涉及不同货币的结算，汇率波动对项目成本和收益产生直接影响。项目团队需关注汇率动态，采取措施降低汇率风险。

5.物流与运输：跨国界的项目通常涉及大量货物的运输，不同国家在物流效率和运输成本方面存在差异。项目团队需合理规划物流路线，降低运输成本和风险。

（二）国际贸易项目的挑战

1.政治风险：国际政治局势的变化可能对国际贸易项目产生重大影响。例如，贸易保护主义政策、地缘政治冲突、贸易制裁等可能导致项目受阻或成本增加。

2.信息不对称：由于信息获取的难度和成本较高，国际贸易项目往往面临信息不对称的挑战。参与方可能无法全面了解对方的真实意图、需求和条件，导致决策失误。

3.合同执行问题：在国际贸易中，合同执行涉及多个法律管辖区，可能导致合同争议解决复杂化。此外，违约行为、欺诈等问题也可能损害参与方的利益。

4.国际物流瓶颈：跨国物流过程中可能遭遇各种瓶颈，如海关清关延误、运输中断、目的地交货问题等。这些因素可能导致项目进度延误和成本增加。

5.国际支付风险：国际贸易中涉及多种货币结算，支付风险较高。例如，买方拒付、延迟付款或汇率波动可能导致卖方损失。

6.知识产权问题：各国在知识产权保护方面的法规和标准存在差异，可能导致知识产权纠纷。在国际贸易项目中，必须充分了解和尊重各方在知识产权方面的权益。

7.税务问题：各国税制存在差异，税务规定经常变化。在国际贸易项目中，必须密切关注相关国家的税收政策，确保合规纳税，避免税务风险。

8.沟通障碍：语言和文化差异可能导致沟通障碍，影响项目的信息传递和理解。因此，项目团队需配备适当的翻译和沟通辅助工具，以确保信息的准确传递。

9.法律适用问题：在国际贸易项目中，可能涉及多个法律管辖区，导致法律适用问题复杂化。因此，在项目初期明确法律适用范围和争议解决机制至关重要。

10.环境保护与可持续发展：随着全球对环境保护和可持续发展的关注度不断提高，国际贸易项目需关注环境影响评价、绿色供应链管理等方面的问题，确保项目符合国际环保标准和可持续发展要求。

（三）应对策略与建议

针对以上特点和挑战，可以采取以下策略和建议来提高国际贸易项目的成功率。

1.充分调研与准备：在项目前期进行充分的调研和准备工作，了解参与方的需求和文化背景，掌握相关国家的法律法规和市场动态。

2.建立专业团队：组建具备国际商务经验和跨文化沟通能力的专业团队，包括翻译、法务、商务谈判等方面的人才。

3.风险评估与管理：对项目潜在的风险进行全面评估，制定风险管理计划，降低政治、货币汇率等风险的影响。

4.合同条款明确：在合同中明确约定各方的权利、义务和责任，包括争议解决方式、违约责任等关键条款。

5.建立信息共享机制：通过建立信息共享平台和加强内部沟通，提高项目团队的信息获取和决策效率。

6.利用专业服务机构：寻求专业服务机构的支持，如律师事务所、会计师事务所、咨询公司等，以确保合规性和降低风险。

7.持续关注政策变化：密切关注相关国家的政策变化和市场动态，及时调整项目策略和计划。

8.加强培训与沟通：定期开展跨文化沟通和商务礼仪培训，提高团队成员的跨文化沟通能力。

9.利用现代技术工具：运用现代技术工具如翻译软件、视频会议系统等，降低语言和文化差异对项目的影响。

二、项目管理在国际贸易中的应用模式

随着全球化的加速和国际贸易的日益频繁，项目管理在国际贸易中的重要性日益凸显。项目管理通过系统的方法和工具，对国际贸易项目进行计划、组织、指导和控制，确保项目的顺利实施和成功完成。

（一）国际贸易项目的特点

国际贸易项目具有以下特点。

1.复杂度高：国际贸易项目涉及不同国家和地区的参与方，涉及文化、语言、法规、货币等方面的差异，因此需要更加系统和全面的项目管理。

2.风险较高：由于国际贸易项目的复杂性和不确定性，项目面临的风险较高，如政治风险、货币风险、运输风险等。

3.协调要求高：国际贸易项目需要协调不同国家和地区的参与方，因此需要建立有效的沟通机制和协调机制。

4.时间跨度长：国际贸易项目的时间跨度通常较长，需要制订长期的项目计划和时间表。

5.成本较高：由于涉及跨国运输、关税等因素，国际贸易项目的成本通常较高。

（二）项目管理在国际贸易中的应用模式

针对国际贸易项目的特点，项目管理在国际贸易中的应用模式包括以下几个方面。

1.项目策划与立项：在项目前期进行充分的市场调研和需求分析，明确项目的目标、

范围、时间计划等关键要素，制定详细的项目计划和时间表。

2.组织与人力资源管理：建立高效的项目团队，明确团队成员的职责和分工，制订人力资源计划和培训计划，提高团队成员的跨文化沟通能力和专业技能。

3.风险管理：对项目潜在的风险进行全面评估，制定风险管理计划，采取相应的措施降低风险的影响。包括政治风险、货币风险、运输风险等方面的管理。

4.合同管理：制定详细的合同条款，明确各方的权利、义务和责任。加强合同履行过程中的监控和管理，确保合同的顺利执行。

5.采购与供应商管理：选择合适的供应商和合作伙伴，建立稳定的供应链体系。加强供应商的评估和管理，确保货源的稳定性和质量。

6.物流与运输管理：制定合理的物流计划和运输方案，确保货物的及时到达和运输成本的降低。加强与物流服务商的沟通与合作，提高物流效率。

7.质量管理：建立严格的质量管理体系，确保产品的质量和符合相关标准。加强质量检验和控制，防止不合格品的出现。

8.沟通与协调：建立有效的沟通机制和协调机制，加强与参与方的沟通和合作。采用适当的沟通工具和技术，提高沟通效率和质量。

9.知识产权管理：加强知识产权的保护和管理，确保产品的知识产权不受侵犯。了解相关国家和地区的法律法规和知识产权政策，采取相应的措施保护自身权益。

10.财务管理：制定详细的财务计划和管理方案，确保项目的经济效益和财务稳定性。加强成本控制和预算管理，提高项目的盈利能力。

（三）应用模式的实施建议

为确保项目管理在国际贸易中的有效实施和应用，建议采取以下措施。

1.加强培训和教育：对项目团队成员进行跨文化沟通、商务谈判、项目管理等方面的培训和教育，提高团队成员的专业素质和能力。

2.选择合适的项目经理：选择具备国际商务经验和项目管理能力的项目经理，负责项目的整体策划、组织和管理。

3.建立项目管理信息系统：建立项目管理信息系统，实现项目信息的实时共享、监控和管理，提高项目管理效率和质量。

4.加强参与方的合作与信任：加强与参与方的合作与信任关系，建立长期稳定的合作关系，降低合作风险和成本。

5.持续改进和创新：对项目管理过程进行持续改进和创新，不断完善项目管理流程和方法，提高项目管理的效率和效果。

三、项目管理在国际贸易中的实践案例

（一）案例概述

某国际知名汽车制造商，计划将其最新款汽车引入中国市场。为了确保项目的成功实施，该制造商决定采用项目管理的方法，对项目进行全面策划、组织和管理。

（二）项目管理实践

1.项目策划与立项：在项目前期，该制造商进行了充分的市场调研和需求分析，明确了项目的目标、范围和时间计划。项目团队制定了详细的项目计划和时间表，包括产品定位、市场推广、销售渠道等方面的内容。

2.组织与人力资源管理：该制造商建立了一个由中方和外方成员组成的项目团队，明确了团队成员的职责和分工。项目团队成员具备丰富的汽车行业经验和项目管理能力，为项目的顺利实施提供了有力保障。

3.风险管理：项目团队对潜在的风险进行了全面评估，包括政治风险、货币风险、运输风险等。针对这些风险，项目团队制定了风险管理计划，采取了相应的措施降低风险的影响。例如，针对货币风险，项目团队与银行合作，制定了货币套期保值方案。

4.合同管理：项目团队制定了详细的合同条款，明确了各方的权利、义务和责任。在合同履行过程中，项目团队加强了合同监控和管理，确保合同的顺利执行。同时，项目团队还加强了与供应商、分销商等合作伙伴的沟通与合作，建立了稳定的供应链体系。

5.物流与运输管理：项目团队制定了合理的物流计划和运输方案，确保了汽车的及时到达和运输成本的降低。项目团队加强了与物流服务商的沟通与合作，提高了物流效率。同时，项目团队还加强了与海关、商检等部门的沟通与合作，确保了汽车的顺利通关。

6.质量管理：项目团队建立了严格的质量管理体系，确保了汽车的质量和符合相关标准。在生产过程中，项目团队加强了质量检验和控制，防止不合格品的出现。同时，项目团队还加强了与客户的沟通与反馈，及时处理了客户的问题和投诉。

7.财务管理：项目团队制定了详细的财务计划和管理方案，确保了项目的经济效益和财务稳定性。项目团队加强了成本控制和预算管理，提高了项目的盈利能力。同时，项目团队还加强了与投资方的沟通与合作，确保了项目的资金来源和稳定性。

8.知识产权管理：项目团队加强了知识产权的保护和管理，确保了汽车的知识产权不受侵犯。在研发过程中，项目团队加强了专利申请和保护工作，采取相应的措施保护自身权益。同时，项目团队还加强了与知识产权机构的合作与沟通，确保了知识产权的合法性和有效性。

9.沟通与协调：项目团队建立了有效的沟通机制和协调机制，加强了与参与方的沟通和合作。采用适当的沟通工具和技术，提高沟通效率和质量。同时，项目团队还加强了内部沟通与协作，确保了项目的顺利实施。

（三）实践效果

通过采用项目管理的方法，该制造商成功将其最新款汽车引入中国市场，取得了显著的效果。

1.市场表现：该款汽车在中国市场的销售量稳步增长，市场份额不断扩大。通过有效的市场推广和销售渠道建设，该款汽车获得了广泛的认可和好评。

2.质量管理：通过严格的质量管理体系建设和持续的质量改进和创新，该款汽车在市场上表现出色，得到了消费者的高度评价和信任。

3.财务管理：通过有效的成本控制和预算管理，以及与投资方的良好合作，该项目的盈利能力不断提升，为公司带来了可观的经济效益。

4.风险管理：通过全面的风险评估和管理，该制造商成功地规避或降低了潜在的风险，确保了项目的稳定发展。

5.组织与人力资源管理：通过合理的组织架构和人力资源配置，以及团队成员的共同努力，该项目的执行效率得到了显著提升。

综上所述，该国际知名汽车制造商通过在国际贸易中采用项目管理的方法，成功地将其最新款汽车引入中国市场，取得了显著的市场效果和经济效益。该案例充分说明了项目管理在国际贸易中的重要作用和应用价值。随着国际贸易的不断发展，项目管理将在国际贸易中发挥更加重要的作用，为企业在全球化竞争中取得优势提供有力支持。

第三节　项目管理案例分析

一、案例一：某国际工程项目的实施与管理

（一）案例概述

本案例以某国际工程项目为例，深入探讨了项目的实施与管理过程。该工程项目具有国际性、复杂性和创新性的特点，涉及到多个国家和多方利益相关者，因此项目管理难度较大。通过该案例的学习，旨在帮助学生了解国际工程项目管理的实际操作和挑战，提高解决实际问题的能力。

（二）项目背景

该项目位于东南亚某国，是一个大型水电站建设项目。该项目旨在利用当地丰富的水资源，建设一座大型水电站，以满足当地及周边地区的电力需求，促进经济发展和提高人民生活水平。由于该项目涉及到国际合作、环境保护、移民安置等多个方面，因此项目管理具有很高的复杂性和挑战性。

（三）项目目标

该国际工程项目的目标包括以下几个方面。

1.建设一座大型水电站，提供稳定、可靠的电力供应，满足当地及周边地区的电力需求。

2.通过国际合作，提高当地基础设施建设水平，促进经济发展。

3.保护当地环境，减少对自然资源的破坏，实现可持续发展。

4.妥善安置移民，保障移民的合法权益和生活水平。

（四）项目组织结构

该项目采用矩阵式组织结构，由项目经理和职能部门经理组成项目管理团队。项目经理负责整个项目的协调和管理，各职能部门经理负责各自领域的项目管理工作。此外，该项目还聘请了专业的咨询公司和技术支持团队，提供专业意见和技术支持。

（五）项目范围

该国际工程项目的范围包括以下几个方面。

1.电站建设：包括大坝、厂房、引水隧道等基础设施的建设。

2.移民安置：为当地居民提供合适的住房和就业机会，保障他们的生活水平。

3.环境保护：减少对当地环境的影响，包括水土保持、生态修复等方面的工作。

4.国际合作与融资：与多个国家和国际组织进行合作，筹集项目建设所需的资金和技术支持。

5.运营管理：电站建成后的运营和维护工作。

（六）项目时间安排

该项目的时间安排如下。

1.前期准备阶段：包括项目可行性研究、设计、招标等工作，预计时间为1年。

2.施工阶段：包括电站建设、移民安置、环境保护等工作的实施，预计时间为5年。

3.运营管理阶段：电站建成后的运营和维护工作，预计时间为20年。

4.项目总周期：从前期准备到运营管理阶段结束，预计时间为26年。

（七）成本预算

该国际工程项目的成本预算如下。

1.直接成本：包括人工成本、材料成本、设备成本等直接与项目相关的成本，预计为 10 亿美元。

2.间接成本：包括管理费用、财务费用等间接成本，预计为 2 亿美元。

3.总预算：直接成本+间接成本=10 亿+2 亿=12 亿美元。

（八）项目计划管理

该项目采用滚动计划法和关键路径法进行项目计划管理。根据项目目标和实际施工情况，将整个项目划分为若干个阶段，并制定相应的阶段性计划和实施方案。在每个阶段开始之前，对上一阶段的计划执行情况进行总结和评估，并根据评估结果对下一阶段的计划进行调整和优化。同时，通过关键路径法确定项目的关键路径和关键节点，确保项目的进度和质量符合预期要求。通过项目计划管理，可以及时发现和解决项目实施过程中出现的问题，保证项目顺利进行。

（九）项目实施与控制

该项目采用项目管理软件和自动化监控系统进行项目实施与控制。通过项目管理软件对项目的进度、成本、质量等方面进行实时监控和调整，确保项目按照计划进行。同时，采用自动化监控系统对施工现场进行实时监测和预警，及时发现和解决施工过程中的安全和质量问题。通过项目实施与控制，可以保证项目的进度和质量符合预期要求，提高项目的成功率。

二、案例二：某跨国贸易合同的执行与管理

（一）案例概述

本案例以某跨国贸易合同的执行为例，深入探讨了合同执行与管理的过程。该合同涉及多个国家，合同条款复杂，执行过程中面临多种风险和挑战。通过该案例的学习，旨在帮助学生了解跨国贸易合同执行与管理的实际操作和注意事项，提高合同履行的成功率。

（二）案例背景

某中国企业与某欧洲企业签订了一份跨国贸易合同，合同涉及多个国家，包括中国、欧洲以及其他相关国家。合同内容主要涉及大宗商品（如钢材、石油等）的采购和销售，合同金额较大，执行周期较长。由于涉及多个国家，合同条款复杂，执行过程中面临着政治风险、法律风险、物流风险等多种挑战。

（三）合同管理的重要性

合同管理在跨国贸易中具有极其重要的作用。首先，合同是双方达成协议的法律文件，规定了双方的权利和义务，是维护双方利益的法律依据。其次，合同管理有助于确保合同条款得到正确执行，避免因误解或疏忽造成不必要的损失。此外，有效的合同管理还可以降低风险，提高履行的成功率。因此，在跨国贸易中，合同管理是一项关键的商务活动。

（四）合同执行过程

1.合同履行准备：在合同签订后，双方应进行履行准备工作。这包括确定交货时间、地点、方式，准备相关单证和支付方式等。同时，还需对各方的责任和义务进行明确，以便顺利执行合同。

2.物流安排：对于跨国贸易合同，物流安排是关键环节之一。双方应根据合同规定，选择合适的运输方式和物流服务商，确保货物能够安全、准时地到达目的地。同时，还应考虑货物的保险和清关问题，以确保货物顺利通关。

3.支付安排：支付安排也是跨国贸易合同执行过程中的重要环节。双方应根据合同规定，确定合适的支付方式和支付时间，并确保在规定时间内完成支付。同时，还应考虑汇率风险和其他金融风险，以避免不必要的损失。

4.争议解决：在跨国贸易中，难免会出现争议和纠纷。双方应通过友好协商或仲裁方式解决争议。在处理争议时，应尊重合同条款和相关法律法规，遵循公平、公正的原则，以维护双方的利益和信誉。

5.售后服务：对于长期合作的跨国贸易伙伴，售后服务也是非常重要的环节。双方应根据合同规定，提供相应的售后服务和支持，以建立稳定的合作关系。

（五）风险管理

在跨国贸易中，风险管理至关重要。以下是一些常见的风险管理措施。

1.政治风险：政治风险包括政治稳定性、政策变化等。在签订跨国贸易合同时，应充分了解相关国家的政治状况和政策走向，评估政治风险对合同履行的影响。同时，可考虑购买政治风险保险以降低潜在损失。

2.法律风险：不同国家的法律法规存在差异，在跨国贸易中应充分了解相关国家的法律制度、贸易政策和知识产权保护等规定。遵守相关法律法规是保证合同顺利履行的关键。同时，建议在合同中明确约定适用法律和争议解决方式，以避免法律风险。

3.物流风险：物流风险包括运输延误、货物损坏和丢失等。为降低物流风险，应选择可靠的物流服务商和运输方式，购买货物保险，并加强货物的跟踪和管理。此外，应关注货物的安全和运输效率，及时处理物流过程中的问题。

4.金融风险：金融风险包括汇率风险、利率风险和通货膨胀等。在跨国贸易中应关注汇率波动和金融市场变化对合同履行的影响。合理规划和管理资金流，选择合适的支付方式和货币结算方式，以及考虑使用金融衍生品（如远期合约）来降低金融风险。

5.信用风险：信用风险是指对方违约或无法履行合同义务的风险。在选择贸易伙伴时应对其信用状况进行充分调查和评估。为降低信用风险可考虑采取信用保险、第三方担保或预付款项等措施来保障自身利益。

本案例展示了某跨国贸易合同的执行与管理过程以及风险管理的重要性。为提高跨国贸易合同的履行成功率，建议采取以下措施。

（1）充分了解和评估潜在的风险因素并对风险进行有效管理。

（2）确保合同条款清晰明确并得到双方的认可。

（3）建立良好的沟通机制以解决执行过程中出现的问题。

（4）选择可靠的物流服务商和支付方式，确保货物和资金的顺利流转。

（5）关注相关国家的法律法规和政策变化，及时调整合同执行策略。

（6）定期回顾并更新合同管理流程，以适应市场和业务的变化。

通过以上措施，企业可以更好地应对跨国贸易合同执行过程中的各种挑战，降低风险，提高履行的成功率。同时，合同管理是一项持续的过程，需要企业不断优化和完善相关制度和方法，以适应不断变化的市场环境。

三、案例三：某国际物流项目的策划与管理

（一）案例概述

某国际物流项目旨在为跨国公司提供高效、可靠的物流服务。项目涉及多个国家和地区，需要协调各方资源，确保货物按时、安全地送达目的地。项目团队面临诸多挑战，如运输路线的规划、多语种沟通、法律法规差异等。

（二）案例分析

1.运输路线的规划

项目团队首先需要确定最佳的运输路线。考虑到不同国家和地区的地理位置、交通状况、关税政策等因素，需要制定多种方案并进行比较。同时，团队还需评估运输时间和成本，确保为客户提供性价比最高的服务。

2.多语种沟通

由于涉及多个国家和地区，项目团队需要处理多语种沟通问题。为了确保信息的准

确传递，团队需提前了解相关国家和地区的语言和文化背景，并配备专业的翻译人员或语言支持工具。此外，团队还需建立有效的沟通机制，确保各方之间的信息交流畅通无阻。

3.法律法规差异

各国在海关清关、税收政策、安全标准等方面存在差异，项目团队需充分了解相关法律法规，并提前与客户沟通可能存在的风险和费用。同时，团队还需与当地专业机构合作，确保遵守相关规定，避免因违规操作导致额外费用或延误。

（三）案例总结与反思

该国际物流项目取得了一定的成功，为跨国公司提供了可靠的物流服务。但项目团队在执行过程中也遇到了一些问题，需要进行总结和反思。

1.运输路线的规划需更加精细。项目团队在评估运输路线时，应充分考虑各种因素，包括天气、交通状况、关税政策等。未来可以引入更加智能的路线规划算法，提高规划效率和准确性。

2.多语种沟通仍需加强。尽管项目团队已经采取了一些措施，但在实际操作中仍存在沟通障碍。未来可以加大对翻译人员和语言支持工具的投入，提高团队的跨文化沟通能力。

3.法律法规差异需持续关注。各国法律法规的不断变化给项目团队带来了挑战。团队应保持对相关法律法规的关注和研究，并及时与客户沟通最新情况。同时，加强与当地专业机构的合作，确保业务合规性。

4.风险管理需更加完善。国际物流项目涉及的风险多种多样，如政治风险、汇率风险等。项目团队应建立健全的风险管理体系，提前识别和评估潜在风险，并制定应对措施。通过加强风险管理，降低项目执行过程中的不确定性。

5.客户服务需不断优化。为了满足客户多样化的需求和提高客户满意度，项目团队应关注客户反馈，及时调整服务策略。通过提供定制化、个性化的服务，增强客户黏性，提高市场竞争力。

6.人才培养与团队建设需持续投入。国际物流项目需要一支具备专业知识和技能的团队来执行。项目团队应加大对人才培养的投入，通过内部培训、外部引进等方式提高团队整体素质。同时，加强团队建设，提高团队协作能力和凝聚力，以更好地应对复杂多变的国际环境。

7.创新与技术应用需加强。随着科技的不断发展，国际物流行业正经历着深刻变革。项目团队应关注新技术的发展和应用，如区块链、物联网等，以提高物流效率和降低成本。通过创新和技术应用，为客户创造更多价值，推动业务持续发展。

8.合作伙伴关系需维护与发展。国际物流项目往往涉及多个合作伙伴，维护和发展良好的合作伙伴关系至关重要。项目团队应与供应商、运输商等建立长期稳定的合作关系，共同应对市场变化和挑战。同时，积极寻找新的合作伙伴，拓展业务范围和渠道。

9.环境可持续性需纳入考虑范畴。随着全球环境问题的日益突出，国际物流项目在执行过程中应关注环境可持续性。通过优化运输方式、减少能源消耗、降低排放等方式降低对环境的影响。同时，关注环保法规和标准的变化，确保业务合规性。

10.应对政治风险需采取措施。国际物流项目面临政治风险的不确定性，如贸易争端、关税政策等。项目团队应关注政治形势的变化和预测潜在风险，并提前制订应对措施。同时，加强与当地政府和相关机构的沟通，争取支持和理解，降低政治风险对项目的影响。

（四）展望未来

随着全球经济的不断发展和一体化进程的加速，国际物流行业将继续保持增长态势。项目团队应抓住机遇，积极应对挑战，努力提升在国际物流市场的竞争力和影响力。

未来，项目团队可以关注以下几个方面的发展。

1.数字化转型：利用大数据、云计算、人工智能等技术，实现物流信息的实时共享、智能分析和预测，提高物流效率和准确性。

2.绿色物流：关注环保和可持续发展，降低物流活动对环境的影响，推动绿色物流的发展。

3.供应链整合：加强与上下游企业的合作与整合，构建更加紧密的供应链体系，提升整体竞争力。

4.跨境电商的兴起：随着跨境电商的快速发展，项目团队可以拓展相关业务，满足客户多样化的需求。

5.定制化服务：根据客户的具体需求，提供定制化的物流解决方案，提升客户满意度和忠诚度。

6.国际化人才培养：加大对国际化物流人才的培养和引进力度，打造具备国际视野和专业技能的团队。

7.风险管理能力的提升：加强对各类风险的识别、评估和控制能力，降低项目风险对业务的影响。

8.创新与合作：积极探索新的业务模式和技术创新，加强与国内外企业的合作与交流，共同推动国际物流行业的进步与发展。

第六章　经济金融环境对国际贸易市场的影响

第一节　国际经济金融环境概述

一、国际经济金融环境的定义与构成

国际经济金融环境是指在一定时期内，世界各国经济发展与相互间关系所形成的一种全局性的经济环境。它不仅涉及到各国之间的经济合作、竞争和角逐，还涉及到各国经济体制、政策和制度的差异与互动。这种环境对于跨国公司的经营决策、国际贸易的发展以及资本流动等都起着决定性的作用。

国际经济金融环境的构成十分复杂，它既包括国际宏观经济的整体态势和发展趋势，也包括各国经济体制、产业布局、市场状况等多个层面。具体来说，国际经济金融环境的构成主要包括以下几个方面。

1.国际经济形势：主要指世界经济整体的发展状况、趋势和主要问题。例如全球经济增长速度、贸易自由化程度、国际金融市场的稳定性和发展水平等。

2.各国经济政策：各国政府为了促进本国经济发展和应对国内外经济形势所采取的一系列经济政策，如财政政策、货币政策、产业政策等。

3.国际贸易规则与组织：指一系列国际贸易规则和组织，如世界贸易组织（WTO）、区域贸易组织等，这些规则和组织对国际贸易的发展起着重要的推动和规范作用。

4.国际金融市场：包括各国之间的货币交易、外汇市场、股票市场、债券市场等，是跨国资本流动的主要场所。

5.国际投资环境：指各国吸引外资和对外投资的环境，包括政治稳定性、市场潜力、基础设施、法制环境等。

6.跨国企业与国际合作：跨国企业在国际经济金融环境中扮演着重要的角色，其经营状况和发展趋势对于全球经济有着重要影响。同时，各国之间在经济发展和资源利用等方面的合作也对国际经济金融环境产生影响。

以上六个方面相互影响、相互制约，共同构成了国际经济金融环境的整体格局。了解和把握国际经济金融环境的构成及其变化趋势，对于制定正确的经济发展战略和政策，

以及开展有效的国际经济合作都具有重要意义。

二、国际经济金融环境对国际贸易的重要性

随着全球化进程的加速，国际贸易日益成为各国经济发展的重要支撑。与此同时，国际经济金融环境对国际贸易的影响也愈发显著。一个稳定、开放、公平的国际经济金融环境能够促进国际贸易的繁荣与发展，反之，则可能带来贸易摩擦、经济风险等问题。因此，深入理解国际经济金融环境对国际贸易的重要性是十分必要的。

首先，一个良好的国际经济金融环境为国际贸易提供了稳定的经济基础。国际贸易的顺利进行需要稳定的货币体系、可靠的支付结算机制以及透明的贸易规则等作为支撑。在动荡的金融市场和不稳定的经济环境下，贸易双方可能面临汇率波动、支付风险等问题，从而增加了交易成本和不确定性。因此，一个稳定的国际经济金融环境能够降低贸易风险，提升贸易双方的信心，促进国际贸易的发展。

其次，国际经济金融环境直接影响到各国参与国际贸易的能力和机会。对于发展中国家而言，其对外贸易往往依赖于有限的资源和市场，而国际经济金融环境的变化可能对其出口产业和市场份额产生重大影响。例如，国际货币基金组织（IMF）和世界银行等国际金融机构的政策导向和资金支持对于发展中国家的经济发展和国际贸易具有重要意义。因此，公正、平等的国际经济金融环境对于确保各国平等参与国际贸易的机会和权益至关重要。

再者，国际经济金融环境的变化直接影响着企业的跨国经营策略。随着全球市场竞争的加剧，越来越多的企业开始涉足跨国经营。然而，企业在跨国经营过程中面临着诸多挑战，如市场环境差异、政策法规限制、文化差异等。同时，国际经济金融环境的变化也对企业跨国经营提出了新的要求和挑战。企业需要密切关注国际经济金融环境的变化趋势，制定灵活的经营策略和风险应对措施，以适应不断变化的市场环境。

此外，国际经济金融环境对国际贸易的融资方式、成本和便利性等方面也具有重要影响。国际贸易涉及到大量的资金流动和支付结算，而融资渠道的多样性和融资成本的合理性直接影响到贸易的最终效益。在良好的国际经济金融环境下，贸易融资渠道将更加丰富多样，融资成本相对较低，从而有助于提高贸易的效率和效益。

综上所述，国际经济金融环境对国际贸易的重要性不言而喻。一个稳定、开放、公平的国际经济金融环境能够为国际贸易提供坚实的基础和支持，促进各国经济的共同发展和繁荣。因此，各国应积极参与到国际经济金融体系的改革和完善中，共同营造一个有利于国际贸易发展的良好环境。

三、当前国际经济金融环境的特点与挑战

随着全球经济的不断演变，当前的国际经济金融环境呈现出一些显著的特点和挑战。这些特点和挑战不仅影响着各国的经济发展，也对国际贸易产生了深远的影响。为了更好地应对这些挑战，深入理解当前国际经济金融环境的特点与挑战是至关重要的。

首先，当前国际经济金融环境的一个显著特点是经济全球化的加速发展。随着技术进步和贸易壁垒的逐步消除，各国经济之间的相互依存度越来越高，全球化进程不断加速。这一特点为国际贸易带来了前所未有的机遇，但同时也带来了诸多挑战。各国需要不断提升自身竞争力，以适应全球化背景下的经济发展需求。

其次，国际经济金融环境的不确定性也在增加。由于全球经济一体化进程中存在的诸多不确定因素，如政策变化、地缘政治风险、自然灾害等，各国经济面临着较大的波动性和风险。这种不确定性对国际贸易造成了很大的困扰，需要各国加强风险管理和预警机制建设。

此外，国际经济金融环境还面临着一些结构性的问题。例如，发达国家和发展中国家之间的经济发展不平衡问题依然突出，导致全球经济发展动力不足。同时，一些国家内部也存在着经济结构调整的压力，如人口老龄化、资源环境压力等。这些结构性问题需要各国加强合作，共同寻求解决之道。

除了以上特点与挑战，当前国际经济金融环境还面临着一些具体的问题和挑战。

一是贸易保护主义的抬头。在全球经济一体化的大背景下，贸易保护主义在一些国家开始抬头，对国际贸易造成了不利影响。贸易保护主义的抬头不仅会破坏国际贸易秩序，也会阻碍全球经济的健康发展。各国需要加强合作，共同反对贸易保护主义，维护自由贸易原则。

二是金融市场波动性的增加。近年来，全球金融市场波动性不断加大，给各国经济发展带来了很大的不确定性和风险。一些国家的货币政策和财政政策的变化也可能引发金融市场的波动，影响全球经济的稳定发展。因此，各国需要加强金融监管和政策协调，降低金融市场的波动性。

三是新兴市场和发展中国家面临的挑战。新兴市场和发展中国家在国际经济金融环境中发挥着越来越重要的作用，但也面临着一些挑战。例如，一些国家可能面临经济结构调整的压力、基础设施建设的需求、人口结构变化等问题。国际社会需要加强对这些国家的支持和合作，帮助它们应对挑战，实现经济的可持续发展。

综上所述，当前国际经济金融环境的特点与挑战多种多样，既有机遇也有挑战。各国需要加强合作与协调，共同应对这些挑战和问题。通过加强政策对话、推动贸易自由

化、促进金融市场稳定等措施的实施，我们可以共同营造一个更加稳定、开放和繁荣的国际经济金融环境，促进全球经济的可持续发展。

第二节　主要经济体对国际贸易市场的影响

一、美国对国际贸易市场的影响

美国作为全球最大的经济体之一，其在国际贸易市场中的地位和影响力是不容忽视的。美国的经济、政治和军事力量使其在国际舞台上发挥着举足轻重的作用，对国际贸易市场产生了深远的影响。

首先，美国是全球最大的贸易国之一，其进出口贸易总额长期位居世界前列。美国的贸易政策对全球经济具有重要影响。一方面，美国通过出口商品和服务，为世界各地提供了大量的就业机会和经济增长动力；另一方面，美国在国际贸易中采取的一系列贸易保护主义措施，如关税壁垒、贸易摩擦等，也对全球贸易格局产生了重大影响。

其次，美国在全球金融市场中的地位举足轻重。美国拥有世界上最大的股票市场和债券市场，许多全球知名企业和金融机构都在美国上市或设立总部。此外，美元是全球最主要的储备货币，这使得美国可以通过货币政策和汇率政策对全球经济产生重大影响。美国金融市场的稳定性和开放性对于吸引全球资本流入具有重要意义，同时也为国际贸易提供了重要的融资支持。

此外，美国在科技创新和知识产权保护方面具有领先地位。美国政府和企业长期以来一直注重科技创新和知识产权保护，这使得美国在很多领域都保持着技术领先优势。美国的科技创新成果不仅推动了本国经济发展，也对全球科技进步和产业升级产生了积极影响。同时，美国在知识产权保护方面的严格规定和执法力度，也为全球知识产权保护树立了典范。

然而，美国对国际贸易市场的影响并非全然积极。美国的贸易保护主义措施可能导致全球贸易战，对全球经济造成负面影响。例如，近年来美国与多个国家发生了贸易摩擦，通过加征关税等手段限制进口，引发了全球范围内的贸易紧张局势。这些贸易摩擦不仅影响了相关国家的经济发展，也破坏了全球贸易秩序和规则。

另外，美国的货币政策和汇率政策也可能对其他国家产生溢出效应。例如，美联储的货币政策调整可能引发全球资本流动和汇率波动，对其他国家的货币政策和经济增长产生影响。一些发展中国家可能面临资本外流和货币贬值的压力，进而影响其经济稳定和发展。

综上所述，美国对国际贸易市场的影响是多方面的。美国的经济规模、金融市场和技术创新使其在全球贸易中发挥着关键作用，为世界经济提供了重要机遇。然而，美国的贸易政策、货币政策和汇率政策也可能引发贸易战、资本流动和汇率波动等风险和挑战，对全球经济稳定和发展产生负面影响。因此，各国需要加强合作与协调，共同应对这些挑战和问题，维护全球贸易秩序和规则。

二、中国对国际贸易市场的影响

随着中国经济的高速发展，中国在国际贸易市场中的地位和影响力日益增强。作为全球第二大经济体，中国对国际贸易市场的影响不容忽视。

首先，中国是全球最大的商品出口国之一。中国的出口商品涵盖了众多领域，如机电产品、纺织品、家具、玩具等。中国的出口商品以其质量优良、价格合理、品种丰富等特点，深受全球消费者的喜爱。中国的出口贸易为全球消费者提供了丰富的商品选择，同时也为世界经济增长做出了重要贡献。

其次，中国是全球最大的进口市场之一。随着中国经济的快速发展，国内市场的需求也不断增加。中国政府积极推动进口贸易，加强与世界各国的经贸合作。中国的进口商品包括能源、原材料、先进技术设备等，中国的进口市场为全球供应商提供了广阔的市场机会。中国的进口贸易不仅满足了国内市场需求，也为其他国家提供了经济增长的动力。

此外，中国在国际贸易体系中的地位和影响力不断提升。中国积极参与世界贸易组织（WTO）等国际经贸组织的工作，推动国际贸易规则的制定和完善。同时，中国还与许多国家和地区建立了自由贸易区，通过区域经济一体化促进贸易自由化。中国在国际贸易体系中的话语权和影响力不断增强，为维护多边贸易体制和推动经济全球化做出了积极贡献。

然而，中国在国际贸易市场中也面临一些挑战和问题。一方面，中国面临着日益激烈的贸易摩擦。一些国家针对中国的出口商品采取了一系列贸易保护主义措施，如反倾销、反补贴等，给中国出口企业带来了一定的压力。另一方面，中国在国际贸易体系中的地位和影响力提升也引发了一些国家的担忧和抵制。一些国家试图通过加强贸易限制、推动"去中国化"等手段来削弱中国在国际贸易市场中的地位。

为了应对这些挑战和问题，中国政府和企业需要采取一系列措施。首先，中国应加强国内自主创新和技术研发，提高出口商品的技术含量和附加值，减少对低价竞争的依赖。其次，中国应加强与其他国家的经贸合作，推动互利共赢的合作关系，减少贸易摩擦和冲突。此外，中国还应积极参与国际贸易规则的制定和完善，维护多边贸易体制的权威性和公正性。

综上所述，中国对国际贸易市场的影响是深远而复杂的。中国作为全球最大的商品出口国之一和进口市场之一，为全球经济增长提供了重要动力。同时，中国在国际贸易体系中的地位和影响力不断提升，为维护多边贸易体制和推动经济全球化做出了积极贡献。然而，中国也面临一些挑战和问题，需要采取有效措施加以应对。未来，随着中国经济持续发展和国际地位进一步提升，中国对国际贸易市场的影响将更加显著。

三、欧盟对国际贸易市场的影响

欧盟作为全球重要的经济体之一，其成员国涵盖了众多发达国家和欧洲大陆的主要经济体。欧盟在国际贸易市场中扮演着举足轻重的角色，对全球经济格局产生了深远的影响。

（一）欧盟的经济实力与市场规模

欧盟作为一个政治和经济联盟，拥有 27 个成员国，覆盖面积广，人口众多，经济实力雄厚。欧盟的经济总量和市场规模在全球范围内具有显著优势，是全球最大的经济体之一。欧盟的成员国大多是发达国家，拥有先进的科技水平、产业基础和消费市场，这使得欧盟在国际贸易中具有较强的竞争力和影响力。

（二）欧盟的贸易政策与自由贸易协定

欧盟的贸易政策是其经济政策的重要组成部分。欧盟通过推行自由贸易政策和签订自由贸易协定，促进成员国之间的贸易往来，同时也加强与其他国家和地区的经贸合作。欧盟的自由贸易协定覆盖了全球许多国家和地区，包括北美、亚洲、南美、非洲等地区。这些自由贸易协定的签署不仅扩大了欧盟的出口市场，也为全球贸易自由化进程做出了贡献。

（三）欧盟的技术标准和产品质量

欧盟对产品标准和产品质量的要求非常严格，这使得欧盟的产品在国际市场上具有较高的信誉度和竞争力。欧盟的技术标准和产品质量要求涵盖了众多领域，如机械、电子、化工、食品等。这些高标准的要求促使欧盟的企业加大技术研发和产品创新的投入，提高产品质量和安全性能，从而赢得了消费者的信赖和市场份额。

（四）欧盟的环境保护与可持续发展

欧盟在环境保护和可持续发展方面走在全球前列。欧盟通过制定严格的环境法规和环保标准，推动绿色经济的发展和低碳技术的研发。欧盟的环保法规和标准不仅对其成员国具有约束力，也对与欧盟有贸易往来的国家和地区提出了更高的环保要求。这促使相关国家加强环境保护措施，推动绿色产业的发展，实现经济与环境的和谐发展。

（五）欧盟的区域一体化与全球贸易体系

欧盟的区域一体化进程对全球贸易体系产生了重要影响。通过建立关税同盟、实行统一市场和货币政策等一体化措施，欧盟促进了成员国之间的经济合作与交流。这不仅提高了欧盟整体的国际竞争力，也对全球贸易体系的稳定和多边贸易谈判产生了积极影响。同时，欧盟在国际货币基金组织（IMF）、世界银行等国际金融机构中拥有较大话语权，对全球经济治理发挥了重要作用。

然而，欧盟在国际贸易市场中也面临一些挑战和问题。一方面，随着新兴市场的崛起和非盟国家的竞争加剧，欧盟的传统竞争优势受到挑战；另一方面，一些国家采取单边主义和保护主义措施，对多边贸易体制造成冲击，也给欧盟的对外贸易带来一定压力。为了应对这些挑战和问题，欧盟需要加强内部改革，提高经济竞争力和创新能力；同时加强与其他国家和地区的经贸合作，推动自由贸易和多边主义的发展。

综上所述，欧盟对国际贸易市场的影响深远而复杂。作为全球最大的经济体之一和重要的政治力量，欧盟通过其强大的经济实力、自由的贸易政策、严格的技术标准和环保法规以及区域一体化进程等手段，对全球经济格局产生了重要影响。同时，欧盟也面临一些挑战和问题，需要采取有效措施加以应对。未来，随着全球经济格局的不断变化和发展，欧盟在国际贸易市场中的地位和影响力仍将举足轻重。

四、日本对国际贸易市场的影响

日本作为一个经济大国，在全球贸易中占据着举足轻重的地位。日本的经济实力、技术优势以及贸易政策对国际贸易市场产生了深远的影响。

（一）日本的经济实力与市场规模

日本是全球第三大经济体，拥有雄厚的经济实力和庞大的市场规模。日本的产业体系完备，从制造业到服务业都具有较强的国际竞争力。日本的出口导向型经济使得其在国际贸易中占据重要地位，对全球经济产生重要影响。

（二）日本的技术创新与产业升级

日本在科技创新和产业升级方面一直走在世界前列。日本拥有众多世界知名的企业和品牌，这些企业在技术创新、产品研发以及品质管理方面具有卓越的实力。日本的技术创新不仅推动了国内产业升级，也使得其产品在国际市场上具有较高的竞争力。

（三）日本的贸易政策与自由贸易协定

日本政府一直致力于推动自由贸易和全球化。日本与其他国家和地区签订了多个自由贸易协定，如与欧盟、美国、中国等国家和地区都有自由贸易协定。这些自由贸易协定的签署不仅扩大了日本的出口市场，也为全球贸易自由化进程做出了贡献。

（四）日本的市场需求与进口结构

日本是一个消费大国，国内市场对各种商品和服务的需求较大。日本在进口方面对许多商品和技术都有较大的需求，这使得许多国家和地区都视日本为主要出口市场之一。同时，日本在进口结构上呈现多元化趋势，从原材料到制成品再到高科技产品都有涉及，这使得日本在全球供应链中扮演着重要的角色。

（五）日本的跨国企业与对外投资

日本拥有许多世界知名的跨国企业，如丰田、本田、索尼、松下等。这些企业在全球范围内开展生产和销售活动，对国际贸易市场产生了重要影响。日本的跨国企业不仅提高了日本的出口规模和国际竞争力，同时也促进了东道国的经济发展和技术进步。

然而，日本在国际贸易市场中也面临一些挑战和问题。一方面，随着新兴市场的崛起和全球竞争的加剧，日本的出口压力逐渐增大；另一方面，一些国家采取单边主义和保护主义措施，对多边贸易体制造成冲击，也给日本的对外贸易带来一定压力。为了应对这些挑战和问题，日本需要加强与其他国家和地区的经贸合作，推动自由贸易和多边主义的发展；同时加强国内产业结构调整和技术创新，提高产品的附加值和竞争力。

综上所述，日本对国际贸易市场的影响深远而复杂。作为全球重要的经济体之一和产业大国，日本通过其强大的经济实力、技术优势以及贸易政策和跨国企业等手段，对全球经济格局产生了重要影响。同时，日本也面临一些挑战和问题，需要采取有效措施加以应对。未来，随着全球经济格局的不断变化和发展，日本在国际贸易市场中的地位和影响力仍将举足轻重。

第三节　汇率波动对国际贸易市场的影响

一、汇率的基本概念与影响因素

（一）汇率的基本概念

汇率是两个国家货币之间的交换比率，它反映了不同货币之间的价值关系。具体来说，汇率通常以两种货币之间的比率或价格来表示，用于折算不同国家的货币价值。

汇率的表现形式可以是直接或间接的。在直接汇率下，一国货币与另一国货币的交换比率直接标明；而在间接汇率下，则需要通过第三方货币进行折算。

汇率的变动受到多种因素的影响，包括经济因素、政治因素、市场供求关系等。这些因素相互作用，共同决定了汇率的走势。

（二）汇率的影响因素

1.经济因素

经济增长率：经济增长率较高的国家，通常其货币价值会升值，因为该国的出口和投资机会更多，吸引了更多的国际资本流入。相反，经济增长率较低的国家，其货币可能会贬值。

贸易差额：一个国家的贸易差额（出口额与进口额之差）也会影响其货币的汇率。如果一个国家的贸易顺差较大，意味着该国出口的商品和服务较多，这有助于增强该国货币的国际购买力。相反，贸易逆差可能会导致货币贬值。

通货膨胀率：通货膨胀率的高低也是影响汇率的重要因素。如果一个国家的通货膨胀率较高，其货币的实际价值可能会贬值，从而影响汇率走势。

利率水平：不同国家的利率水平也会影响其货币的汇率。如果一个国家的利率较高，会吸引国际资本流入，从而推高该国货币的汇率。

2.政治与政策因素

政府政策：政府的货币政策、财政政策、外汇政策等都会对汇率产生影响。例如，政府采取紧缩货币政策时，会导致本国货币供应量减少，进而导致本国货币升值。

国际政治形势：国际政治形势的变化也可能对汇率产生影响。例如，政治动荡或战争可能导致资本逃离该国，从而使得该国货币贬值。

贸易政策：贸易政策的变化也是影响汇率的因素之一。如果一国采取贸易保护主义政策或提高关税，可能会导致贸易伙伴国的反击，从而影响该国的出口和外汇收入。

3.市场供求关系

市场供求关系也是影响汇率的重要因素之一。当市场对某种货币的需求增加时，该货币的汇率往往会升值；相反，当市场对某种货币的供给增加时，该货币的汇率可能会贬值。此外，投机活动和市场预期等因素也会影响市场供求关系，进而影响汇率走势。

4.其他因素

除了上述因素，还有一些其他因素也会影响汇率的走势。例如，自然灾害、重大国际事件等偶然性事件可能会对汇率产生短暂的影响；国际金融市场的走势和国际资本流动也会对汇率产生影响；此外，技术进步、生产效率等因素也可能会影响一个国家的出口竞争力，进而影响其货币的汇率。

总之，汇率的走势受到多种因素的影响，这些因素相互作用、相互制约。因此，在分析汇率走势时需要综合考虑各种因素，以更准确地预测未来的汇率变化趋势。同时，对于企业和投资者而言，了解汇率的影响因素也有助于更好地制定国际经济决策和进行投资规划。

二、汇率波动对国际贸易市场的具体影响机制

汇率波动对国际贸易市场的影响机制是复杂而多维度的。当汇率发生波动时，它不仅直接影响到国家之间的货币交换，更进一步对国际贸易的规模、结构和利益分配产生深远的影响。这种影响机制主要体现在以下几个方面。

（一）价格传递机制

汇率波动会导致国际商品价格的相应变化。当汇率贬值时，出口商品在国际市场上的价格会降低，这有助于提高该商品在国际市场上的竞争力，从而增加出口量。相反，当汇率升值时，出口商品价格上升，可能导致出口量减少。这种价格传递机制是汇率波动对国际贸易市场最直接和显著的影响。

（二）收入效应机制

汇率波动对国际贸易市场的收入效应主要体现在国民收入的变化。当一国货币升值，其出口商品在国际市场上的价格提高，虽然可能降低出口量，但同时也增加了该国的外汇收入。反之，货币贬值则可能导致外汇收入减少。这种收入效应会对国家的贸易政策、产业结构以及国民经济的运行产生影响。

（三）相对成本效应机制

汇率波动还会影响国际贸易中的相对成本。当一国货币升值，其生产成本相对降低，可能使得该国在生产某些特定商品上具有竞争优势。同时，贬值国家的出口商品在价格上更具竞争力，这有助于提升其产业的国际竞争力。相对成本效应的变化会影响国际贸易的商品结构和地区分布。

（四）市场预期与信心机制

除了上述直接影响，汇率波动还可能通过改变市场预期和信心来影响国际贸易。如果市场对某种货币的汇率预期看跌，可能导致该国出口商的忧虑，影响其出口决策。同时，汇率波动可能引发国际贸易伙伴对未来贸易关系的担忧，从而影响贸易额和贸易伙伴的信心。这种市场预期与信心机制虽然较为隐性，但对国际贸易的影响不容忽视。

（五）国际资本流动机制

汇率波动对国际贸易的影响还体现在国际资本流动方面。汇率的贬值会导致资本流出，减少外汇市场的供给压力，有助于稳定或提高本国出口商品的国际竞争力。同时，汇率波动可能引发国际投资者的关注和投机行为，从而影响国际资本流动的方向和规模，进而影响国际贸易的发展。

综上所述，汇率波动对国际贸易市场的影响机制是多维度的，包括价格传递、收入效应、相对成本、市场预期与信心以及国际资本流动等方面。这些影响机制相互作用、相互制约，共同决定着汇率波动对国际贸易市场的综合效应。因此，在国际贸易实践中，需要全面考虑这些影响机制，制定合理的贸易策略和政策，以应对汇率波动带来的挑战和机遇。同时，对于企业和投资者而言，深入理解汇率波动对国际贸易市场的影响机制，有助于更好地把握市场动态和预测未来趋势，从而做出更为明智的决策。

三、应对汇率波动的策略与措施

在国际贸易中，汇率波动是一个常见且复杂的问题。为了应对汇率波动带来的挑战和机遇，企业和国家需要采取一系列的策略和措施。这些策略和措施涵盖了多个方面，从风险管理到政策制定，旨在降低汇率波动对国际贸易的不利影响并充分利用其带来的机会。

（一）汇率风险管理

1.货币衍生品的使用：企业可以通过使用货币衍生品，如远期合约、货币期权和掉期交易等，来对冲汇率风险。这些工具可以帮助企业在未来某一特定日期以固定汇率交换货币，从而保护自己免受汇率波动的影响。

2.多样化货币组合：企业可以通过使用多种货币进行交易，而不是只依赖一种货币，来降低单一货币汇率波动的风险。多样化货币组合有助于平衡成本和收入，减少对特定货币汇率变动的敏感性。

3.提前或延期结算：企业可以根据汇率走势预测，选择提前或延期结算。当预期某种货币汇率将贬值时，可以提前结算；而当预期该货币汇率将升值时，可以延期结算。通过这种方式，企业可以控制交易的时间以避免汇率风险。

（二）国际市场多元化

1.开拓多元市场：企业可以通过开拓多个国际市场，降低对单一市场的依赖，从而分散汇率风险。这有助于企业在不同市场间进行互补，降低因汇率波动导致的收入波动。

2.平衡货币收入：通过在多个货币市场上销售产品和服务，企业可以平衡货币收入，降低对单一货币汇率变动的敏感性。这有助于企业更好地应对汇率波动，保持稳定的盈利能力。

（三）财务灵活性

1.短期融资：企业可以通过短期融资来获得可兑换的现金，从而在汇率波动时快速调整资金配置。这种灵活性使企业在面对汇率不利变动时能够迅速采取应对措施。

2.长期融资：长期融资有助于企业稳定资金流，并为应对汇率波动提供持续的资金支持。企业可以通过与银行或其他金融机构建立长期合作关系，获得低成本的融资渠道。

（四）国际金融市场与政策环境分析

1.金融市场分析：企业应密切关注国际金融市场的动态，包括主要货币的汇率走势、利率变化以及国际资本流动等。通过分析这些信息，企业可以更好地预测汇率走势，提前做好应对措施。

2.政策环境分析：了解各国货币政策和财政政策的变化对汇率的影响至关重要。企业应关注各国央行政策动向、利率调整以及财政政策等信息，以便更好地评估汇率风险并做出相应调整。

（五）加强内部管理

1.成本控制：企业应通过优化生产流程、降低成本等方式提高利润率，从而降低汇率波动对盈利的影响。这有助于企业在面对不利汇率变动时保持盈利能力。

2.合理库存管理：通过合理安排库存水平，企业可以在汇率波动时灵活调整生产和销售计划，降低因库存积压导致的成本增加。这有助于企业快速适应市场变化和汇率波动。

3.提高运营效率：企业应通过改进生产工艺、提高产品质量等方式提高运营效率，以增强自身竞争力并降低对外部因素的依赖，包括汇率波动。高效的运营管理有助于企业在国际贸易中获得更好的竞争优势。

4.强化风险管理意识：企业内部应加强对汇率风险的认识和管理意识。通过培训员工、建立风险管理机制等方式，使企业在日常经营中更加注重防范和应对汇率风险。

综上所述，应对汇率波动的策略与措施主要包括汇率风险管理、国际市场多元化、财务灵活性、国际金融市场与政策环境分析以及加强内部管理等五个方面。这些策略和措施并不是孤立的，而是相互关联、相互补充的。在实际操作中，企业应根据自身情况和业务特点选择适合的策略与措施进行综合运用，以有效应对汇率波动带来的挑战和机遇。同时，政府也应为企业提供相应的政策支持和指导，共同推动国际贸易的稳定发展。

第七章　金融创新对国际贸易市场的推动作用

第一节　金融创新对贸易融资的促进作用

一、贸易融资的概述

贸易融资，作为国际金融市场的重要组成部分，是指银行或其他金融机构向进出口商提供的与国际贸易相关的资金融通服务。其主要目的是解决企业在贸易过程中因资金短缺或流动性问题而产生的融资需求，从而促进贸易的顺利进行。

贸易融资的出现和发展源于国际贸易的复杂性。在国际贸易中，由于买卖双方地理位置的差异、货物流转的时滞以及信息不对称等问题，使得贸易双方在交易中面临诸多风险。而贸易融资作为一种金融服务，能够为贸易双方提供资金支持和风险保障，降低交易成本，提高贸易效率。

贸易融资的主要特点包括：

1.与贸易活动紧密相关：贸易融资的核心是解决企业在贸易过程中产生的资金需求，如支付货款、运输费用等。因此，贸易融资与企业的贸易活动紧密相关，具有明确的贸易背景。

2.风险性较高：由于贸易融资涉及的金额较大、期限较长，且与国际贸易环境密切相关，因此其风险性相对较高。这要求银行和企业在提供或接受贸易融资服务时，需充分评估各种风险因素，并采取相应的风险管理措施。

3.多样化融资方式：为了满足不同企业的融资需求，贸易融资提供了多样化的融资方式，如信用证、托收、保理等。这些融资方式各有特点，适用范围也不同，企业可以根据自身实际情况选择合适的融资方式。

4.涉及多方面金融服务：在贸易融资过程中，企业通常需要涉及多方面的金融服务，如信用评估、外汇交易、保险等。因此，贸易融资不仅是银行的一项业务，也是企业与各类金融机构之间的一种合作。

随着全球经济的发展和金融市场的开放，贸易融资在国际贸易中的作用日益凸显。一方面，贸易融资为企业提供了资金支持和风险保障，帮助企业扩大贸易规模、提高市场竞争力；另一方面，贸易融资也为银行和其他金融机构提供了新的业务机会和利润来源。因此，对贸易融资的研究与实践具有重要意义。

二、金融创新在贸易融资中的应用

随着全球经济一体化进程的加速，贸易融资作为促进国际贸易的重要手段，面临着越来越多的挑战与机遇。传统的贸易融资方式已无法满足现代企业的多样化需求，因此，金融创新在贸易融资中的应用逐渐成为业界关注的焦点。

金融创新在贸易融资中的应用主要体现在以下几个方面。

1.贸易融资产品的创新：为了满足企业在贸易过程中的多样化融资需求，金融机构不断推出新的贸易融资产品。例如，供应链融资、国际保理、福费廷等。这些产品不仅为企业提供了更加灵活的融资方式，还降低了企业的融资成本，提高了资金使用效率。

2.贸易融资服务的创新：金融机构通过整合内外部资源，提供一站式的贸易金融服务。例如，结合支付结算、外汇交易、保险等业务，为企业提供全方位的贸易金融解决方案。这种综合服务模式不仅简化了企业的业务流程，还降低了企业在贸易过程中的风险。

3.贸易融资技术的创新：随着科技的发展，金融机构利用大数据、区块链、人工智能等技术手段，提高了贸易融资的效率和安全性。例如，通过大数据分析，金融机构可以更加准确地评估企业的信用状况和风险水平；通过区块链技术，可以优化贸易融资中的信息流、物流和资金流；通过人工智能技术，可以提供智能化的贸易融资服务，提高客户体验。

4.贸易融资模式的创新：传统的贸易融资模式通常以实物抵押为主，而现代的贸易融资模式则更加注重企业的信用和供应链关系。例如，基于信用的融资模式，金融机构根据企业的信用状况和贸易背景提供融资支持；基于供应链的融资模式，金融机构根据整个供应链的运作情况，为供应链上的企业提供融资服务。

金融创新在贸易融资中的应用具有重要意义。首先，金融创新促进了国际贸易的发展。通过提供更加灵活、高效的贸易融资服务，降低了企业的贸易成本，提高了市场竞争力，从而促进了国际贸易的增长。其次，金融创新提高了金融机构的盈利能力。通过推出新的贸易融资产品和服务，金融机构扩大了业务范围，增加了收入来源。同时，金融创新也使得金融机构能够更好地管理风险，提高资产质量。

然而，金融创新在贸易融资中的应用也面临着一些挑战。例如，如何保证金融创新产品的合规性和监管要求；如何防范金融创新带来的风险；如何提高金融创新服务的普惠性等。为了应对这些挑战，金融机构需要加强与监管部门的沟通与合作，完善内部风险管理体系，提高从业人员素质，同时注重金融科技的研发与应用，以更好地服务于实体经济。

总之，金融创新在贸易融资中的应用是推动国际贸易发展的重要动力。通过不断创新和完善贸易融资产品、服务和技术，金融机构和企业能够更好地适应全球经济变化，拓展业务范围，降低成本和风险。未来，随着金融科技的快速发展和监管政策的不断完善，金融创新在贸易融资中的应用将更加广泛和深入，为全球经济的繁荣和发展做出更大的贡献。

三、金融创新对贸易融资的推动作用

金融创新在贸易融资中的运用，正日益改变着全球贸易的格局。它不仅为贸易融资注入了新的活力，更为国际贸易的发展提供了强大的推动力。金融创新对贸易融资的推动作用主要体现在以下几个方面。

（一）降低融资成本，提高融资效率

传统的贸易融资方式往往流程繁琐，耗时较长，而且需要企业提供大量的抵押物或担保。金融创新的出现，为企业提供了更加便捷的融资渠道。例如，供应链融资、国际保理等新型融资方式，大大简化了融资流程，降低了企业的融资成本。同时，金融科技的发展，如区块链、人工智能等技术的应用，使得贸易融资更加高效，提高了资金的使用效率。

（二）拓宽融资渠道，缓解企业资金压力

金融创新为企业提供了多元化的融资渠道，使得企业可以根据自身的经营情况和需求，选择最适合的融资方式。这不仅缓解了企业的资金压力，还使得企业在面对国际贸易中的不确定因素时，能够更加灵活地应对。

（三）优化风险管理，降低贸易风险

金融创新不仅提供了新的融资方式，还为风险管理提供了新的工具和手段。例如，金融机构可以通过大数据分析，为企业提供更加精准的风险评估和建议，帮助企业更好地管理风险。同时，金融创新也使得企业能够更好地利用金融衍生品等工具，对冲和规避贸易风险。

（四）促进国际贸易的发展

金融创新对贸易融资的推动作用，最终将体现在促进国际贸易的发展上。通过降低融资成本、拓宽融资渠道、优化风险管理和提高融资效率，金融创新为企业参与国际贸易提供了更加有利的条件。这不仅有助于提高企业的市场竞争力，也将促进全球贸易的发展。

然而，金融创新在推动贸易融资的同时，也带来了一些挑战。例如，金融创新可能会加剧金融市场的波动，增加金融体系的脆弱性。此外，金融创新也可能会带来新的风险和问题，如信息安全、隐私保护等。因此，在推动金融创新的同时，需要加强监管和风险控制，确保金融创新的健康和稳定发展。

未来，随着科技的不断进步和全球化进程的深入发展，金融创新将在贸易融资中发挥更加重要的作用。我们应当把握机遇，应对挑战，以推动金融创新更好地服务于贸易融资和国际贸易的发展。

第二节　金融创新对贸易方式的变革作用

一、传统贸易方式的局限性

随着全球经济的快速发展，传统的贸易方式在某些方面已经无法满足现代市场的需求，逐渐暴露出一些局限性。这些局限性在一定程度上制约了国际贸易的发展，影响了企业的市场竞争力。下面将详细探讨传统贸易方式的局限性。

（一）信息不对称

在传统的贸易方式中，信息不对称是一个普遍存在的问题。由于缺乏有效的信息传递和共享机制，买卖双方往往难以获取对方的真实需求和供应情况，导致交易的不透明和不确定性。这不仅增加了交易的成本和风险，还可能导致资源的浪费和市场效率的低下。

（二）融资方式单一

传统的贸易融资方式通常较为单一，主要依赖于银行信用证等传统手段。这种方式往往手续烦琐，融资成本高，且容易受到银行信用风险的影响。单一的融资方式限制了企业的融资渠道，增加了企业的融资难度和成本，制约了企业的发展。

（三）物流成本高昂

传统贸易方式中，物流成本占据了较大比重。在全球范围内进行贸易时，需要经过多个国家和地区，涉及到海运、陆运、空运等多种运输方式。这不仅增加了物流环节和时间，还可能导致货物的损坏和丢失。高昂的物流成本使得企业在国际市场上缺乏竞争力，影响了企业的盈利能力和发展空间。

（四）风险管理落后

传统的贸易方式在风险管理方面较为落后，缺乏科学的风险评估和预警机制。企业在国际贸易中面临诸多风险，如政治风险、汇率风险、信用风险等。传统贸易方式缺乏有效的风险管理工具和方法，使得企业难以有效规避和应对这些风险，增加了企业的经营风险和不确定性。

（五）缺乏灵活性

传统的贸易方式通常以合同为基础，一旦签订合同，双方需要按照合同约定履行义务，缺乏灵活性。在国际贸易中，市场环境和供需关系经常发生变化，企业需要具备灵活的应变能力。传统的贸易方式限制了企业的灵活性，使得企业难以根据市场变化及时调整贸易策略和经营计划。

综上所述，传统贸易方式在信息不对称、融资方式单一、物流成本高昂、风险管理落后和缺乏灵活性等方面存在局限性。为了适应现代市场的需求和发展趋势，企业需要积极探索和创新贸易方式，以突破传统方式的限制，提高市场竞争力。

二、金融创新对贸易方式的变革影响

随着金融市场的不断发展和创新，金融创新对贸易方式产生了深远的影响。金融创新不仅推动了贸易方式的变革，还为企业提供了更多的贸易机会和融资渠道。

（一）金融创新与贸易方式的变革

金融创新是推动贸易方式变革的重要力量。传统的贸易方式通常以实物交换为主，而金融创新使得贸易方式更加多样化，包括跨境贸易、电子商务、数字货币等。这些新型贸易方式的出现，大大提高了贸易的便利性和效率，降低了交易成本，为企业提供了更多的商业机会。

（二）金融创新对贸易融资的影响

金融创新对贸易融资产生了积极的影响。传统的贸易融资方式通常依赖于银行信用证等传统手段，而金融创新为企业提供了更多的融资渠道和工具。例如，供应链融资、保理业务、福费廷等新型融资方式逐渐成为企业融资的重要手段。这些融资方式更加灵活、高效，能够满足企业在不同阶段的需求，降低了企业的融资成本和风险。

（三）金融创新对风险管理的影响

金融创新为企业在国际贸易中提供了更加丰富的风险管理工具和方法。通过运用新型的金融衍生品和风险管理技术，企业能够更加准确地评估和应对政治风险、汇率风险、信用风险等。这有助于降低企业的经营风险和不确定性，提高企业的风险管理能力。

（四）金融创新对金融服务的影响

金融创新对金融服务也产生了显著的影响。金融机构通过运用新技术和创新产品，为贸易企业提供了更加个性化、便捷的服务。例如，网上银行、移动支付等新型金融服务，使得企业能够更加方便地进行跨境支付和结算，提高了资金利用效率。同时，金融机构还通过大数据、人工智能等技术手段，为企业提供更加精准的金融服务，帮助企业更好地管理财务和风险。

（五）金融创新对国际经济合作的影响

金融创新还对国际经济合作产生了积极的影响。随着金融创新的不断发展，各国之间的经济联系和合作也日益紧密。金融创新为国际经济合作提供了更多的平台和渠道，促进了资本的跨国流动和资源的优化配置。例如，区域性货币合作、国际金融中心建设等，有助于加强国家之间的经济联系和合作，推动全球经济的稳定和发展。

三、金融创新在贸易方式变革中的具体应用

金融创新在贸易方式变革中发挥着越来越重要的作用。随着全球化和信息化的发展，金融创新的应用范围不断扩大，为贸易方式带来了许多变革。

（一）跨境贸易融资

随着国际贸易的不断发展，跨境贸易融资成为金融创新的重要领域。跨境贸易融资是指银行为进出口企业提供与跨境贸易相关的融资服务，包括信用证开立、押汇、保理等。通过跨境贸易融资，企业可以更加便捷地获得贸易融资支持，降低融资成本，提高资金使用效率。同时，跨境贸易融资还有助于企业拓展国际市场，提高国际竞争力。

（二）电子商务支付

电子商务的兴起为金融创新提供了新的应用场景。电子商务支付是金融创新在贸易方式变革中的重要应用之一。通过电子商务支付，企业可以在互联网上实现快速、便捷的交易和支付。这种新型支付方式大大降低了交易成本，提高了交易效率，为消费者和企业提供了更加灵活和便捷的支付选择。同时，电子商务支付还有助于企业拓展销售渠道，扩大市场份额。

（三）数字货币

数字货币是金融创新在贸易方式变革中的又一重要应用。数字货币采用加密技术，具有去中心化、匿名等特点，为企业和消费者提供了更加安全、便捷的支付方式。数字货币的应用有助于降低跨境支付成本，提高支付效率，为国际贸易提供了更加便利的条件。同时，数字货币还有助于降低汇率风险和交易成本，提高国际竞争力。

（四）供应链融资

供应链融资是金融创新在贸易方式变革中的又一重要应用。供应链融资是指银行将核心企业和上下游企业联系在一起，为核心企业提供全方位的金融服务。通过供应链融资，企业可以更加便捷地获得融资支持，降低融资成本，提高资金使用效率。同时，供应链融资还有助于企业优化供应链管理，提高供应链的协同效应和整体竞争力。

（五）国际保理业务

国际保理业务是金融创新在贸易方式变革中的又一重要应用。国际保理业务是指银行为进出口企业提供应收账款管理和融资服务，帮助企业快速回笼资金、降低风险。通过国际保理业务，企业可以更加便捷地处理国际贸易中的应收账款问题，降低坏账风险和财务成本。同时，国际保理业务还有助于企业拓展国际市场，提高国际竞争力。

（六）福费廷业务

福费廷业务是金融创新在贸易方式变革中的又一重要应用。福费廷业务是指银行或其他金融机构为出口企业提供无追索权的贴现服务，帮助企业提前收回应收账款。通过福费廷业务，企业可以降低应收账款的信用风险和财务成本，提高资金使用效率。同时，福费廷业务还有助于企业拓展国际市场，扩大销售规模。

第三节　金融创新对贸易政策的调整作用

一、贸易政策的重要性及其影响因素

贸易政策是国际贸易体系中的重要组成部分，对国家经济发展和全球贸易格局具有深远的影响。

（一）贸易政策的重要性

1.促进经济发展：贸易政策是各国政府管理对外贸易的准则，通过制定关税、配额、补贴等政策措施，促进本国产业的成长和发展，增强国际竞争力，进而推动经济增长。

2.维护国家利益：贸易政策是各国维护自身利益的重要手段。通过贸易政策的制定和实施，政府可以保护国内市场，防止外部经济冲击，确保国家经济安全。

3.推动全球贸易自由化：贸易政策是推动全球贸易自由化的关键因素。各国通过参与国际贸易谈判，如 WTO 的多边贸易谈判，推动降低关税和非关税壁垒，促进全球贸易的自由化和便利化。

（二）贸易政策的影响因素

1.经济利益：经济利益是影响贸易政策的核心因素。各国在制定贸易政策时，通常会考虑自身经济利益，如增加出口、创造就业、促进经济增长等。

2.政治因素：政治因素对贸易政策的影响不可忽视。政府可能会出于国内政治压力、选民利益、国际政治关系等考虑，制定有利于特定产业或地区的贸易政策。

3.社会因素：社会因素如文化、价值观等也会对贸易政策产生影响。例如，某些国家可能基于保护本国文化产业的考虑，采取限制外国文化产品进口的政策措施。

4.国际贸易环境：国际贸易环境的变化也会影响贸易政策的制定。例如，全球贸易格局的变化、新兴市场的崛起、技术革命等都会对各国贸易政策产生影响。

5.国际政治关系：国际政治关系的好坏直接影响到国家间的贸易往来。政府间政治关系的紧张或友好，可能导致贸易摩擦或贸易合作的加深，从而影响贸易政策的制定和实施。

6.国内产业利益集团：国内产业利益集团对贸易政策的影响不容忽视。不同产业利益集团基于自身利益，可能支持或反对某些贸易政策，从而影响政府决策。

7.法律法规：法律法规是制定和实施贸易政策的基础。各国政府需遵循国际法和国内法的要求，制定合法、合理的贸易政策。

8.学术研究与舆论：学术研究机构和媒体舆论对贸易政策的制定也有一定影响。通过学术研究，政府可以获取有关国际贸易的理论和实践依据；而舆论则能够反映公众对贸易政策的关注和态度，促使政府调整政策。

9.国际组织与协议：国际组织如世界贸易组织（WTO）和区域贸易协议如欧盟（EU），对各国的贸易政策具有重要影响。各国需遵循国际组织的规则和协议要求，以维护国际贸易秩序和公平竞争。

10.历史与文化因素：历史与文化因素也会对贸易政策产生一定影响。例如，某些国家可能因为历史遗留问题或文化差异，在特定商品或服务领域采取保护主义政策。

二、金融创新对贸易政策的挑战与影响

随着金融市场的不断发展和金融创新的涌现，贸易政策面临着前所未有的挑战和影响。金融创新不仅改变了传统贸易格局，还对各国贸易政策的制定和实施产生了深刻影响。

（一）金融创新对贸易政策的挑战

1.金融自由化与贸易保护主义的冲突：金融自由化使得资本流动更加便捷，促进了全球贸易的发展。然而，这也导致了部分国家采取贸易保护主义措施，以保护本国产业

和就业。这种冲突给贸易政策制定带来了困难，如何平衡金融自由化和贸易保护主义成为一大挑战。

2.金融创新对贸易融资的影响：金融创新使得贸易融资方式更加多样化，但同时也带来了新的风险。例如，在供应链融资中，如何确保资金流向的透明度和可追溯性成为政策制定者需要关注的问题。此外，金融创新还可能引发洗钱、恐怖主义资金等不法活动，对贸易政策的安全性提出了更高的要求。

3.金融创新对贸易不平衡的加剧：金融创新使得资本流动更加迅速和自由，这在一定程度上加剧了全球贸易不平衡的问题。一些国家过度依赖外资，导致外汇储备不足，从而影响其贸易政策的制定和实施。如何应对金融创新带来的贸易不平衡问题，是各国政府需要面对的挑战。

4.金融创新对贸易规则的挑战：金融创新使得国际贸易规则面临新的挑战。传统的贸易规则主要关注商品贸易，而金融创新使得服务贸易、数字贸易等成为新的重点。如何适应这些变化，完善国际贸易规则体系，是各国政府需要共同解决的问题。

（二）金融创新对贸易政策的影响

1.金融创新对贸易政策的促进：金融创新为国际贸易提供了更多的融资渠道和支付方式，促进了全球贸易的发展。例如，区块链技术为跨境支付提供了更加便捷和安全的方式，降低了交易成本。金融创新还为中小企业提供了更多的融资机会，推动了全球供应链的发展。

2.金融创新对贸易政策的调整：金融创新促使各国政府调整贸易政策以适应新的经济形势。例如，一些国家通过加强监管和政策引导，促进本国数字经济的发展，提高国际竞争力。同时，各国政府也更加注重对外投资合作，通过资本输出带动本国产业升级和经济增长。

3.金融创新对贸易政策的改革：金融创新推动了一些国家对贸易政策的改革。例如，一些国家通过加强金融监管和改革外汇管理制度，以应对资本流动带来的风险和挑战。此外，一些国家还积极探索新的贸易模式和规则，以适应数字经济和跨境电商的发展。

4.金融创新对贸易政策的协调：金融创新促使各国政府加强贸易政策的协调与合作。在全球经济一体化的背景下，各国面临的挑战和机遇具有共性。因此，加强政策沟通与协调，共同应对金融创新带来的挑战和机遇，成为各国政府的共识。

三、如何应对金融创新对贸易政策的调整作用

金融创新是现代经济中一个复杂且多变的现象，它不仅改变了传统的贸易方式，也

使得贸易政策面临着一系列的调整压力。应对金融创新对贸易政策的调整作用，需要政府、企业和学术界共同努力，以适应新的经济形势。

（一）加强政策协调与合作

金融创新使得全球贸易更加紧密地联系在一起，任何一个国家的政策调整都可能对其他国家产生影响。因此，各国政府需要加强政策协调与合作，共同应对金融创新带来的挑战和机遇。例如，在数字货币领域，各国政府可以加强合作，共同制定数字货币的国际标准和发展规划，以促进数字经济的健康发展。

（二）完善监管体系

金融创新带来了新的风险和挑战，需要政府不断完善监管体系，以保障市场的公平和稳定。例如，加强对金融科技的监管，防止金融风险的扩散；加强对数字货币的监管，保障消费者的合法权益。同时，政府还需要加强国际监管合作，共同应对跨国金融风险。

（三）鼓励企业创新

金融创新是企业发展的重要动力，政府应该鼓励企业积极开展金融创新，以提升国际竞争力。例如，政府可以出台相关政策，支持企业开展供应链融资、区块链等金融创新业务；政府还可以引导企业加强与国际先进企业的合作与交流，提升自身的创新能力。

（四）加强学术研究与交流

金融创新对贸易政策的调整作用需要深入的理论研究和实践探索。因此，政府、企业和学术界应该加强合作，共同开展相关研究。例如，可以组织国际学术交流会议，邀请国内外专家共同探讨金融创新与贸易政策的互动关系；可以设立相关研究基金，支持学者开展深入研究；还可以建立产学研合作平台，推动研究成果的应用和转化。

（五）提高公众意识

金融创新往往涉及复杂的经济原理和风险因素，提高公众意识是应对金融创新对贸易政策调整的重要环节。政府和相关机构应加强对金融创新的宣传和教育，帮助公众了解金融创新的特点、风险及应对策略，提高公众的风险防范意识和理性投资意识。

（六）积极参与国际规则制定

金融创新对国际贸易规则提出了新的挑战，各国应积极参与国际规则制定，以维护自身利益。政府应加强与国际组织的合作，积极参与国际贸易规则的谈判和制定，推动建立公平、合理的国际贸易体系。同时，还应关注国际规则的发展动态，及时调整国内政策，以适应全球经济的变化。

第八章　国际贸易市场中的风险管理

第一节　风险管理的定义与原则

一、风险管理的定义

风险管理是指企业或组织对可能对其产生负面影响的不确定事件进行预测、识别、评估、应对和监控的过程。这个定义包括了风险管理的整个流程，从风险识别到风险监控和调整。其目的是通过科学的方法和工具，最大限度地降低风险对企业或组织目标的实现产生的影响。

在风险管理中，最重要的是对不确定事件的预测和识别，这是风险管理的基础。预测是指对未来可能发生的事件进行概率估计和影响评估，而识别则是指识别出可能对组织产生负面影响的事件或情况。

评估是风险管理的核心环节，它涉及到对已识别出的风险因素的可能性和影响程度进行量化分析，以便为后续的风险应对措施提供依据。在这个过程中，需要对各种可能出现的风险因素进行综合考虑，并根据组织的实际情况制定相应的风险控制策略。

风险应对是指针对已识别的风险因素制定相应的应对措施，以降低或消除风险对企业或组织的影响。这些措施可以包括风险规避、风险转移、风险降低等。在实施应对措施后，需要对控制效果进行持续的监控和评估，以便及时发现问题并采取改进措施。同时，随着企业内外部环境的变化，原有的风险因素可能会发生变化，因此需要定期进行重新识别和评估。

综上所述，风险管理是一个系统性的过程，它涉及到预测、识别、评估、应对和监控等多个环节。通过科学的风险管理，企业或组织可以降低风险对企业目标实现的影响，保障企业的稳定发展。

二、风险管理的原则

风险管理是一个涉及多个环节和考虑多种因素的复杂过程。为了确保风险管理活动的有效性，企业和组织在实施风险管理时，通常应遵循以下原则。

1.全面风险管理原则：风险管理应覆盖企业或组织的各个层面和各项活动，不应有遗漏。这意味着风险管理应涉及企业的各个业务单元、各项流程以及各个层级的管理人员。全面风险管理有助于确保企业整体的风险承受能力和风险偏好得到一致性的管理。

2.风险适度原则：企业和组织应了解其风险承受能力，并确保所承担的风险在可接受的范围内。风险适度原则要求企业在追求收益的同时，充分考虑潜在的风险，避免过度承担风险。

3.风险责任原则：明确风险责任主体，确保各责任主体对其所管理的风险负责。这有助于建立风险管理的激励机制，提高各层级管理人员对风险管理的重视程度。

4.风险适应性原则：风险管理策略应与企业或组织的实际情况相适应。不同企业或组织在规模、业务范围、组织结构、市场定位等方面存在差异，因此，风险管理策略和方法也应根据具体情况进行调整和优化。

5.持续改进原则：风险管理是一个持续的过程，需要不断地进行风险评估、监控和改进。随着企业内外部环境的变化，风险状况也会发生变化，因此，持续改进是确保风险管理有效性的关键。

6.风险透明度原则：提高风险管理的透明度，确保各利益相关方对企业或组织的风险状况有清晰的了解。这有助于建立信任关系，同时也有助于提高企业的风险管理水平。

7.风险文化建设原则：将风险管理融入企业文化，提高全员的风险意识。通过培训、宣传等方式，使员工充分认识到风险管理的重要性，并积极参与风险管理活动。

8.技术与制度保障原则：利用先进的风险管理工具和技术，同时建立健全的风险管理制度体系，以确保风险管理的科学性和规范性。

9.定性与定量相结合原则：在进行风险管理时，应综合运用定性和定量的方法对风险进行分析和评估。定量方法有助于提供更为精确的风险数据，而定性方法则有助于更好地理解风险的性质和可能的影响。

10.法律合规原则：任何风险管理活动都应遵守相关法律法规的要求，确保企业或组织的合规经营。

为了实现这些原则，企业和组织应采取以下具体措施：建立完善的风险管理组织架构，明确各层级的风险管理职责；制定风险管理政策和策略，为风险管理活动提供指导；建立风险评估体系，定期进行风险评估和审计；强化风险意识，提高全员的风险管理素质；建立风险应对机制，制订应急预案；持续监测风险状况，及时调整风险管理策略；加强信息沟通与合作，共享风险管理资源与经验；对风险管理活动进行定期回顾和总结，不断优化风险管理流程和方法。

遵循以上原则和具体措施，企业或组织可以更好地实施风险管理，降低风险对企业目标实现的影响，提高企业的稳定性和竞争力。同时，也有助于企业建立良好的信誉和品牌形象，赢得利益相关方的信任和支持。在当今复杂多变的经营环境中，有效的风险管理是企业长期可持续发展的重要保障。

三、风险管理的重要性

在当今高度不确定的经营环境中，企业面临着越来越多的风险。这些风险可能来自市场、技术、法律、财务等多个方面，对企业的生存和发展产生重大影响。因此，风险管理已成为企业不可或缺的重要管理活动。

1.保障企业战略目标的实现：通过有效的风险管理，企业能够预见和应对各种潜在风险，避免或减少因风险事件带来的损失。这有助于企业保持稳健的经营态势，确保战略目标的顺利实现。

2.提升企业的竞争力和适应力：在不断变化的市场环境中，风险管理能力强的企业更能快速适应外部条件的变化，及时调整经营策略，从而抓住机遇，赢得竞争优势。

3.维护企业声誉和品牌形象：有效的风险管理有助于企业及时应对危机事件，减少负面影响，维护企业的声誉和品牌形象。一个健康的企业形象有助于吸引客户、合作伙伴和投资者，进一步增强企业的市场地位。

4.保障股东和利益相关方的权益：稳健的风险管理有助于保护股东和其他利益相关方的利益。通过降低风险，企业可以减少损失，从而为投资者和其他利益相关方创造更大的价值。

5.优化资源配置和降低成本：通过识别和分析风险，企业可以更合理地配置资源，避免将资源投入到高风险领域。此外，有效的风险管理还能降低风险事件发生后的损失，间接降低企业的运营成本。

6.提升决策质量：风险管理为企业决策提供了重要的参考依据。通过风险评估，管理层可以更加全面地了解潜在的风险因素，从而做出更加科学、合理的决策。

7.增强企业合规意识和法律风险管理：随着监管环境的变化，企业需要更加注重合规经营和法律风险管理。通过建立健全的法律风险防范机制，企业可以降低因违法违规行为带来的损失和声誉影响。

8.促进企业可持续发展：通过长期、稳健的风险管理，企业可以持续保持健康的发展态势，实现可持续发展目标。风险管理不仅关注短期利益，更着眼于企业的长远规划和未来发展。

9.提高企业内部协同和沟通效率：风险管理涉及到企业各个部门和各个环节，加强风险管理意识能够促进企业内部各部门的协同合作。同时，良好的风险管理沟通机制有助于提高企业内部沟通效率，减少信息不畅带来的管理难题。

10.提升员工风险意识和整体素质：通过培训和教育，企业可以增强员工的风险意识和应对能力，从而提高整体团队的风险管理能力。员工的参与和支持是实现有效风险管理的重要基础。

综上所述，风险管理对企业和组织具有至关重要的意义。通过实施有效的风险管理策略和方法，企业可以降低风险、提高竞争力、实现可持续发展目标并维护股东和利益相关方的权益。在未来的经营环境中，随着不确定性的增加，企业应更加重视风险管理的作用，不断提升自身风险应对能力，以确保稳定、健康的经营发展。

第二节　贸易风险识别与评估

一、贸易风险的种类与特点

贸易风险是指在进行贸易活动时，由于各种不确定因素导致的潜在损失。贸易风险多种多样，具有各自独特的特点，对企业的经营和盈利产生重要影响。

（一）市场风险

市场风险是指由于市场需求、价格变动等因素导致的潜在损失。市场风险的特点是具有不确定性，企业难以准确预测市场走势。例如，市场需求下降或竞争对手降价销售等，都可能导致企业产品滞销、价格下跌，进而造成经济损失。

（二）信用风险

信用风险是指与贸易伙伴的履约能力有关的风险。贸易伙伴可能因经营不善、财务困境等原因无法按时履行合同，导致企业面临货物无法销售、款项无法收回等风险。信用风险的特点是具有隐蔽性，企业难以全面了解贸易伙伴的财务状况和其他信息。

（三）物流风险

物流风险是指与货物运输、仓储等物流环节相关的风险。例如，运输过程中货物损坏、延误交货时间、仓储成本过高等，都可能导致企业无法按时交货或增加额外成本。物流风险的特点是具有突发性，企业难以完全掌控物流环节中的各种因素。

（四）政策风险

政策风险是指与政府政策、法规变动相关的风险。政府政策的调整、贸易限制措施的实施等都可能对企业的贸易活动产生重大影响。例如，关税的提高可能导致企业成本增加、市场份额缩小。政策风险的特点是具有强制性，企业必须遵守政府制定的相关政策和法规。

（五）汇率风险

汇率风险是指与国际贸易中货币汇率波动相关的风险。企业在国际贸易中通常需要涉及多种货币的结算，汇率的波动可能导致企业面临汇兑损失、利润下降等风险。汇率风险的特点是具有联动性，一种货币的汇率波动可能会对其他货币产生连锁反应。

（六）合同风险

合同风险是指与贸易合同条款、执行情况相关的风险。合同条款的不明确、不完整或执行过程中出现争议，都可能导致企业面临损失。合同风险的特点是具有法律性，一旦发生合同纠纷，企业需要依法解决。

（七）技术风险

技术风险是指与贸易产品或服务的技术特性、标准和质量相关的风险。随着技术的不断进步和消费者对产品性能要求的提高，贸易产品或服务的技术标准和质量要求也在不断变化。企业如果不能跟上技术发展的步伐或满足消费者的需求，可能会导致产品滞销、品牌形象受损等风险。技术风险的特点是具有动态性，需要企业持续关注市场和技术动态，及时调整产品或服务的技术标准和质量要求。

（八）人才风险

人才风险是指与贸易团队人才流失、能力不足等相关的风险。贸易团队是企业贸易活动的重要支撑力量，如果团队成员流失或能力不足，可能会影响企业的贸易活动和业绩。人才风险的特点是具有主观性，与团队成员的个体情况和职业发展等因素相关。

（九）信息风险

信息风险是指与贸易信息获取、传递和使用相关的风险。在贸易活动中，信息的及时性、准确性和完整性对企业的决策和执行至关重要。如果信息获取不及时、传递出现误差或使用不当，可能会导致企业错过商机、做出错误决策或遭受欺诈等风险。信息风险的特点是具有信息传递的特性，与信息传递的各个环节相关。

（十）经营风险

经营风险是指与企业的经营策略、管理能力、资源分配等因素相关的风险。企业的经营策略和管理能力决定了其在市场中的竞争地位和盈利能力。如果企业的经营策略不当、管理能力不足或资源分配不合理，可能会导致企业经营业绩下滑、亏损甚至破产等风险。经营风险的特点是具有综合性，与企业内部管理和外部环境等多种因素相关。

二、风险识别的方法与工具

（一）风险清单法

在贸易活动中，风险识别是一个至关重要的环节。准确识别贸易风险有助于企业提前采取应对措施，降低潜在损失。

风险清单法是一种常见的贸易风险识别方法。企业通过制定详细的风险清单，将可能面临的各种贸易风险一一列出，并对每个风险进行评估和分类。风险清单法有助于企业全面了解自身所面临的贸易风险，为后续的风险管理提供基础。

（二）SWOT 分析法

SWOT 分析法是一种战略分析工具，通过对企业的优势、劣势、机会和威胁进行分析，帮助企业识别贸易风险。通过 SWOT 分析，企业可以明确自身的竞争地位，了解外部环境对自身的影响，从而识别出潜在的贸易风险。

（三）PEST 分析法

PEST 分析法是一种宏观环境分析工具，通过对政治、经济、社会、技术等因素进行分析，帮助企业识别贸易风险。通过 PEST 分析，企业可以了解外部环境的变化趋势，提前应对可能出现的贸易风险。

（四）因果分析法

因果分析法是一种探究问题原因的方法。通过因果分析，企业可以找出贸易风险的根源，从而制定有效的风险管理措施。因果分析法有助于企业从根本上解决贸易风险问题。

（五）风险矩阵法

风险矩阵法是一种将风险发生的可能性和影响程度相结合的分析方法。通过制定风险矩阵表，将每个贸易风险的潜在损失与发生概率相对应，帮助企业评估各类风险的优先级，为后续的风险应对提供依据。

（六）德尔菲法

德尔菲法是一种基于专家意见的预测方法。通过邀请行业专家对贸易风险进行评估和预测，企业可以获得更为准确的风险识别结果。德尔菲法适用于企业难以通过数据和资料进行定量分析的风险识别场景。

（七）业务流程分析法

业务流程分析法通过对企业的业务流程进行梳理和分析，找出业务流程中可能存在的贸易风险。这种方法有助于企业发现潜在的风险点，优化业务流程，降低贸易风险。

（八）风险管理信息系统

风险管理信息系统是一种集成化的风险管理工具。通过建立风险管理信息系统，企业可以实时收集、分析和报告贸易风险信息，实现风险的动态监控和管理。风险管理信息系统有助于提高企业的风险应对能力和效率。

（九）合同审查法

合同审查法是对贸易合同进行全面审查和分析的方法。通过对合同条款的仔细审查，企业可以发现潜在的法律风险、履约风险等。合同审查法有助于企业在合同签订阶段就预防潜在的贸易风险。

（十）经验借鉴法

经验借鉴法是通过借鉴其他企业在类似贸易活动中所遇到的风险和教训来识别自身贸易风险的方法。这种方法可以帮助企业快速了解可能的风险点，避免重蹈覆辙。

（十一）风险问卷法

风险问卷法是一种通过调查问卷的形式，收集员工对贸易风险的意见和看法，从而识别潜在风险的方法。这种方法能够从员工的角度出发，发现一些管理层难以察觉的风险。

（十二）风险专题讨论会

风险专题讨论会是通过组织专家和相关部门负责人，就特定贸易活动进行深入讨论，共同识别风险的方法。这种方法能够集思广益，提高风险识别的准确性和全面性。

贸易风险识别的方法与工具多种多样，企业可以根据自身实际情况选择合适的方法进行风险识别。通过制定风险清单、进行 SWOT 分析、PEST 分析、因果分析等，结合业务流程分析、合同审查等具体手段，辅以经验借鉴、风险问卷和专题讨论会等方法，企业可以全面、准确地识别贸易风险，为后续的风险管理打下坚实基础。在实际应用中，企业可以根据具体情况灵活运用多种方法与工具，提高风险识别的效果和效率。

三、风险评估的标准与流程

（一）贸易风险评估的标准

贸易风险评估的标准主要包括以下几个方面。

1.风险发生的可能性

评估贸易风险时，首先要考虑的是风险发生的可能性。可能性越高，风险越大。企业可以通过历史数据、市场调研和专家意见等方法，对风险发生的可能性进行评估。

2.风险发生后的影响程度

除了考虑风险发生的可能性，还要评估风险发生后的影响程度。影响程度越高，风险越大。企业可以根据风险发生后可能带来的损失、声誉影响等方面，对风险的影响程度进行评估。

3.风险的可控性

风险的可控性也是评估贸易风险的重要标准。如果企业能够通过采取措施控制风险的发生或减轻风险的影响，那么该风险的评估值就相对较低。企业可以根据自身的管理能力、风险防范措施等方面，对风险的可控性进行评估。

4.风险的时限性

贸易风险可能发生在不同的时间段内，有些风险是长期存在的，而有些风险则是短期内的。时限性越长，风险越大。因此，企业在评估贸易风险时，还需要考虑风险的时限性，对不同时间段的贸易风险进行评估。

（二）贸易风险评估的流程

贸易风险评估的流程一般包括以下几个步骤。

1.明确评估目的和范围

在开始评估之前，企业需要明确评估的目的和范围。评估目的是解决什么问题，评估范围包括哪些业务领域、地域和时间段等。明确目的和范围有助于企业更有针对性地进行风险评估。

2.收集相关信息和数据

企业需要收集与贸易风险相关的信息和数据，包括内部数据（如历史交易记录、客户信息等）和外部数据（如市场动态、政策法规等）。这些信息和数据是进行风险评估的基础。

3.确定评估指标和标准

根据前文所述的评估标准，企业需要确定具体的评估指标和标准。例如，对于发生可能性和影响程度，可以采用打分制或权重制等方法进行量化评估；对于可控性和时限性，则可以根据实际情况进行定性评估。

4.进行初步分析

在收集到相关信息和数据后，企业需要进行初步分析。这一步主要是对数据进行筛选、分类和整理，初步识别出可能存在的贸易风险点。初步分析有助于缩小后续详细分析的范围，提高评估效率。

5.详细分析并制订应对措施

在初步分析的基础上，企业需要对识别出的贸易风险点进行详细分析。通过深入分析风险发生的原因、影响方式和可控性等方面，制定相应的应对措施。应对措施应该包括预防措施、应急预案和改进措施等。

6.形成评估报告和建议

最后，企业需要将整个评估过程形成书面报告，汇总分析结果和应对措施，并提出针对性的建议。评估报告和建议应该简洁明了地阐述贸易风险的性质、影响程度和应对策略，为企业决策提供依据。同时，报告和建议应该定期更新和维护，以适应市场环境和内部条件的变化。

贸易风险评估是企业风险管理的重要环节，它能帮助企业全面了解潜在的风险因素，为企业制定风险管理策略提供科学依据。通过明确评估目的和范围、收集相关信息和数据、确定评估指标和标准、进行初步分析和详细分析并制定应对措施等步骤，企业可以有效地进行贸易风险的识别、分析和应对。在实践中，企业应根据自身特点和实际情况选择合适的评估标准和流程，不断完善和提高贸易风险的防范能力和应对水平。

第三节　贸易风险控制与缓释措施

一、风险控制策略与手段

在国际贸易中，风险控制是至关重要的环节。有效的风险控制策略和手段可以帮助企业在复杂多变的贸易环境中降低风险、保障利益。以下将对贸易风险控制策略与手段进行深入探讨。

（一）多样化策略

多样化策略是贸易风险控制的重要手段之一，它主要通过分散风险来降低损失。企业可以通过在多个市场、与多个供应商或客户进行交易，以减少对单一来源或市场的依赖，从而降低市场变化、政策调整等因素带来的风险。同时，多样化策略也有助于提高企业的竞争力和适应性。

（二）合同管理

合同是贸易活动中的法律文件，是保障各方权益的重要依据。因此，合同管理也是风险控制的重要手段。在合同管理中，企业应重点关注合同条款的严密性、准确性和完整性，明确约定双方的权利、义务和违约责任，以避免潜在的法律纠纷。此外，企业还应定期对合同执行情况进行审查，以确保合同的履行符合预期。

（三）信用管理

信用管理是防范贸易风险的关键环节。企业应建立完善的客户信用评估体系，对客户的资信状况、经营状况和支付能力等进行全面调查和评估。对于信用等级较低的客户，企业应采取谨慎态度，控制交易规模和风险敞口。同时，企业还应建立应收账款管理制度，定期对账、催收欠款，以降低坏账风险。

（四）保险与担保

保险和担保是转移风险的常用手段。企业可以通过购买贸易保险，如信用保险、运输保险等，将部分风险转移给保险公司。此外，在某些情况下，企业还可以要求客户提供担保，如银行保函、第三方担保等，以确保合同的履行和降低风险损失。

（五）灵活运用金融工具

金融工具是贸易风险控制的有效手段之一。企业可以利用金融衍生品、外汇交易等方式来规避汇率风险、利率风险等。同时，合理运用贸易融资工具，如信用证、托收等，可以提高企业的资金流动性，降低融资成本和风险。

（六）建立风险管理机制

建立完善的风险管理机制是预防和控制贸易风险的基石。企业应设立专门的风险管理部门或团队，负责制定风险管理政策、评估风险敞口、监控风险变化并及时采取应对措施。此外，定期进行风险评估和内部审计也是风险管理的重要环节。通过内部审计，企业可以发现潜在的风险点和管理漏洞，及时纠正和改进。

（七）加强信息沟通与协作

在国际贸易中，信息不对称是导致贸易风险的主要原因之一。因此，加强信息沟通与协作至关重要。企业应与供应商、客户和运输商等建立紧密的合作关系，及时获取相关信息和数据，以便更好地评估和应对风险。同时，企业还应关注国际政治经济形势、行业动态和竞争对手情况，以制定更加稳健的风险管理策略。

贸易风险控制策略与手段多样且复杂，企业应根据自身实际情况和市场环境选择合适的策略与手段。通过多样化策略、合同管理、信用管理、保险与担保、金融工具、风险管理机制以及信息沟通与协作等方面的综合运用，企业可以有效地降低贸易风险、保障业务稳定发展。在实践中，企业应不断优化和完善风险控制策略与手段，以适应不断变化的贸易环境。

二、风险缓释措施与实践

在国际贸易中，风险缓释是指采取一系列措施来降低或消除贸易风险的过程。有效的风险缓释措施可以帮助企业降低潜在的损失，提高经营的稳健性。以下将对贸易风险缓释措施与实践进行深入探讨。

（一）风险缓释的基本原则

1.风险识别与评估：企业应首先对潜在的贸易风险进行全面识别和评估，了解风险的来源、性质和程度。

2.优先级排序：根据风险评估结果，对风险进行优先级排序，确定哪些风险需要优先缓释。

3.成本效益分析：在选择风险缓释措施时，企业应进行成本效益分析，确保所采取的措施在经济上是可行的。

4.持续监控与调整：企业应持续监控贸易风险的变化，并根据实际情况调整风险缓释措施。

（二）具体缓释措施与实践

1.强化内部控制体系

建立完善的内部控制制度，明确各部门职责，强化内部监督机制。

实施定期的风险评估和内部审计，确保各项制度得到有效执行。

提高员工的风险意识和素质，定期开展风险培训。

2.落实合同条款与争议解决

在合同中明确约定双方权利、义务和违约责任，特别关注支付条款、交货期、质量标准等关键内容。

选择合适的争议解决方式，如仲裁或诉讼，确保合同争议得到妥善解决。

3.信用管理与客户筛选

建立客户信用评估体系，根据客户资信状况设置不同的信用额度。

对客户进行动态管理，定期更新信用信息，及时调整信用政策。

设立严格的信用审批流程，避免与信用等级较低的客户开展业务。

4.合理运用保险与担保

根据业务需要选择适当的贸易保险，如运输保险、信用保险等。

在特定情况下要求客户提供担保，如银行保函、第三方担保等。

与保险公司和担保机构保持良好合作关系，确保快速响应索赔和担保请求。

5.灵活运用金融工具

利用远期结售汇、外汇期权等金融工具规避汇率风险。

通过利率掉期、利率期货等工具管理利率风险。

结合业务实际情况灵活选择合适的金融工具组合。

6.建立快速响应机制

设立专门的风险管理部门或团队，负责监控贸易风险并及时采取应对措施。

制定应急预案，明确应对措施和责任人，确保在突发事件或风险事件发生时能够迅速响应。

建立信息共享机制，确保各部门之间及时传递风险信息和业务数据。

7.拓展风险分散途径

开展多元化业务，分散单一产品或市场的风险。

探索与不同国家和地区开展贸易合作，降低地区政治经济风险的影响。

通过与其他企业合作、建立战略联盟等方式共同应对贸易风险。

8.运用科技手段提升风险管理水平

利用大数据、人工智能等技术对贸易数据进行深度挖掘和分析，提高风险识别和评估的准确性。

开发风险管理信息系统，实现风险的实时监控和预警功能。

利用区块链技术优化供应链管理，提高透明度和可追溯性。

9.建立风险管理文化

将风险管理融入企业文化中，提高全员的风险意识。

通过培训、宣传等方式传播风险管理理念和方法。

鼓励员工参与风险管理，建立健全激励机制和责任追究制度。

三、应对贸易风险的未来展望

随着全球贸易环境的不断变化，贸易风险也呈现出复杂多变的态势。为了更好地应对未来的贸易风险，企业需要持续关注贸易风险的变化趋势，并积极探索和创新风险缓释措施。

（一）技术驱动的风险管理创新

随着科技的飞速发展，大数据、人工智能、区块链等创新技术正在深刻地改变着各行各业，为风险管理领域提供了前所未有的机会。这些技术不仅改变了风险管理的传统模式，而且提高了风险管理的效率和精度，为企业应对贸易风险提供了更多可能性。

首先，大数据技术的运用为企业提供了更全面的数据分析和洞察能力。通过收集和分析海量的数据，企业可以更准确地识别潜在的风险点，预测风险趋势，从而制定出更有针对性的风险管理策略。例如，企业可以通过分析历史贸易数据，发现潜在的欺诈行为或违约模式，提前做好防范措施。

其次，人工智能的崛起使得自动化风险管理成为可能。借助机器学习和人工智能技术，企业可以构建智能化的风险预警系统，自动监控贸易活动，实时发现异常情况，并触发相应的应对措施。这大大降低了人工操作的错误率，提高了风险响应的速度和准确性。

此外，区块链技术为风险管理带来了更高的透明度和可追溯性。作为一种去中心化的分布式账本技术，区块链能够安全地记录交易双方的每一次互动，确保数据的真实性和不可篡改性。通过区块链技术，企业可以追踪商品从生产到销售的全过程，确保供应链的透明度和可追溯性。这有助于减少信息不对称和欺诈风险，增强合作伙伴之间的信任。

然而，技术进步也带来了一些挑战。随着数据量的爆炸式增长，如何有效管理和利用这些数据成为企业面临的一大难题。同时，人工智能和区块链技术的应用也需要相应的专业知识和技能。因此，企业需要不断更新自身的技术能力，培养专业的风险管理人才，以充分利用这些先进技术。

总之，技术进步为风险管理带来了前所未有的机会和挑战。企业需要紧跟时代步伐，积极拥抱技术创新，不断提升自身的风险管理能力。只有这样，才能在日益复杂多变的贸易环境中立于不败之地。

为了更好地应对这些挑战，企业需要采取一系列措施。首先，加强技术投入和研发是关键。企业应加大对大数据、人工智能、区块链等领域的投入，不断探索和尝试新的风险管理技术和方法。同时，与科研机构、高校等建立紧密的合作关系，共同推动风险管理技术的创新和应用。

其次，培养专业的风险管理人才是重中之重。随着技术的不断更新换代，企业需要建立完善的人才培养和引进机制，吸引和留住优秀的风险管理人才。通过定期培训、交流研讨等方式，不断提升员工的技能和素质，以满足企业发展的需要。

此外，建立健全的风险管理体系也是不可或缺的一环。企业应结合自身的业务特点和实际情况，制定完善的风险管理制度和流程。明确各部门职责分工，加强内部沟通与协作，确保风险管理工作的高效运转。同时，加强内部审计和监督机制的建设，确保风险管理工作的有效性和合规性。

最后，关注国际法规和标准也是必要的。随着国际贸易的不断发展，各国对风险管理的监管要求也在不断变化。企业应时刻关注国际法规和标准的变化趋势，及时调整自身的风险管理体系和策略，以适应国际市场的需求。

（二）跨部门跨领域协同应对

1.跨部门协作加强内部风险管理。企业需加强各部门之间的信息共享和协作，确保贸易风险在整个组织内得到有效管理。

2.跨界合作共同应对外部风险。企业应与其他行业、国家和地区的企业建立合作关系，共同应对贸易壁垒、汇率波动等外部风险。

3.政府、行业协会和国际组织在风险管理中的作用将更加突出。通过政策引导、行业规范和国际合作，可以降低整体贸易风险，为企业提供更好的发展环境。

（三）持续关注全球贸易政策变化

1.加强对主要贸易伙伴的政策研究。企业应关注各国贸易政策的变化趋势，特别是关税、非关税壁垒以及知识产权保护等方面的政策调整。

2.积极参与国际贸易规则制定。通过参与国际经贸谈判和规则制定，企业可以在一定程度上影响国际贸易规则的走向，降低潜在的贸易风险。

3.灵活调整国际市场布局。针对不同国家和地区的市场特点，企业应制定差异化的市场策略和风险管理方案，以降低单一市场变化对整体业务的影响。

（四）重视可持续发展与环境风险管理

1.可持续发展成为企业风险管理的重要方面。随着环境保护意识的提高，企业在贸易活动中需更加关注供应链的可持续性，防范环境违规和社会责任风险。

2.符合国际可持续发展的标准和规范。企业应遵守国际组织和消费者对环境保护、劳工权益等方面的要求，确保产品和服务符合相关标准和规范。

3.利用环境、社会和治理（ESG）信息优化风险管理决策。企业应关注投资者的ESG需求，将ESG因素纳入风险管理框架，提高企业的长期价值和竞争力。

（五）加强人才培养与专业团队建设

1.培养具备国际贸易、风险管理等专业知识的复合型人才。企业应加大对人才培训和发展的投入，建立一支高素质的风险管理团队。

2.建立风险管理专业团队。企业应设立专门负责贸易风险管理的部门或团队，负责监测、评估和控制贸易风险。

3.促进企业内部风险管理文化的普及与传播。通过培训、交流等方式，将风险管理理念融入企业文化中，提高全员的风险意识和管理能力。

第九章 国际贸易市场的竞争与合作

第一节 贸易竞争的内涵与形式

一、贸易竞争的内涵

贸易竞争是国际贸易中的核心概念，它涉及国家或地区之间在商品和服务的市场上的相互关系。本质上，贸易竞争体现了一个国家或地区在生产效率、技术水平、成本、品牌影响力等方面的优势。这种竞争不仅存在于商品和服务的供给端，也涉及到需求端的竞争，如消费者需求的满足程度。

首先，贸易竞争体现在商品和服务的生产效率上。一个国家如果能在相同的资源投入下生产出更多的商品或提供更优质的服务，那么它在贸易竞争中就具备了优势。这种效率不仅来自于技术进步，也来自于管理和组织创新。

其次，技术水平是贸易竞争的核心要素。技术领先的国家可以生产出更高质量、更符合市场需求的产品，或者提供更高效、更便捷的服务。这种技术优势可以转化为价格和市场份额的优势，从而在贸易竞争中占据主导地位。

再者，成本是贸易竞争的重要因素。在同等条件下，成本更低的国家或地区可以以更低的价格销售商品或提供服务，从而吸引更多的消费者。降低成本的方法包括提高生产效率、优化供应链管理等。

品牌影响力也是贸易竞争中的关键因素。知名品牌意味着品质保证和消费者信任，能够吸引更多的消费者，从而在市场上占据更大的份额。国家或地区可以通过品牌建设来提升其贸易竞争力和影响力。

综上所述，贸易竞争的内涵体现在生产效率、技术水平、成本和品牌影响力等多个方面。为了在贸易竞争中取得优势，国家或地区需要不断创新和提高自身实力，以满足市场需求并赢得消费者的青睐。

二、贸易竞争的形式

贸易竞争的形式多种多样，以下将详细介绍其中的五种主要形式。

（一）价格竞争与非价格竞争

价格竞争是指出口企业依靠降低出口商品的价格来获取竞争优势，增加出口的竞争方式。它是最常见的贸易竞争形式，主要适用于产品生命周期较短、需求价格弹性较大的商品。价格竞争的优点在于能够快速扩大市场份额，但缺点是可能导致企业利润下降，甚至出现亏损。

非价格竞争是指出口企业依靠产品品质、品牌、包装、促销手段等方式来获取竞争优势，增加出口的竞争方式。非价格竞争适用于产品生命周期较长、需求价格弹性较小的商品。非价格竞争的优点在于能够提高企业利润，但需要企业具备较高的品牌知名度和市场影响力。

（二）品质竞争

品质竞争是指出口企业依靠提高产品质量和性能来获取竞争优势，增加出口的竞争方式。品质竞争的核心是产品的质量，只有高品质的产品才能在市场上获得消费者的认可和信任。品质竞争需要企业具备较高的技术水平和较强的研发能力，同时需要加强品质管理和品质保证体系的建设。

（三）品牌竞争

品牌竞争是指出口企业依靠品牌形象和品牌价值来获取竞争优势，增加出口的竞争方式。品牌竞争的核心是品牌的价值和影响力，只有具有较高知名度和美誉度的品牌才能在市场上获得消费者的青睐。品牌竞争需要企业加强品牌宣传和推广，提高品牌的知名度和美誉度，同时需要加强品牌的维护和管理。

（四）服务竞争

服务竞争是指出口企业依靠完善的服务体系和优质的服务来获取竞争优势，增加出口的竞争方式。服务竞争的核心是服务的品质和效率，只有高品质、高效率的服务才能在市场上获得消费者的认可和信任。服务竞争需要企业加强服务体系的建设和服务质量的提高，同时需要加强服务创新和服务营销。

（五）市场占有率竞争

市场占有率竞争是指出口企业通过提高自己产品的市场占有率来获取竞争优势，增加出口的竞争方式。市场占有率竞争的核心是市场份额的大小和增长速度，只有占据较大市场份额的企业才能在市场上获得更多的机会和资源。市场占有率竞争需要企业加强市场调研和营销策略的制定和实施，提高产品的市场占有率和销售量。

以上五种贸易竞争形式并不是相互独立的，而是相互关联、相互影响的。一个成功的出口企业需要综合运用多种竞争形式，不断提高自身的竞争力，才能在国际贸易中获得更大的成功。

三、贸易竞争的动因与影响

（一）贸易竞争的动因

贸易竞争的动因多种多样，以下将详细介绍其中的四种主要动因。

1.经济利益的驱动

经济利益是企业参与贸易竞争的最直接动因。通过出口，企业可以扩大市场份额，增加销售额和利润。在国际贸易中，企业可以获得更为广阔的市场和资源，从而降低生产成本，提高生产效率，实现更大的经济效益。这种经济利益的驱动是贸易竞争最主要的动因之一。

2.品牌形象的提升

品牌形象是企业参与贸易竞争的重要因素之一。通过国际贸易，企业可以提升品牌的国际知名度和美誉度，增加消费者对品牌的认知度和信任度。一个具有良好品牌形象的企业更容易获得消费者的青睐，从而在市场上获得更大的竞争优势。这种品牌形象的提升是贸易竞争的重要动因之一。

3.技术创新的推动

随着全球化的加速和科技的不断发展，技术创新成为企业参与贸易竞争的关键因素之一。通过技术创新，企业可以开发出更具竞争力的产品，提高产品的附加值和市场占有率。同时，技术创新还可以帮助企业降低生产成本，提高生产效率，从而在贸易竞争中获得更大的优势。这种技术创新的推动是贸易竞争的重要动因之一。

4.政策环境的促进

政策环境是企业参与贸易竞争的重要外部因素之一。各国政府为了促进经济发展和国际贸易，会制定一系列的贸易政策和措施，如关税、配额、反倾销税等。这些政策环境的变化会对企业的贸易竞争产生深远的影响。同时，国际贸易组织和区域经济一体化组织的建立和发展，也为企业的贸易竞争提供了更为广阔的平台和机会。这种政策环境的促进是贸易竞争的重要动因之一。

（二）贸易竞争的影响

贸易竞争的影响是多方面的，以下将详细介绍其中的四个主要方面。

1.对经济增长的影响

贸易竞争对经济增长的影响是显著的。通过国际贸易，企业可以获得更为广阔的市场和资源，从而扩大生产和销售规模，促进经济的增长。同时，贸易竞争还可以促进企业提高生产效率和技术水平，推动经济的转型升级和高质量发展。另外，贸易竞争还可以促进国际贸易的平衡和协调发展，推动全球经济的繁荣和发展。

2.对就业的影响

贸易竞争对就业的影响也是不可忽视的。一方面，贸易竞争可以促进出口企业的发展壮大，增加就业岗位和就业机会；另一方面，贸易竞争也可能导致进口企业受到冲击，从而减少就业岗位和就业机会。因此，在参与贸易竞争时，政府和企业需要充分考虑就业的因素，采取有效的措施来保障就业的稳定和发展。

3.对产业升级的影响

贸易竞争对产业升级的影响是深远的。通过贸易竞争，企业可以发现自身的优势和不足，从而有针对性地进行产业升级和技术创新。同时，贸易竞争还可以促进企业之间的合作和协同发展，推动产业的集群化和链条化发展。另外，贸易竞争还可以促进国际的产业转移和升级，推动全球产业的优化和升级。

4.对消费者的影响

贸易竞争对消费者的影响是直接的。通过贸易竞争，消费者可以获得更多品质优良、价格合理的商品和服务，从而提高生活水平和幸福感。同时，贸易竞争还可以促进企业之间的公平竞争和创新发展，为消费者提供更加多样化、个性化的商品和服务选择。另外，贸易竞争还可以促进国际的文化交流和互动，提高消费者的文化素养和国际视野。

第二节　贸易合作的必要性与模式选择

一、贸易合作的必要性

贸易合作是指不同国家和地区之间通过经济交流与合作，实现互利共赢的过程。在全球化的背景下，贸易合作变得越来越重要，以下将详细介绍其中的四个主要方面。

（一）资源共享与优势互补

不同国家和地区拥有各自独特的资源优势和产业特点，通过贸易合作可以实现资源共享和优势互补。例如，发达国家的技术和资本优势可以与发展中国家的资源和劳动力优势相结合，共同推动产业的发展和升级。这种资源共享和优势互补的合作模式有助于提高各方的竞争力，实现互利共赢。

（二）市场开拓与经济增长

贸易合作可以帮助各方开拓国际市场，促进经济增长。通过出口，企业可以扩大市场份额，增加销售额和利润。同时，贸易合作还可以促进国际贸易的平衡和协调发展，推动全球经济的繁荣和发展。这种市场开拓和经济增长的合作模式有助于提高各方的经济实力和国际地位。

（三）产业协同与结构优化

贸易合作可以促进不同产业之间的协同发展，优化产业结构。通过合作，企业可以发现自身的优势和不足，从而有针对性地进行产业升级和技术创新。同时，贸易合作还可以促进企业之间的合作和协同发展，推动产业的集群化和链条化发展。这种产业协同和结构优化的合作模式有助于提高各方的产业竞争力和经济发展质量。

（四）文化交流与民心相通

贸易合作可以促进不同国家和地区之间的文化交流和互动，增进彼此之间的了解和信任。通过文化交流，人们可以了解不同国家的文化传统、价值观念和生活方式，增进相互之间的友谊和合作。这种文化交流和民心相通的合作模式有助于构建更加和谐稳定的国际关系。

总之，贸易合作对于推动经济发展、提高产业竞争力、促进国际交流等方面都具有重要意义。在全球化的背景下，各国之间的相互依存和联系越来越紧密，只有加强贸易合作才能实现互利共赢、共同发展。因此，各国应该积极参与贸易合作，共同推动全球经济的繁荣和发展。

二、贸易合作的模式选择

在全球化的背景下，贸易合作的模式选择对于实现互利共赢、共同发展至关重要。不同的贸易合作模式各有优缺点，适合于不同的国家和地区以及不同的经济环境。以下将详细介绍三种常见的贸易合作模式。

（一）自由贸易区

自由贸易区是指一些国家和地区之间通过达成协议，相互开放市场，实现贸易自由化的区域。自由贸易区的优点在于可以消除成员国之间的关税和非关税壁垒，促进商品和服务的自由流通。这有助于增加成员国之间的贸易往来，提高经济效益。此外，自由贸易区还可以促进成员国之间的产业合作和技术交流，提高产业竞争力。例如，欧盟和北美自由贸易区都是比较典型的自由贸易区。

然而，自由贸易区也存在一些缺点。首先，成员国需要让渡一定的主权和独立性，对外政策需要与区域组织保持一致。其次，自由贸易区内可能会出现"赢家"和"输家"，即某些产业可能受益，而另一些产业可能受损。此外，自由贸易区的建立和维护需要一定的成本和时间，需要成员国之间的协商和协调。

（二）关税同盟

关税同盟是指一些国家和地区之间通过达成协议，共同对外实行关税措施，对内实行免税或减税的区域。关税同盟的优点在于可以消除成员国之间的关税壁垒，促进商品和服务的自由流通。此外，关税同盟还可以提高成员国之间的经济一体化程度，增强国际竞争力。例如，东盟和南锥体共同市场都是比较典型的关税同盟。

与自由贸易区类似，关税同盟也存在一些缺点。首先，成员国需要让渡一定的主权和独立性，对外政策需要与区域组织保持一致。其次，关税同盟内的产业调整和转型可能会遇到困难，因为一些产业可能难以适应新的竞争环境。此外，关税同盟的建立和维护也需要一定的成本和时间，需要成员国之间的协商和协调。

（三）特惠贸易安排

特惠贸易安排是指一些国家和地区之间通过达成协议，相互给予对方特殊优惠的贸易安排。特惠贸易安排的优点在于可以促进双边或多边贸易往来，提高经济效益。此外，特惠贸易安排还可以促进产业合作和技术交流，提高产业竞争力。例如，中国与东盟之间的自贸区就是一种特惠贸易安排。

然而，特惠贸易安排也存在一些缺点。首先，特惠贸易安排需要双方或多方协商和协调，达成一致意见才能实现。其次，特惠贸易安排可能会引发其他国家和地区的反制措施，导致贸易摩擦和争端。此外，特惠贸易安排可能只适用于特定产业或产品，难以全面推广和应用。

综上所述，自由贸易区、关税同盟和特惠贸易安排各有优缺点，适合于不同的国家和地区以及不同的经济环境。在选择贸易合作模式时，应该充分考虑自身条件和发展需求，权衡各种因素利弊得失关系大小和好坏的取舍等。

三、贸易合作的优势与挑战

在全球化和经济一体化的背景下，贸易合作已经成为促进各国经济发展的重要手段。贸易合作的优势在于可以扩大市场、提高经济效益、促进产业升级和技术创新等。然而，贸易合作也面临着一些挑战和困难，如贸易不平衡、知识产权保护、环境问题等。以下将详细分析贸易合作的优势和挑战。

（一）贸易合作的优势

1.扩大市场：贸易合作可以帮助企业扩大市场，提高销售额和利润。通过与其他国家或地区开展贸易合作，企业可以获得更多的商机和市场份额，提高自身竞争力。

2.经济效益：贸易合作有助于提高经济效益。通过专业化分工和生产效率的提高，企业可以降低生产成本，提高产品质量，实现资源的优化配置。

3.产业升级：贸易合作可以促进产业升级和技术创新。通过引进先进的技术和管理经验，企业可以提高自身的技术水平和创新能力，实现产业转型升级。

4.促进经济增长：贸易合作可以促进经济增长。通过与其他国家或地区开展贸易合作，可以增加进出口额，推动国内经济的增长和发展。

（二）贸易合作的挑战

1.贸易不平衡：贸易合作中可能会出现贸易不平衡的问题。一些国家或地区可能存在贸易逆差或顺差，导致经济关系的不平衡和不稳定，甚至可能引发贸易摩擦和争端。

2.知识产权保护：贸易合作中需要重视知识产权保护。一些国家或地区可能存在知识产权侵权行为，导致知识产权纠纷和损失。加强知识产权保护可以促进技术创新和市场发展，但也需要平衡知识产权保护和经济发展之间的关系。

3.环境问题：贸易合作中需要考虑环境问题。一些国家或地区可能存在环境污染和资源过度开发等问题，导致环境破坏和资源枯竭。贸易合作需要与环境保护相结合，实现可持续发展。

4.竞争压力：贸易合作中企业面临着来自其他国家或地区的竞争压力。为了保持市场地位和竞争优势，企业需要不断提高自身的技术水平和创新能力，同时还需要应对各种贸易壁垒和反倾销调查等挑战。

5.政治风险：贸易合作中可能存在政治风险。一些国家或地区的政治局势可能不稳定，导致贸易合作受到干扰和影响。此外，国际政治关系的变化也可能对贸易合作产生影响。

综上所述，贸易合作具有扩大市场、提高经济效益、促进产业升级和技术创新等优势，但同时也面临着贸易不平衡、知识产权保护、环境问题、竞争压力和政治风险等挑战。在开展贸易合作时，应该充分考虑自身条件和发展需求，制定合适的策略和措施，规避风险和应对挑战，实现互利共赢、共同发展的目标。同时，国际社会应该加强多边贸易体系的建设和完善，推动贸易自由化和便利化，减少贸易壁垒和摩擦，促进全球经济的繁荣和发展。

第三节　贸易竞争与合作的平衡发展策略

一、平衡发展的理念与实践

贸易平衡发展是国际经济合作的重要目标之一，旨在实现各国之间的平等互利和共同繁荣。贸易平衡发展的理念认为，通过公平、开放和互利的贸易关系，可以促进资源、技术和市场的优化配置，提高生产效率和经济效益，推动全球经济的可持续发展。以下将详细分析贸易平衡发展的理念与实践。

（一）贸易平衡发展的理念

1.平等互利：贸易平衡发展强调各国之间的平等地位和互利共赢。在贸易关系中，各国应该平等参与、公平竞争，共同分享贸易带来的利益。

2.开放市场：贸易平衡发展要求各国开放市场，减少贸易壁垒和限制，促进商品、服务和资本的自由流动。开放市场可以增加贸易机会和竞争，提高市场效率和活力。

3.可持续发展：贸易平衡发展着眼于可持续发展，追求经济、社会和环境的协调发展。在贸易活动中，应该注重环境保护、资源节约和社会公正，实现经济的长期稳定和繁荣。

（二）贸易平衡发展的实践

1.多边贸易体系：多边贸易体系是实现贸易平衡发展的重要平台。世界贸易组织（WTO）通过推动自由贸易，减少关税和非关税壁垒，促进全球贸易的平衡发展。同时，区域贸易协定也是促进贸易平衡发展的重要手段，如欧盟、北美自由贸易区等。

2.贸易政策协调：各国应该加强贸易政策的协调与合作，共同应对全球经济挑战。通过政策对话和协商，可以解决贸易争端和摩擦，促进全球经济的稳定和繁荣。例如，二十国集团（G20）等国际经济合作平台为各国提供了政策协调的重要渠道。

3.促进中小企业发展：中小企业是推动贸易平衡发展的重要力量。各国应该为中小企业提供支持和便利，促进其参与国际贸易。例如，提供贸易融资、简化进出口手续、加强知识产权保护等措施，帮助中小企业拓展市场、提高竞争力。

4.加强区域合作：区域合作是实现贸易平衡发展的重要途径。通过加强区域内的经济一体化，可以促进资源要素的自由流动和优化配置，提高区域内的产业水平和经济效率。例如，亚洲基础设施投资银行等区域金融机构为区域合作提供了资金支持。

5.创新驱动：创新是推动贸易平衡发展的关键动力。通过科技创新、模式创新和管理创新等手段，可以提升产业水平和产品竞争力，开拓新的市场和商机。例如，跨境电商、数字贸易等新兴业态为贸易平衡发展带来了新的机遇和挑战。

综上所述，实现贸易平衡发展需要各国共同努力和合作。通过多边贸易体系、政策协调、支持中小企业发展、区域合作和创新驱动等途径，可以促进全球经济的可持续发展和共同繁荣。同时，国际社会还应该关注发展中国家的利益和发展需求，推动全球经济的均衡发展。在实践中，应该注重发挥各国的比较优势和资源禀赋，实现优势互补和互利共赢；加强国际合作与交流，分享经验和最佳实践；加强全球经济治理体系的建设和完善，应对全球经济挑战和风险；注重公平和包容性发展，关注弱势群体的利益和福祉；加强教育和培训等人力资源开发，提高劳动者技能和素质，为贸易平衡发展提供人才保障；注重环境保护和可持续发展，实现经济发展与环境保护的良性循环。

二、竞争与合作的互动关系

在全球化背景下，贸易竞争与合作成为国际经济关系的重要组成部分。贸易竞争主要源于各国追求自身利益最大化的行为，而贸易合作则是在竞争基础上寻求互利共赢的机会。贸易竞争与合作在许多方面都存在密切的互动关系，这种互动关系对国际经济的发展和全球治理体系的完善具有重要影响。以下将详细分析贸易竞争与合作的互动关系。

（一）贸易竞争与合作的内在联系

1.竞争是合作的前提：贸易竞争的存在可以促使各国提高生产效率、降低成本、创新技术和提升产品质量，从而增强自身在国际市场上的竞争力。在竞争过程中，各国为了获得更大的市场份额和利益，会努力寻求与其他国家的合作，共同开拓市场、分享资源和知识技术。因此，竞争是推动合作的重要动力。

2.合作是竞争的延伸：贸易合作可以缓解竞争带来的压力，降低交易成本，增加贸易机会，提高市场准入和互利共赢的可能性。通过贸易合作，各国可以在国际市场上形成更强大的竞争力，共同应对外部挑战。合作可以帮助各国实现资源共享、优势互补，提高整体竞争力和抵御风险的能力。因此，合作是竞争的延伸和深化。

3.竞争与合作相互促进：贸易竞争与合作并不是相互排斥的，而是相互促进的关系。在国际贸易中，各国既存在竞争又存在合作，竞争促使各国不断提升自身实力，而合作则可以帮助各国在竞争中取得优势。竞争与合作的良性互动有助于推动国际贸易的繁荣和发展。

（二）贸易竞争与合作的互动影响

1.对经济增长的影响：贸易竞争可以促进各国经济的增长。通过提高生产效率和产品质量，各国可以增加出口、扩大市场份额，带动国内经济的增长。同时，贸易合作也有助于经济增长。通过资源共享、市场开拓和产业合作，各国可以形成规模经济效应，降低生产成本，提高经济效益。

2.对产业结构的影响：贸易竞争可以促使各国优化产业结构，加快产业升级和技术创新。各国会根据国际市场需求和竞争对手的情况，调整自身的产业结构，提高产业的附加值和竞争力。而贸易合作则可以帮助各国实现产业互补和协同发展，形成更加合理的全球产业链分工体系。

3.对国际贸易规则的影响：贸易竞争与合作对国际贸易规则的形成和演变具有重要影响。各国在贸易竞争中会寻求制定有利于自身的贸易规则和标准，推动国际贸易规则向有利于自身的方向发展。而贸易合作则有助于形成更加公正、开放和透明的国际贸易规则体系，促进全球经济的稳定和繁荣。

4.对全球经济治理的影响：贸易竞争与合作对全球经济治理体系的完善和发展具有重要影响。各国在贸易竞争中会寻求自身利益的最大化，对全球经济治理体系提出更高的期望和要求。而贸易合作则有助于加强各国在全球经济治理体系中的协作与配合，共同应对全球性挑战，推动全球经济治理体系的改革和完善。

综上所述，贸易竞争与合作是相互依存、相互促进的关系。在国际贸易中，竞争与合作的良性互动有助于推动各国经济的增长、产业结构的优化、国际贸易规则的完善以及全球经济治理体系的改进。因此，各国应该正确处理贸易竞争与合作关系，通过良性竞争与合作实现互利共赢、共同发展。同时，国际社会也应该加强协调与合作，共同应对全球经济挑战和风险，推动全球经济朝着更加公正、开放和繁荣的方向发展。

三、实现平衡发展的路径与措施

贸易平衡发展是国际贸易的重要目标之一，也是各国经济发展的重要基础。然而，在现实中，贸易不平衡的问题却时常出现，给各国经济带来负面影响。为了实现贸易平衡发展，需要采取一系列的路径和措施。以下将详细探讨实现贸易平衡发展的路径与措施。

（一）加强国际贸易协调与合作

国际贸易中存在各种贸易摩擦和争端，这是不可避免的。然而，如果这些摩擦和争端不能得到及时有效的解决，将会对贸易平衡发展造成不利影响。因此，加强国际贸易协调与合作是实现贸易平衡发展的重要路径之一。

1.建立国际贸易争端解决机制：通过建立公正、透明和有效的争端解决机制，为各国提供解决贸易纠纷的平台，避免贸易战和报复行为的发生，维护国际贸易秩序和稳定。

2.加强多边贸易体系：通过加强多边贸易体系，推动自由贸易的发展，降低贸易壁垒和保护主义措施的影响，促进全球贸易的开放和便利化。

3.促进区域经济一体化：通过加强区域经济一体化建设，促进区域内各国的经济合作与交流，提高区域整体竞争力和市场凝聚力，推动贸易平衡发展。

（二）优化贸易结构与模式

贸易结构与模式的优化是实现贸易平衡发展的重要措施之一。各国应该根据自身经济发展阶段和资源禀赋优势，调整贸易结构与模式，推动贸易向更加均衡和可持续的方向发展。

1.推动出口多元化：各国应该根据国际市场需求和自身优势，扩大出口产品的种类和范围，提高出口产品的附加值和技术含量，推动出口多元化发展。

2.加强进口替代：进口替代是指通过发展本国产业和技术，逐步减少对进口产品的依赖，实现进口替代。各国应该加强进口替代，提高本国产业的自主创新能力和竞争力，降低对外部市场的依赖。

3.优化服务贸易结构：服务贸易是国际贸易的重要组成部分，各国应该加强服务贸易的发展，提高服务贸易的附加值和技术含量，推动服务贸易向高端化、专业化和个性化方向发展。

4.促进跨境电商发展：跨境电商是国际贸易的新业态和新模式，各国应该加强跨境电商的发展，提高跨境电商的便利化和规范化水平，推动国际贸易向数字化、智能化的方向发展。

（三）加强国内市场建设

国内市场是国际贸易的重要支撑和基础。各国应该加强国内市场建设，提高市场开放度和透明度，完善市场机制和法律法规，为国际贸易提供更加良好的市场环境。

1.完善市场机制：建立健全的市场机制，包括价格机制、供求机制、竞争机制等，保障市场的公平竞争和有序运行。

2.加强法律法规建设：完善法律法规体系，加强知识产权保护、反垄断、反不正当竞争等方面的法律法规建设，维护市场秩序和公平竞争。

3.推进国内消费升级：扩大内需、促进消费是国内市场建设的重要内容。通过提高居民收入水平、改善消费环境、培育新型消费业态等措施，推动国内消费升级，为国际贸易提供更加广阔的市场空间。

4.优化营商环境：营商环境是影响企业投资和市场运行的重要因素。各国应该优化营商环境，降低企业成本、提高政府服务效率、加强政策透明度等措施，吸引国内外投资、促进企业发展壮大。

（四）加强国际交流与合作

加强国际交流与合作是实现贸易平衡发展的重要途径之一。各国应该加强与其他国家的交流与合作，共同应对全球性挑战和问题，推动全球经济的稳定和发展。

1.加强政策沟通：各国应该加强与其他国家的政策沟通与协调，共同制定国际贸易规则和发展战略，促进全球经济的稳定和发展。

2.加强投资合作：投资合作是促进各国经济发展的重要手段之一。各国应该加强与其他国家的投资合作，共同开发资源、开拓市场、促进产业合作和技术创新等领域的合作与发展。

3.加强人才培养与交流：人才培养与交流是促进国际贸易的重要支撑和保障。各国应该加强与其他国家的人才培养与交流合作，提高本国人才素质和能力水平、增强国际竞争力。

4.加强金融合作：金融合作是促进全球经济发展的重要手段之一。各国应该加强与其他国家的金融合作与协调、共同应对全球经济风险和挑战、维护金融稳定和安全。

第十章　价格管理与项目管理的协同发展

第一节　价格管理与项目管理在国际贸易中的关联性分析

一、价格管理与项目管理的定义与作用

（一）价格管理

价格管理是指对商品和服务价格进行合理确定、监督和调整的一系列活动。其目的是在满足市场需求的前提下，实现商品和服务的价值最大化，提高企业的经济效益和市场竞争力。

1.定义

价格管理是指在市场经济条件下，政府或企业通过制定价格政策、价格规划、价格方案等措施，对商品和服务的价格进行合理确定、监督和调整的一系列活动。价格管理涉及到商品和服务的生产、流通、消费等各个环节，是市场经济条件下政府和企业进行资源配置和利益分配的重要手段之一。

2.作用

资源配置：价格管理通过对商品和服务的价格进行合理确定和调整，引导生产要素的流动和配置，促进资源的优化配置和有效利用。

利益分配：价格管理通过确定商品和服务的价值，实现企业和消费者的利益分配。合理的价格管理可以保障企业和消费者的合法权益，促进市场的公平竞争。

宏观调控：价格管理是政府进行宏观调控的重要手段之一。政府可以通过制定价格政策和价格监管措施，调节市场需求和供给，稳定物价水平，促进经济发展和社会稳定。

市场秩序维护：价格管理通过对市场价格的监督和检查，打击价格欺诈、哄抬物价等不正当竞争行为，维护市场秩序和公平竞争。

（二）项目管理

项目管理是指在项目活动中运用专门的知识、技能、工具和方法，使项目能够实现

或超过项目干系人的需要和期望。项目管理包括对项目的计划、组织、指挥、协调和控制等一系列活动。

1.定义

项目管理是指在一定的资源约束下，运用系统的观点、方法和理论，对项目涉及的全部工作进行有效的管理。通过项目的计划、组织、指挥、协调和控制，实现项目的目标。项目管理注重目标的确定和完成，强调项目的整体性、动态性和创新性。项目管理不仅关注项目的执行过程，还关注项目结果的质量、成本和时间等方面。

2.作用

实现项目目标：项目管理通过对项目的计划、组织、指挥、协调和控制等一系列活动，确保项目的目标得以实现。项目管理能够有效地协调项目各利益相关方的需求和期望，制定可行的项目计划，确保项目按计划推进并最终实现项目目标。

优化资源配置：项目管理注重资源的合理配置和有效利用。通过项目管理的计划和控制过程，可以对项目所需的人力、物力、财力等资源进行优化配置，提高资源的利用效率和项目的经济效益。

降低风险：项目管理在项目实施过程中注重风险的预测和控制。通过对项目风险的识别、评估和分析，采取相应的风险应对措施，降低项目的风险水平，保障项目的顺利进行。

提升团队协作：项目管理强调团队精神和协作意识。可以通过项目管理的组织和管理过程，促进项目团队成员之间的沟通、协调和合作，增强团队的凝聚力和向心力，提高项目的执行效率和质量。

增强客户满意度：项目管理注重客户需求和期望的满足。通过与客户的沟通、协调和反馈，了解客户的需求和期望，制定相应的项目计划和管理措施，提高客户满意度，增强企业的市场竞争力和品牌形象。

二、价格管理与项目管理的关联性

价格管理与项目管理在多个方面存在关联性和相互影响。两者都是组织管理的重要领域，涉及到资源的配置、目标的设定与达成、风险的应对等。理解它们的关联性有助于更好地在实际工作中协同运用这两种管理方法，以提高组织运营的效率和效果。

（一）定义

价格管理与项目管理是组织管理中的两个重要领域。价格管理主要关注商品和服务的定价策略、价格调整以及价格竞争等方面，目的是实现组织经济效益的最大化。而项目管理则侧重于对具体项目的管理，包括项目计划、组织、指挥、协调和控制等环节，以确保项目的目标得以实现。

（二）关联性分析

1.目标一致性：价格管理与项目管理在目标上存在一致性。价格管理的目标是实现商品和服务的价值最大化，而项目管理的目标则是确保项目目标的实现。两者都关注资源的优化配置和有效利用，以提高组织的经济效益和市场竞争力。

2.资源整合：价格管理与项目管理都涉及到资源的整合和优化。在价格管理中，需要对市场需求、成本、竞争对手等因素进行综合考虑，制定合理的价格策略。而在项目管理中，也需要对项目所需的人力、物力、财力等资源进行合理配置和优化，确保项目的顺利进行。

3.风险应对：价格管理与项目管理都涉及到风险的应对。在价格管理中，需要对市场风险、成本风险等因素进行预测和评估，制定相应的风险应对措施。而在项目管理中，也需要对项目风险进行识别、评估和控制，降低项目的风险水平。

4.利益分配：价格管理与项目管理都涉及到利益的分配。在价格管理中，需要平衡消费者和企业的利益，制定合理的价格策略。而在项目管理中，也需要平衡项目各利益相关方的需求和期望，确保项目的顺利实施和目标的实现。

5.动态适应性：价格管理与项目管理都需要具备一定的动态适应性。在市场经济条件下，价格策略需要根据市场变化进行调整，以适应市场需求的变化。同样，在项目管理中，也需要根据项目进展情况及时调整管理策略和措施，确保项目的顺利进行。

（三）协同应用

1.强化协同意识：组织内部的各级管理人员需要具备协同意识，认识到价格管理与项目管理之间的关联性和相互影响。通过加强内部沟通与协作，确保价格策略与项目管理目标的一致性，提高组织运营的效率和效果。

2.整合管理流程：将价格管理与项目管理进行整合，形成一套完整的管理流程。在这个流程中，价格策略的制定需要考虑到项目管理的需求和目标，而项目管理的实施也需要与价格策略相协调。通过整合管理流程，可以实现资源的最优配置和有效利用。

3.强化风险管理：在价格管理和项目管理中，都需要注重风险的预测和评估。通过建立完善的风险管理体系，可以降低组织运营的风险水平，提高组织的竞争力和市场地位。

4.促进创新发展：价格管理与项目管理都需要具备一定的创新性。通过鼓励创新思维和方法的应用，可以推动组织内部的变革和发展。在这个过程中，需要注重创新与实际需求的结合，确保创新发展的可行性和有效性。

5.优化资源配置：价格管理与项目管理都需要对资源进行合理配置和优化利用。通过建立科学的资源配置体系，可以提高资源的利用效率和组织的经济效益。同时，还需要注重资源的可持续利用和长期发展目标的实现。

三、关联性对国际贸易的影响

国际贸易涉及复杂的商业网络和多元文化交流，价格管理与项目管理在国际贸易中发挥着关键作用。这两者的关联性对国际贸易的影响不容忽视，主要体现在以下几个方面。

（一）商品定价与国际市场竞争

1.商品定价策略：在国际贸易中，价格是影响市场需求和竞争力的重要因素。企业需根据国际市场行情、成本、竞争对手等因素制定合理的价格策略。项目管理在此过程中起到关键作用，确保生产流程的顺利进行，降低成本，为制定有竞争力的价格提供支持。

2.市场竞争力：合理的价格策略有助于提高企业在国际市场中的竞争力。企业可以通过项目管理优化生产过程，降低不必要的成本损耗，使企业在价格上占据优势，进而扩大市场份额。

（二）贸易谈判与合作项目管理

1.谈判策略：贸易谈判中，价格通常是双方关注的焦点。项目管理需确保企业内部在谈判策略上保持高度一致，提供数据支持，帮助企业在谈判中占据有利地位。

2.合作项目管理：国际贸易中的合作项目需要有效的项目管理支持。从合作意向的确立、合同签订到执行，项目管理确保双方利益得到保障，促进贸易合作的顺利进行。

（三）风险管理

1.市场风险：国际市场中存在各种不确定因素，如汇率波动、市场需求变化等。项目管理通过制定灵活的应对策略，帮助企业降低市场风险对贸易活动的影响。

2.合同风险：项目管理在合同管理方面发挥重要作用，确保合同条款的明确性和合理性，降低因合同纠纷引发的风险。

3.政治风险：国际政治局势的变化可能对贸易活动产生重大影响。项目管理需关注国际政治动态，为企业提供预警机制，帮助企业及时调整贸易策略。

（四）贸易便利化与效率提升

1.流程优化：通过项目管理对国际贸易流程进行优化，可提高贸易的效率和便利性。

例如，利用信息技术简化报关、检验检疫等环节，缩短贸易周期。

2.资源整合：项目管理有助于企业整合内外部资源，提高贸易活动的整体效率。例如，合理调配物流资源，降低运输成本，提高交货速度。

3.客户需求响应：项目管理有助于企业更迅速地响应客户需求变化，提高客户满意度。例如，通过项目管理优化供应链管理，确保产品及时到达客户手中。

（五）合规与监管应对

1.法规遵守：国际贸易涉及不同国家和地区的法律法规。项目管理需确保企业在贸易活动中遵守相关法规，避免因违规行为带来的损失。

2.监管应对：不同国家和地区的监管要求可能存在差异。项目管理需关注这些差异，为企业提供相应的应对策略，降低监管风险。

3.标准化流程：项目管理推动企业建立标准化贸易流程，提高企业在国际市场中的合规性和竞争力。

第二节　协同发展的理论基础与实践方法

一、协同发展的理论基础

国际贸易协同发展，是指不同国家和地区之间通过贸易合作与交流，实现经济互补、互利共赢的局面。这一概念的产生与发展，有着深厚的理论基础。以下是国际贸易协同发展的几个主要理论基础。

（一）比较优势理论

比较优势理论由英国经济学家大卫·李嘉图提出，其核心思想是，即使一个国家在生产所有商品上都比另一个国家成本更低，该国仍然可能通过专业化生产某些相对成本较低的商品来获得贸易利益。这一理论为国际贸易中的分工合作提供了基础，各国发挥自身比较优势，通过国际贸易实现资源的最优配置和经济的快速发展。

（二）竞争优势理论

竞争优势理论由哈佛大学教授迈克尔·波特提出，其认为一个国家的产业是否具有竞争优势取决于四个基本因素：生产要素、需求条件、相关产业和支持产业的表现以及企业战略、结构和竞争对手。国际贸易协同发展应关注如何提高国家或地区的竞争优势，通过优化产业结构和提升产品质量来获取更大的市场份额。

（三）全球价值链理论

全球价值链理论侧重于分析产品从设计、生产到销售的全过程，不同国家和地区在全球价值链中扮演着不同的角色。国际贸易协同发展有助于各国在全球价值链中找到自己的位置，实现资源的最优配置和价值的最大化。通过加强合作与交流，提升自己在全球价值链中的地位，获取更多的贸易利益。

（四）区域经济一体化理论

区域经济一体化理论认为，通过国际贸易协同发展，可以实现区域内的资源整合、经济互补和市场共享，提高区域整体的经济竞争力和市场影响力。区域内的国家和地区可以通过建立经济联盟、自由贸易区等形式，推动贸易自由化，促进区域经济的协同发展。

（五）国际政治经济学理论

国际政治经济学理论认为，国际贸易不仅是经济问题，还涉及到政治、文化和社会等多个方面。国际贸易协同发展需要各国政府间的合作与协商，解决贸易争端和保护主义问题，推动多边贸易体系的建立和完善。同时，还需关注贸易与环境保护、劳工权益等社会问题之间的关系，实现可持续发展的目标。

二、协同发展的实践方法

国际贸易协同发展是促进全球经济发展的重要途径，其实践方法多种多样。以下是一些主要的方法。

（一）建立自由贸易区

自由贸易区是国际贸易协同发展的重要平台。通过建立自由贸易区，成员国可以消除关税壁垒，扩大市场准入，促进商品、服务和资本的自由流动。自由贸易区的建立有助于提高成员国的经济效率和竞争力，推动区域经济的繁荣发展。例如，欧洲联盟、北美自由贸易区等都是成功的自由贸易区实践。

（二）加强国际经济合作

国际经济合作是促进国际贸易协同发展的关键手段。各国可以通过签订双边或多边贸易协定，加强经济联系和合作，共同应对全球经济挑战。例如，世界贸易组织（WTO）推动的多边贸易体系，旨在降低关税和非关税壁垒，促进全球贸易的自由化和便利化。此外，各种区域性经济合作组织如亚太经济合作组织（APEC）、东南亚国家联盟（ASEAN）等也为成员国提供了重要的合作平台。

（三）优化贸易结构

优化贸易结构是提高国际贸易协同发展的有效途径。各国应结合自身比较优势和竞争优势，合理配置资源，发展具有国际竞争力的产业。同时，加强产业链的整合和升级，提高产品质量和技术含量，推动从"中国制造"向"中国创造"的转变。此外，还应注重拓展多元化的出口市场，降低对单一市场的依赖，增强抵御贸易风险的能力。

（四）加强基础设施建设

基础设施建设是国际贸易协同发展的基础条件。良好的基础设施能够降低物流成本，提高贸易效率，促进商品和服务的流通。各国应加大基础设施建设的投入，包括交通、通信、港口、物流等方面，提升本国和区域的整体竞争力。同时，加强跨国基础设施项目的合作，推动互联互通，降低贸易壁垒，促进国际贸易的便利化。

（五）促进服务贸易发展

服务贸易是国际贸易的重要组成部分，也是未来贸易发展的重要方向。各国应积极推动服务贸易的发展，提高服务质量和创新能力，打造具有国际竞争力的服务品牌。通过加强服务领域的交流与合作，促进知识、技术和人才的流动，推动服务贸易的自由化和便利化。例如，加强在金融、教育、文化娱乐等领域的合作，提升整体经济的附加值。

（六）加强人才培养与交流

国际贸易协同发展需要高素质的人才支持。各国应重视人才培养与交流，推动教育和培训领域的合作。通过互派留学生、开展学术交流、分享经验等方式，提高各国在国际贸易领域的人才素质和专业技能。同时，加强企业家和创新创业人才的培养，为国际贸易协同发展提供源源不断的人才储备。

（七）积极参与国际规则制定

国际规则是国际贸易协同发展的重要保障。各国应积极参与国际规则的制定与完善，维护公平合理的国际贸易秩序。通过参与 WTO 等国际组织的工作，推动贸易规则向更加公平、开放和透明的方向发展。同时，加强与各国的协商与合作，共同应对全球性挑战，推动国际贸易的可持续发展。

三、协同发展的挑战与机遇

国际贸易协同发展是全球经济繁荣的重要驱动力，但在实践中面临着诸多挑战和机遇。正确认识和应对这些挑战，抓住机遇，是推动国际贸易协同发展的关键。

（一）挑战

1.贸易保护主义抬头：随着全球化的深入发展，一些国家为了保护本国产业，采取了一系列贸易保护主义措施，如增加关税、设置非关税壁垒等。这些措施限制了国际贸易的自由化，对全球贸易体系造成了冲击。

2.贸易不平衡问题：一些国家在国际贸易中存在贸易不平衡问题，表现为贸易逆差或贸易顺差。这种不平衡可能引发汇率波动、贸易摩擦等风险，对国际贸易的稳定发展构成威胁。

3.技术变革与知识产权争端：随着科技的不断进步，知识产权保护和数字贸易成为国际贸易中的热点问题。各国在技术标准、知识产权保护等方面的差异可能导致贸易争端，影响国际贸易的顺利进行。

4.地区经济一体化进程的不平衡：地区经济一体化是推动国际贸易协同发展的重要途径，但在实践中存在不平衡问题。一些地区的经济一体化进程较快，而另一些地区则进展缓慢，这可能导致国际贸易发展的不均衡。

5.全球治理体系的缺陷：现有的全球治理体系在应对全球性挑战方面存在不足，如气候变化、贫困问题等。这些问题可能对国际贸易产生负面影响，阻碍协同发展的进程。

（二）机遇

1.新兴市场的崛起：随着新兴市场的崛起，为国际贸易提供了广阔的发展空间。新兴市场国家经济增长迅速，消费需求不断扩大，为国际贸易带来了巨大的商机。

2.技术创新与产业升级：技术创新的不断涌现为国际贸易协同发展提供了动力。新的技术和产品能够推动产业升级和转型，提高生产效率和产品质量，增强国际竞争力。

3.绿色发展与可持续发展：随着全球对环境保护和可持续发展的重视，绿色发展和可持续发展成为国际贸易的重要方向。各国可以加强在清洁能源、环保技术等方面的合作，共同推动绿色经济的发展。

4.区域一体化与自由贸易区的深化：区域一体化和自由贸易区的深化为国际贸易协同发展提供了平台。通过消除贸易壁垒、促进商品和服务的自由流动，能够提升区域整体经济实力和国际影响力。

5.电子商务与数字贸易的发展：电子商务和数字贸易的发展为国际贸易带来了新的机遇和挑战。各国可以加强在电子商务、数字货币、数据安全等方面的合作，推动数字贸易的健康发展，提高贸易效率和便利化程度。

面对挑战和机遇，各国应采取积极措施，加强合作与交流，共同推动国际贸易协同发展。具体而言，可以采取以下措施。

（1）加强国际合作与政策协调：各国应加强国际合作，共同应对贸易保护主义等挑战。通过政策协调和沟通，减少贸易摩擦和风险，维护公平合理的国际贸易秩序。

（2）深化地区经济一体化进程：各国应积极参与到地区经济一体化进程中，加强区域内的经济联系与合作。通过深化地区一体化，提高整体经济实力和国际竞争力。

（3）加强知识产权保护与创新合作：各国应重视知识产权保护和创新合作，推动技术转移和知识共享。加强在科技研发、人才培养等方面的合作，提高自主创新能力和国际竞争力。

（4）促进绿色发展和可持续发展：各国应加强在环保技术、清洁能源等方面的合作，推动绿色发展和可持续发展。通过共同努力，实现经济增长与环境保护的良性循环。

（5）加强电子商务与数字贸易的规则制定与合作：各国应积极参与电子商务和数字贸易的规则制定，推动相关领域的国际标准与规范建设。加强在数据安全、数字货币等方面的合作，促进数字经济的健康发展。

第三节　协同发展案例分析及其启示

一、成功案例介绍

（一）欧盟：一体化经济的典范

欧盟是全球最大的经济体之一，其成员国之间的贸易往来十分频繁。欧盟通过建立关税同盟、实施共同市场政策和一体化货币政策等手段，实现了成员国之间的经济一体化。这种一体化不仅促进了成员国之间的贸易往来，还加强了政治、文化和社会等方面的交流与合作。欧盟的成功经验表明，通过政治和经济整合，可以实现国家间的协同发展。

（二）东盟：区域一体化的典范

东盟成立于1967年，最初由五个国家组成，现已发展成为一个拥有10个成员国的区域组织。东盟通过建立自由贸易区、推动贸易投资便利化、加强基础设施建设等措施，实现了成员国之间的经济一体化。此外，东盟还积极推动与外部世界的合作，如与中国、日本、韩国等国家的合作。东盟的成功经验表明，区域一体化可以促进地区经济的繁荣和稳定。

（三）TPP：高标准贸易协定的典范

跨太平洋伙伴关系协定（TPP）是一个涵盖12个国家的自由贸易协定，其特点是高标准和全方位的贸易规则。TPP在知识产权保护、劳工权利、环境问题等方面设定了高标准，旨在推动贸易自由化的同时，促进各国经济社会的可持续发展。虽然美国在2017

年宣布退出 TPP，但其他成员国仍然致力于推动协定的实施。TPP 的成功经验表明，高标准、全方位的贸易协定可以为成员国带来更广泛的利益和更高水平的发展。

这些成功案例表明，国际贸易协同发展具有巨大的潜力和机遇。通过政治和经济整合、区域一体化、高标准贸易协定以及全球公共产品等方式，各国可以实现互利共赢的目标，推动全球经济的繁荣和发展。这些成功案例也提供了一种借鉴和启示，即国际贸易协同发展需要各国之间的合作与交流，需要建立开放、包容、共赢的合作机制，以应对各种挑战和机遇。

二、案例分析：协同发展的关键要素

（一）案例选择与背景介绍

本次分析选取两个典型的国际贸易协同发展案例：欧盟和东盟。欧盟作为一体化经济的典范，通过政治和经济整合实现了成员国之间的深度协同发展；东盟则是区域一体化的典范，通过加强成员国之间的经济合作，推动了整个地区的繁荣稳定。

（二）协同发展的关键要素分析

1.共同目标和愿景

共同的目标和愿景是推动国际贸易协同发展的首要条件。欧盟各国在政治、经济、文化等领域具有共同的价值追求，这为它们的一体化进程奠定了坚实的基础。东盟各国则意识到区域合作对于提升整体竞争力和应对外部挑战的重要性，从而形成了共同的发展愿景。

2.制度化的合作机制

国际贸易协同发展需要建立一套制度化的合作机制，以确保各参与方能够有序、有效地开展合作。欧盟通过签订《欧洲联盟条约》等法律文件，建立了完善的制度框架，为成员国之间的经济合作提供了法律保障。东盟则通过定期举行峰会、设立秘书处等方式，加强了成员国之间的沟通与协调。

3.资源互补与产业协作

资源互补与产业协作为国际贸易协同发展提供了现实基础。欧盟各国在资源、技术、市场等方面各有优势，通过一体化实现了资源的优化配置和产业的深度协作。东盟各国在产业结构上存在差异，形成了良好的互补性，促进了区域内的贸易和投资活动。

4.基础设施与互联互通

基础设施和互联互通是推动国际贸易协同发展的物质基础。欧盟通过建设统一的市场、公路、铁路、航空等基础设施，促进了成员国之间的互联互通。

5.金融一体化与资本流动

金融一体化和资本流动对于国际贸易协同发展至关重要。欧盟通过建立统一的货币体系、加强金融监管合作等措施，推动了成员国之间的金融一体化进程。这不仅便利了企业融资和跨境交易，还增强了欧洲金融市场的国际竞争力。东盟则积极推动成员国之间的金融合作，提升区域内的金融稳定性。

6.文化交流与人员往来

文化交流和人员往来是国际贸易协同发展的软实力基础。欧盟注重文化多样性，通过加强文化合作和教育交流，促进了成员国之间的相互理解和认同。这不仅有助于消除文化隔阂，还为经济合作提供了精神纽带。东盟也注重文化交流，通过举办文化节等活动，增强了成员国之间的文化联系。

（三）结论与启示

通过对欧盟和东盟的案例分析，我们可以得出以下结论：共同目标和愿景、制度化的合作机制、资源互补与产业协作、基础设施与互联互通、金融一体化与资本流动以及文化交流与人员往来是推动国际贸易协同发展的关键要素。这些要素相互作用、相互促进，形成了协同发展的强大动力。

三、案例启示：如何实现价格管理与项目管理的协同发展

在国际贸易中，价格管理与项目管理是两个核心要素，它们对于贸易的成功至关重要。然而，如何实现这两者之间的协同发展，从而提高整体效益，是许多企业和组织面临的挑战。

（一）案例选择与背景介绍

为了更好地说明问题，我们选取了华为技术有限公司作为案例研究对象。华为作为全球知名的科技企业，其价格管理与项目管理协同发展的实践具有一定的代表性。通过分析华为的案例，我们可以从中获得一些有益的启示。

（二）华为的价格管理与项目管理协同发展实践

1.统一的管理理念和组织架构

华为在发展过程中，始终坚持"以客户为中心"的管理理念，确保价格策略与项目管理始终围绕客户需求展开。在组织架构上，华为设立了专门的价格管理部门和项目管理办公室，确保两个部门之间的紧密协作。通过统一的管理理念和组织架构，华为实现了价格与项目管理的有效协同。

2.灵活的价格策略与项目管理流程

华为根据不同的客户需求和项目特点，制定灵活的价格策略与项目管理流程。在价格管理方面，华为采取成本加成的定价方法，同时根据市场变化和客户需求进行适时调整。在项目管理方面，华为采用敏捷的项目管理方法，确保项目资源的合理配置和项目进度的有效控制。

3.强化部门间的沟通与协作

华为重视部门间的沟通与协作，通过定期召开部门间会议、建立信息共享平台等方式，加强价格管理部门与项目管理办公室之间的信息交流。这有助于及时了解客户需求和市场变化，为制定合理的价格策略和调整项目管理流程提供依据。

4.持续优化管理流程与体系

华为不断优化价格管理与项目管理流程，提高协同效率。通过引入先进的管理方法和工具，华为实现了价格数据的动态分析和管理、项目风险的预警与控制。同时，华为还建立了完善的绩效考核体系，激励员工积极参与协同工作。

（三）启示与建议

通过分析华为的案例，我们可以得出以下启示和建议。

1.确立统一的管理理念和目标：企业应明确自身的管理理念和目标，确保价格管理与项目管理在方向上保持一致。这有助于提高企业内部各部门的协同效率。

2.建立灵活的管理流程和机制：企业应根据市场需求和客户特点，制定灵活的价格策略与项目管理流程。这有助于提高企业的市场适应能力和客户满意度。

3.加强部门间的沟通与协作：企业应重视部门间的沟通与协作，打破信息孤岛，实现信息的有效传递和共享。这有助于提高企业内部各部门的工作效率和协同效果。

4.持续优化管理流程与体系：企业应不断优化价格管理与项目管理流程，引入先进的管理方法和工具。这有助于提高企业的管理水平和协同效率。同时，企业还应建立完善的绩效考核体系，激励员工积极参与协同工作。

5.培养高素质的管理人才：企业应重视培养高素质的管理人才，提高员工对协同发展的认识和理解。只有具备高素质的管理人才，才能更好地实现价格管理与项目管理的协同发展。

第十一章　经济金融会计财务在国际贸易中的角色与责任

第一节　经济金融会计财务在国际贸易中的地位

一、经济金融会计财务在国际贸易中的作用

（一）经济在国际贸易中的作用

经济是国际贸易的基础和前提。在全球化的背景下，各国经济相互依存，国际贸易成为推动经济发展的重要手段。通过国际贸易，各国可以发挥比较优势，实现资源的优化配置，提高生产效率，促进经济的增长。同时，国际贸易还能推动技术的传播与交流，加速产业升级和创新，为经济的可持续发展注入活力。

（二）金融在国际贸易中的作用

金融是国际贸易的重要支撑。在国际贸易中，货币的兑换、支付和结算等环节都需要金融服务的支持。金融市场为国际贸易提供了融资平台，为企业提供贸易所需资金，降低贸易成本。此外，金融还能为企业提供风险管理服务，帮助企业应对汇率波动、市场风险等问题，保障贸易的顺利进行。

（三）会计财务在国际贸易中的作用

会计财务在国际贸易中发挥着关键作用。会计是国际贸易的商业语言，是贸易双方进行信息交流和沟通的桥梁。通过会计财务的记录和核算，贸易双方可以了解彼此的财务状况、经营成果和风险状况等信息，为贸易决策提供依据。此外，会计财务还能帮助企业进行国际税收筹划、成本控制和资金管理等，提高企业的国际竞争力。

（四）经济金融会计财务的综合作用

经济、金融、会计和财务在国际贸易中并不是孤立存在的，它们相互影响、相互促进。经济的繁荣为国际贸易提供了基础和动力；金融的支持为贸易提供了资金保障；会计的沟通为贸易双方提供了信息交流的平台；财务的管理则为企业提供了决策依据和竞争优势。

综合来看，经济金融会计财务在国际贸易中发挥着重要的作用。在全球化的背景下，深入了解这些作用有助于企业更好地参与国际贸易、应对国际市场的挑战。通过加强经济合作、利用金融市场的支持、提高会计信息的透明度和加强财务管理，企业可以在国际贸易中获得更大的成功和竞争优势。

二、如何利用经济金融会计财务提升国际贸易竞争力

（一）加强经济合作与交流

在全球化的背景下，各国之间的经济合作与交流日益密切。加强与其他国家的经济合作与交流，可以为企业提供更广阔的市场和资源，降低生产成本，提高贸易效益。通过参与国际经济合作组织、举办国际经贸论坛等活动，可以促进国家间的经济交流与合作，为国际贸易创造更多机会。

（二）利用金融市场支持贸易发展

金融市场可以为国际贸易提供融资支持、风险管理等服务。企业应积极利用国际金融市场，寻求多元化的融资渠道，降低融资成本。同时，企业还应关注国际金融市场的动态变化，合理运用金融工具进行风险管理，降低汇率波动等因素对贸易的影响。

（三）提高会计信息透明度与可比性

会计是国际贸易中的商业语言。提高会计信息透明度和可比性，可以增强贸易伙伴之间的信任与合作。企业应遵循国际会计准则，规范会计信息的编制与披露，确保会计信息的真实、完整和可比性。这将有助于提高企业的信誉度，增强其在国际市场上的竞争力。

（四）强化财务管理与决策支持

财务管理是企业参与国际贸易的重要基础。企业应建立健全财务管理体系，提高财务管理水平，确保财务信息的准确性及时性。通过科学的财务分析方法，企业可以评估国际市场的风险和机会，制定合理的贸易策略和决策。同时，企业还应注重财务管理与业务管理的有机结合，以财务管理为核心推动企业的国际化发展。

三、不同国家或地区间的经济金融会计财务差异

（一）经济差异

1.经济发展水平差异：不同国家或地区间的经济发展水平存在较大差异，如发达国家与发展中国家之间在人均收入、产业结构、技术水平等方面存在明显差距。这种差异可能导致国际贸易中的需求和供给状况不同，影响贸易的均衡和利益分配。

2.经济体制差异：不同国家或地区间的经济体制也存在较大差异，如市场经济、计

划经济、混合经济等。不同的经济体制可能对国际贸易产生不同的影响，如贸易壁垒的设置、市场准入等。

（二）金融差异

1.金融市场体系差异：不同国家或地区的金融市场体系存在较大差异，如资本市场、货币市场、外汇市场等。这种差异可能导致国际贸易中的融资渠道、融资成本等存在不同，影响企业的贸易决策。

2.货币政策差异：不同国家或地区间的货币政策也存在较大差异，如利率政策、汇率政策、货币政策工具等。这种差异可能导致国际贸易中的货币汇率波动，增加企业的贸易风险。

（三）会计财务差异

1.会计准则差异：不同国家或地区间的会计准则存在一定差异，如企业财务报表的编制要求、信息披露程度等。这种差异可能导致企业在进行国际贸易时难以准确评估对方的财务状况和经营成果，增加贸易风险。

2.财务管理理念与方法差异：不同国家或地区间的财务管理理念和方法存在较大差异，如风险管理、投资决策、成本控制等。这种差异可能导致企业在国际贸易中难以进行有效的财务管理和决策，影响企业的贸易利益。

（四）应对策略

1.充分了解不同国家或地区的经济、金融、会计和财务状况，制定针对性的贸易策略。企业在开展国际贸易时，应充分了解目标市场的经济体制、金融环境、会计准则和财务管理理念等信息，以便更好地把握市场需求和风险状况，制定出更加科学的贸易策略。

2.积极寻求国际合作与交流，推动经济金融会计财务标准的统一化。加强国际合作与交流可以帮助企业更好地了解不同国家或地区的经济金融会计财务状况，促进各国在这些领域的相互理解和合作。同时，通过推动经济金融会计财务标准的统一化，可以降低贸易成本和风险，提高贸易效率。

3.提高企业的国际化水平和适应能力。企业应注重提高自身的国际化水平，加强跨文化交流与合作，提高对不同国家或地区经济金融会计财务差异的适应能力。同时，企业还应加强人才培养和引进，提高员工的综合素质和专业能力，以更好地应对国际贸易中的挑战和机遇。

总之，不同国家或地区间的经济金融会计财务差异是客观存在的，对国际贸易产生了一定的影响。通过加强国际合作与交流、提高企业的国际化水平和适应能力等措施，可以降低这些差异对国际贸易的影响，促进各国经济的共同发展。

四、国际经济金融会计财务标准化的必要性

随着全球化的加速和国际贸易的日益频繁，国际经济金融会计财务标准化成为一个迫切的需求。标准化能够消除不同国家或地区间的经济金融会计财务差异，降低贸易成本和风险，提高贸易效率。

（一）降低贸易成本

国际经济金融会计财务标准的统一能够显著降低跨国企业的运营成本。在国际贸易中，由于不同国家或地区的经济、金融、会计和财务制度存在差异，企业需要针对不同的市场制定不同的策略和流程，这无疑增加了企业的运营成本。标准化能够消除这些制度差异，使企业在全球范围内实现高效、统一的运营，从而降低贸易成本。

（二）提高信息可比性和透明度

国际经济金融会计财务标准化能够提高信息的可比性和透明度。在标准化的体系下，各国企业的财务报表和会计信息遵循统一的编制要求和披露标准，使得不同国家或地区间的企业信息更具可比性。这有助于投资者和利益相关者更好地评估企业的财务状况和经营成果，减少信息不对称带来的风险。

（三）增强风险管理能力

国际经济金融会计财务标准化有助于企业提高风险管理能力。在标准化的体系下，企业能够更加准确地评估和应对各种风险，如市场风险、信用风险和操作风险等。此外，通过统一的风险管理准则和工具，企业可以在全球范围内实施有效的风险管理策略，降低风险对企业的影响。

（四）促进国际贸易和投资

国际经济金融会计财务标准化能够促进国际贸易和投资的发展。标准化的体系为企业提供了更加公平、透明的竞争环境，使得各国企业能够在全球市场上更好地展示自己的优势和竞争力。同时，标准化也有助于加强各国间的经济合作和交流，推动全球经济的共同发展。

（五）提升国际话语权和规则制定权

国际经济金融会计财务标准化过程中，积极参与和推动国际标准的制定能够提升国家在国际经济舞台上的话语权和规则制定权。通过参与标准的制定，国家可以向世界展示本国在经济金融会计财务领域的实力和经验，增强国际社会对该国的认可和信任。这不仅有助于国家在国际经济合作中获得更多机会和利益，还能够为全球经济的稳定和发

展做出贡献。

（六）加强国际合作与交流

国际经济金融会计财务标准化过程需要各国间的广泛合作与交流。通过合作与交流，各国可以相互学习、借鉴先进经验和技术，推动本国经济金融会计财务领域的改革和发展。同时，标准化过程也能够促进各国在经济、金融、会计和财务领域的深度融合，加强各国间的经济联系和伙伴关系，为全球经济的繁荣和发展创造有利条件。

第二节　财务风险管理及其应对策略

一、财务风险的种类与特点

在国际经济活动中，由于涉及到不同国家或地区的经济、金融、会计和财务环境，企业常常面临多种多样的风险。这些风险具有复杂性和不确定性，对企业的经营和财务状况产生重大影响。

（一）市场风险

市场风险是指因市场价格波动而导致的企业财务损失的风险。在国际经济金融会计财务领域，市场风险主要表现为汇率风险、利率风险和商品价格风险等。

1.汇率风险：由于国际经济活动中涉及多种货币的兑换，汇率的波动可能导致企业面临巨大的汇兑损失。

2.利率风险：不同国家或地区的利率差异及波动可能影响企业的融资成本和投资收益，导致企业面临利率风险。

3.商品价格风险：国际市场上的商品价格波动可能影响企业的采购成本和销售收入，进而引发商品价格风险。

（二）信用风险

信用风险是指交易对手未能履行合同义务而导致的潜在损失。在国际经济活动中，由于各国信用环境存在差异，企业可能面临客户违约或拖欠支付的风险。

（三）流动性风险

流动性风险是指企业因缺乏足够的资金应对短期债务或经营需求而面临的风险。在国际经济环境中，由于资金流的不稳定性和跨境融资的复杂性，企业可能面临流动性短缺的风险。

（四）操作风险

操作风险是指因企业内部流程、人为错误或系统故障等内部因素引发的风险。在国际经济金融会计财务领域，操作风险可能源于跨境交易的复杂性、不同国家或地区的监管差异以及企业内部控制的缺失。

（五）法律风险

法律风险是指企业在国际经济活动中因违反相关法律法规或合同条款而面临的风险。这种风险可能源于对不同国家或地区法律环境的不熟悉、法律变更或合同条款的不明确。

国际经济金融会计财务风险具有以下特点。

1.多样性：国际经济环境中的财务风险多种多样，涉及市场、信用、流动性和操作等多个方面。

2.复杂性：跨境交易和不同国家或地区的监管差异增加了财务风险的复杂性，使得企业难以全面预测和管理。

3.不确定性：财务风险具有高度不确定性，难以准确预测和控制。企业需要建立健全的风险管理机制以应对潜在的财务风险。

4.隐蔽性：某些财务风险可能隐藏在企业的财务报表和经营活动中，不易被及时发现。企业应加强内部审计和风险管理，以降低财务风险对企业的影响。

5.动态性：国际经济环境中的财务风险是动态变化的，受到多种因素的影响，如政策变动、市场变化等。企业需要时刻关注环境变化，灵活调整风险管理策略。

6.高危害性：财务风险一旦发生，可能给企业带来巨大的经济损失。企业应重视财务风险的防范和管理，降低其对企业经营和财务状况的影响。

7.可控性：虽然财务风险具有不确定性和复杂性，但企业可以通过建立完善的风险管理机制、加强内部控制和审计等措施来降低财务风险的发生概率和影响程度。

8.跨国性：国际经济金融会计财务风险具有明显的跨国性特征。企业在跨境交易中需考虑不同国家或地区的法律法规、监管政策、文化差异等因素对财务风险的影响。

二、财务风险的识别与评估

（一）市场风险的识别与评估

1.汇率风险：主要识别与评估企业在国际化经营中所涉及的不同货币之间的兑换产生的风险。应关注各国汇率的波动趋势，分析汇率变动对企业收入、成本和现金流的影响。

2.利率风险：主要识别与评估企业在国际融资和投资活动中面临的利率变动风险。应关注各国利率的走势，分析利率变动对企业债务成本和资产价值的影响。

3.商品价格风险：主要识别与评估企业在国际采购和销售中面临的商品价格波动风险。应关注国际市场主要商品价格的走势，分析价格变动对企业采购成本和销售收入的影响。

（二）信用风险的识别与评估

1.客户信用风险：主要识别与评估企业在国际化经营中面临的客户违约或拖欠支付的风险。应对客户信用状况进行调查，建立客户信用档案，定期评估客户信用等级，并采取相应的风险防范措施。

2.交易对手信用风险：主要识别与评估企业在国际交易中与交易对手方之间的信用风险。应评估交易对手的信用状况、历史表现和其他相关信息，以降低交易对手方违约的可能性。

（三）流动性风险的识别与评估

1.资金流动性风险：主要识别与评估企业在国际化经营中面临的短期资金短缺风险。应关注企业的现金流状况、偿债能力和融资能力，制定合理的资金安排和应对措施，以确保企业有足够的资金应对短期债务和经营需求。

2.资产流动性风险：主要识别与评估企业在国际经营中资产变现能力的风险。应关注企业资产的结构和质量，分析资产变现的难易程度和市场接受程度，以提高企业资产的流动性。

（四）操作风险的识别与评估

1.流程风险：主要识别与评估企业在国际化经营中因流程设计不合理或执行不力导致的风险。应对企业流程进行全面梳理和优化，加强流程执行的监督和考核，以降低流程风险的发生概率。

2.人为错误风险：主要识别与评估企业在国际化经营中因人为错误或欺诈行为导致的风险。应加强员工培训和教育，建立严格的内部控制体系，降低人为错误或欺诈行为的发生概率。

3.系统故障风险：主要识别与评估企业在国际化经营中因信息系统故障或安全漏洞导致的风险。应加强信息系统的安全防护和稳定性保障，建立完善的信息系统故障应对机制，以确保企业信息系统的正常运行。

（五）法律风险的识别与评估

1.法规遵循风险：主要识别与评估企业在国际化经营中因违反相关法律法规导致的

风险。应加强对不同国家或地区法律法规的研究和遵循，建立完善的法律合规体系，以降低法规遵循风险的发生概率。

2.合同条款风险：主要识别与评估企业在国际交易中因合同条款不明确或不公平导致的风险。应加强合同管理，建立合同审查和谈判机制，确保合同条款的明确、合理和公平。

国际经济金融会计财务风险具有多样性和复杂性，对企业的经营和发展具有重要影响。通过准确识别和评估这些风险，企业可以采取有效的防范和控制措施，降低财务风险的发生概率和影响程度，为企业的稳定发展提供有力保障。

三、财务风险的应对策略与措施

（一）市场风险的应对策略与措施

1.汇率风险的应对策略与措施：企业应通过合理选择计价货币、提前或延期结汇、采用多元化货币等方式，降低汇率风险对企业的影响。同时，可利用外汇市场金融工具进行套期保值，以减少汇率波动对企业财务状况的影响。

2.利率风险的应对策略与措施：企业应通过固定利率借款、利率上限或下限协议、利率互换等方式，控制利率波动风险。同时，应关注不同国家或地区的利率走势，合理安排债务结构，降低利率风险对企业融资成本的影响。

3.商品价格风险的应对策略与措施：企业应通过合理安排采购和销售计划、多元化采购和销售渠道、套期保值等方式，降低商品价格波动对企业经营的影响。同时，应关注国际市场主要商品价格的走势，加强市场分析和预测，以制定合理的采购和销售策略。

（二）信用风险的应对策略与措施

1.客户信用风险的应对策略与措施：企业应建立完善的客户信用管理体系，对客户信用状况进行全面调查和评估。在此基础上，根据客户信用等级采取相应的销售策略和收款政策，降低客户违约或拖欠支付的风险。同时，应加强应收账款的管理，定期进行账龄分析和坏账准备计提，以确保企业资产质量。

2.交易对手信用风险的应对策略与措施：企业应加强对交易对手的信用评估和监控，选择信用状况良好的交易对手进行合作。同时，应合理安排交易方式和结算方式，采取必要的风险保障措施，降低交易对手方违约的可能性。

（三）流动性风险的应对策略与措施

1.资金流动性风险的应对策略与措施：企业应制定合理的资金预算和资金管理政策，确保企业有足够的短期资金应对经营需求和短期债务。同时，应积极开拓融资渠道，加强与金融机构的合作，以提高企业的融资能力。在资金紧张时期，可采取资产变现、应收账款转让等方式筹集资金，以降低资金流动性风险对企业经营的影响。

2.资产流动性风险的应对策略与措施：企业应加强资产管理，提高资产质量，降低资产变现的难度。同时，应积极开展资产证券化等金融创新业务，提高资产的流动性。在资产流动性风险较高时，可采取多元化投资策略，分散资产配置风险。

（四）操作风险的应对策略与措施

1.流程风险的应对策略与措施：企业应全面梳理业务流程，优化流程设计，提高流程执行效率。同时，应加强流程执行的监督和考核，及时发现和解决流程中存在的问题。此外，应定期对流程进行审查和更新，以适应企业发展和市场变化的需要。

2.人为错误风险的应对策略与措施：企业应加强员工培训和教育，提高员工的风险意识和业务素质。同时，应建立严格的内部控制体系，规范员工行为准则和工作流程。此外，应加强内部审计和内部监督，及时发现和纠正人为错误或欺诈行为。

3.系统故障风险的应对策略与措施：企业应加强信息系统的安全防护和稳定性保障，建立完善的信息系统故障应对机制。同时，应定期对信息系统进行安全检查和维护更新，及时发现和修复系统漏洞。在系统故障发生时，应迅速启动应急预案，确保业务的连续性和数据的安全性。

（五）法律风险的应对策略与措施

1.合同法律风险的应对策略与措施：企业应建立健全合同管理体系，规范合同签订、履行和存档等流程。在合同签订前，应进行法律审查和风险评估，确保合同条款的合法性和严密性。在合同履行过程中，应加强合同执行情况的监控，及时发现和解决合同履行中的问题。

2.知识产权风险的应对策略与措施：企业应加强知识产权的申请、保护和维权工作，确保企业的技术、品牌和创意等资产不受侵犯。同时，应关注国际知识产权法律法规的变化，及时调整企业知识产权战略。在发现侵权行为时，应采取有效措施维护企业的合法权益。

3.跨国诉讼风险的应对策略与措施：企业应建立完善的法律风险预警和应对机制，加强跨国诉讼的预防和应对工作。在发生跨国诉讼时，应积极寻求法律支持和专业意见，制定合理的诉讼策略。同时，应关注国际司法协助等方面的法律法规，确保企业在跨国诉讼中处于有利地位。

第三节　会计处理与信息披露制度

一、国际会计标准与准则

（一）国际会计标准与准则概述

国际会计标准与准则是国际经济金融会计财务风险的重要组成部分，是规范企业会计行为、提高会计信息质量、促进国际经济交流与合作的重要工具。随着经济全球化的深入发展，国际会计标准与准则的应用范围越来越广泛，对于企业的国际化经营和资本市场的规范化发展具有重要意义。

国际会计标准与准则是一套全球通用的会计准则，旨在规范企业的会计行为，提高会计信息的质量和可比性。这些标准与准则是由国际会计组织制定和发布的，如国际会计准则委员会（IASB）和国际财务报告准则委员会（IFRS）等。通过采用国际会计标准与准则，企业可以更好地满足投资者、债权人和其他利益相关方的信息需求，提高企业的透明度和公信力，增强企业的国际竞争力。

国际会计标准与准则的应用有助于推动国际经济交流与合作。在国际贸易、投资和金融等领域，企业需要向合作伙伴和利益相关方提供可靠的会计信息，以建立互信和合作关系。通过采用国际会计标准与准则，企业可以提供更加规范、透明和可比的会计信息，有助于促进国际经济交流与合作，推动全球经济的发展。

然而，国际会计标准与准则的应用也面临着一些挑战和问题。首先，不同国家和地区的会计准则存在差异，企业在跨国经营中需要适应不同国家的会计准则。其次，国际会计标准与准则的制定和修订需要经过复杂的程序，导致其更新速度较慢，难以适应快速变化的商业环境。此外，一些国家和地区的监管机构对国际会计标准与准则的认可程度存在差异，也可能给企业带来一定的困扰。

为了应对这些挑战和问题，企业需要采取有效的措施。首先，企业应加强学习和理解国际会计标准与准则，提高会计人员的专业素质和业务水平。通过培训、交流等方式，使会计人员能够全面掌握国际会计标准与准则的核心思想和具体要求，为企业提供高质量的会计信息。其次，企业应加强与利益相关方的沟通与合作，积极参与国际会计事务。通过与投资者、债权人和其他利益相关方的沟通，了解他们的信息需求和关注点，共同推动国际会计标准与准则的完善和发展。同时，企业应关注国际会计组织发布的最新动态和政策变化，及时调整企业的会计政策和实务操作。此外，企业还应加强与其他国家和地区的会计机构和专家的交流与合作，共同研究和应对国际会计领域面临的问题和挑战。

（二）国际会计标准与准则的制定和实施

国际会计标准与准则的制定和实施是一个复杂的过程，需要经过多个环节和程序。首先，需要成立专门的国际会计组织或委员会，负责制定和发布国际会计标准与准则。这些组织或委员会通常由各国的会计专家和业界代表组成，具有广泛的代表性和权威性。其次，需要在全球范围内征求意见和建议，充分吸收各方面的意见和建议。在这个过程中，需要充分考虑各国的实际情况和差异，力求制定出普遍适用的国际会计标准与准则。最后，需要监督和实施国际会计标准与准则的执行情况，确保其得到有效遵守和执行。在这个过程中，需要加强监管和执法力度，对违反国际会计标准与准则的行为进行及时纠正和处理。

在国际会计标准与准则的制定和实施过程中，还需要注意以下几个方面的问题。首先，应确保国际会计标准与准则的制定和修订符合国际经济金融发展的趋势和要求。随着全球经济的不断发展和变化，国际会计标准与准则也需要不断更新和完善，以适应新的经济环境和商业实践。其次，应尊重各国会计准则的差异性和多样性。由于各国的经济发展水平、法律制度和文化背景存在差异，会计准则也呈现出多样性和差异性。在制定国际会计标准与准则时，应充分考虑各国的实际情况和差异，力求制定出普遍适用、包容性和灵活性的会计准则。最后，应加强国际会计组织之间的合作与协调。目前，国际会计标准与准则的制定和实施涉及到多个国际会计组织，如国际会计准则委员会（IASB）、国际财务报告准则委员会（IFRS）等。应加强这些组织之间的合作与协调，避免出现标准与准则的冲突和重复，提高国际会计标准与准则的一致性和有效性。

（三）国际会计标准与准则的发展趋势

随着经济全球化的深入发展，国际会计标准与准则的发展趋势呈现出以下几个方面。首先，国际会计标准与准则的制定和修订将更加注重实际应用和可操作性。为了更好地满足企业的实际需求，国际会计标准与准则将更加注重实务操作和执行效果，提高其可操作性和实用性。其次，国际会计标准与准则将更加关注新兴经济业务和商业模式。随着科技的发展和商业模式的创新，新兴经济业务和商业模式不断涌现，对传统的会计处理提出了新的挑战和要求。国际会计标准与准则将更加关注这些新兴业务和模式，制定相应的会计处理规定和指南。

此外，国际会计标准与准则将更加注重与其他国际标准的协调与融合。例如，与国际财务报告准则（IFRS）的协调、与国际税收标准的协调等。通过与其他国际标准的协调与融合，可以降低企业的合规成本和复杂性，提高会计信息的质量和可比性。最后，国际会计标准与准则将更加注重数字化转型和创新发展。随着大数据、人工智能等技术的快速发展，会计行业正面临着数字化转型和创新发展的机遇和挑战。国际会计标准与准则将更加注重数字化转型和创新发展，为企业提供更加高效、准确和及时的会计信息服务。

总之，国际会计标准与准则是规范企业会计行为、提高会计信息质量、促进国际经济交流与合作的重要工具。随着经济全球化的深入发展，国际会计标准与准则的应用范围将越来越广泛，对于企业的国际化经营和资本市场的规范化发展具有重要意义。未来，需要进一步加强国际会计组织之间的合作与协调，推动国际会计标准与准则的完善和发展，为企业提供更加规范、透明和可比的会计信息服务。

二、信息披露制度及其重要性

（一）国际会计信息披露制度

会计信息披露制度，是指企业为了保障投资者、债权人及其他利益相关者的合法权益，按照一定规则和程序，通过财务报表、招股说明书等形式，向社会公众和有关部门提供企业财务状况、经营成果和现金流量等会计信息的制度。在国际经济交往中，由于不同国家和地区的会计准则和会计制度存在差异，为了促进国际经济交流与合作，需要建立一套统一的国际会计信息披露制度。

目前，国际会计信息披露制度主要是由国际会计准则委员会（IASB）制定的国际财务报告准则（IFRS）所构成。该准则体系包括核心准则和详细准则两个层次，其中核心准则主要包括财务报表列报、合并财务报表、会计政策、会计估计变更等；详细准则则涵盖了资产、负债、权益、收入、费用等各个方面的会计处理规定。

国际会计信息披露制度的发展历程并不平坦。早在 20 世纪 70 年代，各国的会计准则和会计制度就存在着很大的差异，这给跨国公司的财务报表编制和审计带来了很大的困难。为了解决这一问题，一些国际组织和机构开始尝试制定国际统一的会计准则和会计制度。然而，由于各国经济背景和法律环境的差异，以及国际政治经济利益的博弈，这一过程历经波折。直到 2001 年，国际会计准则委员会（IASB）的成立，才标志着国际会计信息披露制度进入了一个新的阶段。

在国际会计信息披露制度的制定和实施过程中，需要特别注意以下几个方面的问题。首先，要充分考虑各国经济背景和法律环境的差异，避免因过于追求统一而忽略实际情况。其次，要注重国际会计标准与准则的可操作性和实用性，避免出现过于抽象和模糊的规定。最后，要加强国际会计组织之间的合作与协调，避免出现标准与准则的冲突和重复。

（二）国际会计信息披露制度的重要性

国际会计信息披露制度是规范企业会计行为、提高会计信息质量、促进国际经济交流与合作的重要工具。其重要性主要体现在以下几个方面。

1.提高会计信息质量和可比性

在国际经济交往中，由于不同国家和地区的会计准则和会计制度存在差异，企业财务报表的编制和审计标准不统一，这给投资者、债权人及其他利益相关者的决策带来了很大的困难。通过建立统一的国际会计信息披露制度，可以规范企业会计行为，提高会计信息的质量和可比性，为决策者提供更加准确、可靠的信息支持。

2.降低跨国公司财务报表编制和审计成本

对于跨国公司而言，由于业务遍布全球各地，需要按照不同国家和地区的会计准则和会计制度编制财务报表和进行审计。这不仅增加了企业的成本和负担，还给企业的管理和决策带来了很大的困难。通过建立统一的国际会计信息披露制度，可以降低跨国公司财务报表编制和审计成本，提高企业的经济效益和市场竞争力。

3.促进国际经济交流与合作

在国际经济交往中，各国之间的经济合作和贸易往来越来越频繁。建立统一的国际会计信息披露制度，可以加强各国之间的经济交流与合作，促进资本市场的规范发展。同时，还可以提高各国之间在贸易、投资、金融等方面的信任度和合作水平，有利于推动全球经济的稳定和发展。

4.保护投资者、债权人及其他利益相关者的合法权益

投资者、债权人及其他利益相关者是企业发展的重要支持者和推动者。建立统一的国际会计信息披露制度，可以保障投资者、债权人及其他利益相关者的合法权益，提高他们的投资信心和决策水平。同时，还可以加强社会公众对企业的监督和管理，促进企业的规范发展和市场公平竞争。

三、提高会计信息透明度的措施

会计信息透明度是指企业公开披露的会计信息能够真实、完整、及时地反映其财务状况、经营成果和现金流量等，并且这些信息能够被投资者和利益相关者所理解和使用。提高会计信息透明度是保障投资者权益、维护市场公平和促进经济发展的重要手段。以下是一些提高会计信息透明度的措施。

（一）建立健全内部控制制度

内部控制制度是保障企业会计信息质量的基础。建立健全内部控制制度，可以规范

企业的会计行为，降低财务报表错报和舞弊的风险，提高会计信息的准确性和可靠性。具体措施包括完善内部审计机制、强化风险控制和建立严格的授权审批制度等。

（二）加强外部审计监管

外部审计监管是提高会计信息透明度的重要手段。通过加强外部审计监管，可以规范企业的会计行为，提高财务报表的准确性和可靠性，增加投资者的信心和决策依据。具体措施包括建立健全注册会计师审计制度、加强监管机构对企业的财务报告进行定期和不定期的检查和抽查等。

（三）加强信息披露制度建设

信息披露制度是保障投资者权益和维护市场公平的重要工具。通过加强信息披露制度建设，可以提高企业披露会计信息的透明度，增加投资者的知情权和使用权。具体措施包括完善会计准则和会计制度、建立严格的信息披露制度和加强信息披露监管等。

（四）提高会计人员的素质和责任意识

会计人员的素质和责任意识是影响会计信息透明度的关键因素之一。通过提高会计人员的素质和责任意识，可以规范企业的会计行为，提高会计信息的准确性和可靠性。具体措施包括加强会计人员的培训和教育、建立严格的责任追究制度等。

（五）推进信息化建设和数据共享

信息化建设和数据共享可以提高企业披露会计信息的透明度和使用效率。通过推进信息化建设和数据共享，可以实现企业会计信息的数字化和标准化，便于投资者和利益相关者获取和使用会计信息。具体措施包括建立企业信息化管理系统、推进数据共享平台建设等。

综上所述，提高会计信息透明度需要从多个方面入手，包括建立健全内部控制制度、加强外部审计监管、加强信息披露制度建设、提高会计人员的素质和责任意识以及推进信息化建设和数据共享等。这些措施可以相互补充和促进，形成一个完整的企业会计信息透明度保障体系，从而更好地维护投资者的权益和市场公平竞争。

在实施这些措施的过程中，需要注意以下几个方面的问题：一是要充分考虑不同行业和企业的特点，避免一刀切的监管方式；二是要注重制度的可操作性和实用性，避免出现过于复杂和烦琐的规定；三是要加强与国际会计标准与准则的对接和交流，吸收国际先进经验；四是要注重制度的持续改进和完善，以适应经济环境的变化和企业发展的需要。通过这些措施的实施，可以提高企业会计信息的透明度，促进市场经济的稳定和发展。

第十二章　国际贸易市场管理中的政策与法律环境

第一节　国际贸易政策及其演变

一、自由贸易政策与保护贸易政策

在国际贸易中，自由贸易和保护贸易是两种基本的政策取向。自由贸易政策主张消除贸易壁垒，促进国际贸易的自由化，而保护贸易政策则主张采取各种限制进口的措施来保护本国产业和市场。这两种政策取向各有优缺点，其适用性和效果因国家、历史条件和文化背景等因素而异。

（一）自由贸易政策的优点

自由贸易政策可以带来很多好处，包括：

1.扩大出口和进口，增加国家的外汇收入和财政收入。

2.促进国际分工和专业化生产，提高生产效率和技术水平。

3.加速产业升级和结构调整，推动经济发展。

4.提高消费者福利，降低生活成本。

（二）自由贸易政策的缺点

然而，自由贸易政策也存在一些缺点，包括：

1.容易导致国际市场竞争过度激烈，引发贸易摩擦和冲突。

2.对于发展中国家来说，自由贸易政策可能不利于其幼稚产业的成长和保护民族工业的发展。

3.自由贸易政策也可能导致资源浪费和环境污染等问题。

（三）保护贸易政策的优点

保护贸易政策可以弥补自由贸易政策的不足，其优点包括：

1.可以保护本国幼稚产业和新兴产业，促进产业发展和经济结构升级。

2.可以增加本国就业机会和税收收入。

3.可以提高本国产业的国际竞争力和市场占有率。

（四）保护贸易政策的缺点

然而，保护贸易政策也存在一些缺点，包括：

1.容易引发贸易摩擦和冲突，甚至引发全球性的贸易战。

2.对于发展中国家来说，过度的保护措施可能导致资源浪费和技术落后。

3.长期实行保护贸易政策也可能导致国内产业缺乏竞争力，难以适应国际市场的变化和挑战。

（五）自由贸易政策和保护贸易政策的适用性

自由贸易政策和保护贸易政策的适用性因国家、历史条件和文化背景等因素而异。一般来说，发达国家经济实力强大，更适合采取自由贸易政策，而发展中国家经济实力较弱，更适合采取保护贸易政策。此外，不同国家和地区的资源禀赋、产业结构和发展阶段也不同，需要根据实际情况选择合适的贸易政策。在一些特殊情况下，例如经济危机或产业转型升级时期，国家可能需要采取一些保护措施来维护国内产业的稳定和发展。但是，这并不意味着要完全放弃自由贸易政策，而是要在保护国内产业的同时，积极推进国际贸易自由化进程。

二、国际贸易政策的演变与趋势

国际贸易政策随着世界经济格局和全球化进程的不断变化而演变。从历史上看，自由贸易政策和保护贸易政策一直是国际贸易政策的两大主流。然而，随着全球化和经济一体化的深入发展，国际贸易政策也在不断调整和演变，呈现出一些新的趋势和特点。

（一）自由贸易政策的演变与趋势

自由贸易政策主张消除贸易壁垒，促进国际贸易的自由化。历史上，自由贸易政策主要在工业革命后的英国实行，其目的是推动英国的工业化进程和扩大出口市场。随着世界经济格局的变化，自由贸易政策的适用范围也在不断扩大。目前，世界贸易组织（WTO）所倡导的自由贸易原则已经成为国际贸易的基本准则。

然而，自由贸易政策也面临着一些挑战和争议。首先，自由贸易政策可能导致一些国家过度依赖进口，造成本国产业的萎缩和失业率的上升；其次，自由贸易政策也可能加剧国际贫富分化，使得发达国家和发展中国家之间的经济差距进一步扩大；最后，自由贸易政策还可能引发贸易摩擦和冲突，对全球经济稳定造成威胁。

尽管如此，自由贸易政策仍然是当前国际贸易政策的主流。许多国家和地区通过加入世界贸易组织或签署自由贸易协定来推动贸易自由化进程。这些自由贸易协定不仅涵盖货物贸易，还涉及服务贸易、投资、知识产权等领域，为推动全球经济增长和发展发挥了重要作用。

（二）保护贸易政策的演变与趋势

保护贸易政策主张采取各种限制进口的措施来保护本国产业和市场。历史上，保护贸易政策主要在工业化程度较低的国家实行，其目的是保护本国幼稚产业和新兴产业的发展。例如，美国的"关税与贸易总协定"（GATT）就是一种典型的保护贸易政策。

然而，随着全球化和经济一体化的深入发展，保护贸易政策也面临着一些挑战和争议。首先，保护贸易政策可能引发贸易摩擦和冲突，甚至引发全球性的贸易战；其次，保护贸易政策也可能导致资源浪费和技术落后，不利于国际竞争力的提升；最后，保护贸易政策还可能引发社会不满和政治风险，对国家稳定造成威胁。

尽管如此，保护贸易政策仍然是当前国际贸易政策的重要组成部分。许多国家和地区通过设置关税、非关税壁垒、补贴等方式来保护本国产业和市场。此外，一些国家还通过参与区域经济一体化组织或双边自由贸易协定来加强本国产业的保护和发展。

（三）国际贸易政策的未来趋势

未来国际贸易政策的趋势可能会呈现出以下特点。

1.多元化和差异化：随着世界经济格局的多元化和各国经济发展阶段的差异化，国际贸易政策也可能会呈现出多元化和差异化的特点。各国需要根据自身实际情况选择适合自己的贸易政策，推动本国经济的发展。

2.规则化和法治化：国际贸易政策的制定和实施需要遵循国际规则和法律法规。未来国际贸易政策的制定和实施将更加注重规则化和法治化，以避免贸易摩擦和冲突的发生。

3.开放性和包容性：国际贸易政策需要具有开放性和包容性，以促进国际贸易的自由化和便利化。未来国际贸易政策将更加注重开放性和包容性，以推动全球经济的可持续发展。

4.创新性和绿色化：随着科技的不断进步和创新驱动的发展，未来国际贸易政策将更加注重创新性和绿色化。各国需要通过推动科技创新和绿色发展来提升国际竞争力，实现可持续发展目标。

三、不同国家或地区的贸易政策比较

国际贸易政策在不同国家或地区之间存在很大的差异，这主要是由于各国经济发展水平、产业结构、国际竞争力等方面的不同。下面将选取几个代表性的国家或地区，对其贸易政策进行比较分析。

（一）美国

美国的贸易政策可以追溯到 19 世纪末的"关税与贸易总协定"时期，其目的是保护本国产业和市场。随着全球化和经济一体化的深入发展，美国的贸易政策也经历了多次调整和演变。目前，美国主要采取自由贸易政策，通过参与世界贸易组织和其他自由贸易协定来推动贸易自由化进程。同时，美国也采取一系列措施来保护本国产业和市场，如设置关税和非关税壁垒、实施贸易救济措施等。

美国的贸易政策特点可以归纳为以下几个方面。

1.强调"公平贸易"：美国在贸易政策中强调"公平贸易"，要求其他国家遵守自由贸易原则，开放市场、取消贸易壁垒，同时也要求本国企业提高国际竞争力，通过创新和技术进步来增加出口。

2.重视知识产权保护：美国在贸易政策中非常重视知识产权保护，通过加强知识产权保护来促进技术创新和经济发展。

3.对外贸易依存度高：美国对外贸易依存度较高，出口市场和进口来源地相对集中，这使得美国在国际贸易中具有一定的风险和不确定性。

4.强调国内产业和市场安全：美国在贸易政策中强调国内产业和市场安全，采取一系列措施来保护本国产业和市场，如限制进口数量、提高进口关税等。

（二）欧洲联盟

欧洲联盟作为一个区域经济一体化组织，其贸易政策也具有一定的特点。欧盟的贸易政策主要是在《欧洲联盟条约》和《里斯本条约》的基础上制定的，旨在促进成员国之间的经济一体化和国际贸易合作。欧盟的贸易政策特点可以归纳为以下几个方面。

1.强调自由贸易：欧盟在贸易政策中强调自由贸易，推动成员国之间的自由贸易协定和关税同盟建设，以促进成员国之间的经济一体化和国际贸易合作。

2.重视共同市场建设：欧盟在贸易政策中重视共同市场建设，推动成员国之间的商品、服务和资本的自由流动，以促进成员国之间的经济发展和合作。

3.对外贸易依存度较高：欧盟对外贸易依存度较高，出口市场和进口来源地相对集中，这使得欧盟在国际贸易中具有一定的风险和不确定性。

4.采取保护主义措施：欧盟在贸易政策中采取一定的保护主义措施，如设置关税和非关税壁垒、实施进口配额和补贴等，以保护本国产业和市场。

（三）中国

中国的贸易政策经历了多次调整和演变，从最初的计划经济体制下的封闭式经济走向了市场经济体制下的开放型经济。目前，中国已经成为世界第二大经济体和第一大出口国，其贸易政策也呈现出一些新的特点和发展趋势。中国贸易政策的特点可以归纳为以下几个方面。

1.出口导向型经济：中国的贸易政策以出口导向型经济为主，通过出口退税、出口信贷等措施鼓励出口，推动经济增长。这种出口导向型经济模式在一定程度上推动了中国的经济发展和国际竞争力的提升。

2.对外贸易依存度高：中国对外贸易依存度较高，出口市场和进口来源地相对集中，这使得中国在国际贸易中具有一定的风险和不确定性。同时，中国也面临着来自其他国家的竞争压力和挑战。

3.逐步开放服务业市场：中国在贸易政策中逐步开放服务业市场，推动服务业领域的对外开放和合作，如金融、电信、教育等领域。这种开放型的服务业市场有助于提升中国经济的国际竞争力。

4.加强知识产权保护：中国在贸易政策中加强知识产权保护，推动创新驱动发展，提高自主创新能力。同时，中国也积极参与国际知识产权保护合作和谈判，加强与其他国家的合作与交流。

5.推动区域经济一体化和双边自由贸易协定建设：中国积极参与区域经济一体化和双边自由贸易协定建设，如亚洲基础设施投资银行等。这些区域经济一体化和双边自由贸易协定有助于提升中国经济的国际地位和影响力。

通过以上分析可以看出，不同国家或地区的贸易政策存在较大的差异和特点。各国需要根据自身实际情况选择适合自己的贸易政策，以促进本国经济的发展和提高国际竞争力。同时，各国也需要加强国际合作与交流，推动国际贸易的自由化和便利化进程，实现共赢发展目标。

第二节　国际贸易法律体系与规则

一、国际商法与国际贸易规则

国际商法与国际贸易规则是两个相互关联的重要领域，它们共同为全球商业活动提供法律框架和规范标准。在探讨国际商法与国际贸易规则的关系时，需要理解两者的基本概念和目标。国际商法是一种跨国的法律体系，旨在规范和调整不同国家之间的商业关系。而国际贸易规则则是一套准则和标准，用于保障公平、透明和可预测的贸易环境。

（一）国际商法与国际贸易规则的相互影响

国际商法和国际贸易规则在很多方面都存在密切的联系。首先，两者都涉及到跨国商业活动和交易，其目的都是促进国际贸易的顺利进行和发展。其次，国际商法和国际贸易规则在内容上有很大的重叠，例如商事合同的成立、履行和争议解决等方面，两者都有相应的规定。此外，国际商法和国际贸易规则在制定和实施过程中也需要相互协调和配合，以确保国际贸易的公平、透明和可预测性。

（二）国际商法在国际贸规则中的地位和作用

在国际贸规则中，国际商法扮演着重要的角色。首先，国际商法为国际贸易提供了基本的法律框架和制度保障，使得国际贸易活动得以有序进行。其次，国际商法为国际贸易纠纷的解决提供了法律途径和依据，有助于维护各国的商业利益和贸易秩序。此外，国际商法也在一定程度上推动了国际贸易规则的发展和完善，促进了国际贸易的创新和变革。

（三）国际商法对国际贸易规则的影响

国际商法对国际贸易规则的影响主要体现在以下几个方面。首先，国际商法的发展推动了国际贸易规则的完善和创新，例如商业惯例、贸易术语等在实践中不断完善和更新。其次，国际商法的发展也为国际贸易规则的实施提供了更加强有力的法律保障和支持，使得国际贸易规则更加具有权威性和可执行性。此外，国际商法的发展也促进了不同国家之间的商业交流和合作，推动了各国经济的共同发展和繁荣。

（四）未来展望

随着全球化和经济一体化的深入发展，国际商法和国际贸易规则在未来仍将面临许多挑战和机遇。例如，如何应对数字化和网络化对国际商法和贸易规则的挑战，如何加强国际合作与协调以应对贸易保护主义和单边主义的挑战等。为了应对这些挑战，国际社会需要进一步加强国际商法和贸易规则的研究和创新，推动相关法律和规则的不断完善和发展。同时，各国也需要加强国内法律制度的建设和完善，提高本国企业的国际竞争力和适应能力。

国际商法和国际贸易规则是促进国际贸易发展的重要保障和支撑。通过不断完善和发展相关法律和规则，加强国际合作与协调，我们相信可以创造更加公平、透明和可预测的贸易环境，推动世界经济的共同发展和繁荣。

二、WTO 法律体系及其主要规则

世界贸易组织（WTO）是处理全球贸易规则的组织，通过推动自由贸易来促进全球经济发展和繁荣。其法律体系是国际贸易法律的重要组成部分，为全球范围内的贸易关系提供了法律框架。

（一）WTO法律体系概述

WTO法律体系由一系列多边贸易协议组成，这些协议覆盖了货物贸易、服务贸易、知识产权等方面。其法律体系还包括争端解决机制和贸易政策审议机制，以确保成员国遵守规则和纪律。

WTO法律体系的多边贸易协议是其核心组成部分，这些协议是成员国经过长期谈判达成的共识，旨在减少贸易壁垒、促进全球贸易自由化。

（二）主要规则

1.货物贸易规则

货物贸易规则是多边贸易协议的主要组成部分，旨在减少或取消关税和非关税壁垒，促进全球货物贸易的自由化。其中最著名的协议是《关税与贸易总协定》（GATT），它规定了关税减让、非歧视原则等。

2.服务贸易规则

服务贸易规则旨在促进全球服务贸易的自由化，通过规定服务提供方式、市场准入等条件，降低服务贸易壁垒。《服务贸易总协定》（GATS）是最重要的服务贸易规则之一，为全球服务贸易提供了法律框架。

3.知识产权规则

知识产权规则旨在保护知识产权，鼓励技术创新和创造。《与贸易有关的知识产权协定》（TRIPS）是最重要的知识产权规则之一，规定了知识产权保护的标准和纪律。

4.争端解决规则

争端解决规则是WTO法律体系的重要组成部分，旨在解决成员国之间的贸易争端，维护多边贸易体系的稳定和可预测性。《关于争端解决规则与程序的谅解》（DSU）是争端解决规则的主要协定，规定了争端解决的程序和方法。

5.贸易政策审议规则

贸易政策审议规则旨在促进成员国之间的贸易政策透明度和可预测性，通过审议成员国的贸易政策来确保其符合多边贸易体系的原则和纪律。《贸易政策审议机制》（TPRM）是贸易政策审议规则的主要协定，规定了审议的程序和方法。

（三）WTO法律体系的特点和作用

1.促进自由贸易：WTO法律体系的目标是促进全球自由贸易，通过减少或取消关税和非关税壁垒，降低全球贸易成本，增加各国之间的经济合作和交流。

2.维护多边贸易体系：WTO 法律体系是多边贸易体系的基础，通过制定和实施多边贸易规则，维护了全球贸易的公平、透明和可预测性。

3.协调成员国之间的利益：WTO 法律体系通过谈判和协商机制，协调了成员国之间的利益冲突，促进了各国之间的经济合作和发展。

4.提供争端解决机制：WTO 法律体系提供了争端解决机制，通过专家组和上诉机构仲裁，解决了成员国之间的贸易争端，维护了多边贸易体系的稳定和可预测性。

5.促进经济发展和繁荣：WTO 法律体系通过促进自由贸易和多边合作，推动了全球经济的发展和繁荣，提高了各国人民的生活水平。

三、区域性贸易协定的法律问题

区域性贸易协定（RTA）是指两个或多个国家之间达成的，旨在促进区域内贸易和投资自由化的协议。随着全球化和区域经济一体化的深入发展，区域性贸易协定在全球范围内得到了广泛的应用。然而，这些协定在实施过程中也面临着许多法律问题。

（一）区域性贸易协定的法律基础

区域性贸易协定的法律基础主要包括国际法、国际条约和国内法。国际法为区域性贸易协定提供了基本的法律框架，包括最惠国待遇、国民待遇等原则。国际条约是区域性贸易协定的主要形式，具有法律约束力，要求成员国遵守协议中的规定和义务。国内法则涉及成员国国内法律制度的协调和统一，以确保区域性贸易协定的实施。

（二）区域性贸易协定的法律原则

1.最惠国待遇原则：最惠国待遇原则是区域性贸易协定的基本原则之一，要求成员国在区域内给予其他成员国不低于其给予任何第三国的待遇。这一原则旨在确保区域内所有国家享有平等的竞争机会。

2.国民待遇原则：国民待遇原则要求成员国在区域内给予其他成员国的商品、服务、知识产权等不低于其给予本国相同对象的待遇。这一原则旨在消除区域内贸易壁垒，促进商品和服务的自由流通。

3.自由贸易原则：自由贸易原则是区域性贸易协定的核心原则，要求成员国消除区域内关税和非关税壁垒，促进商品和服务的自由流通。这一原则有助于提高区域内国家的经济效率和竞争力。

4.透明度原则：透明度原则要求成员国及时公布与区域性贸易协定有关的法律法规、行政命令等，以便其他成员国了解和评估相关政策的影响。这一原则有助于减少信息不对称和不确定性，增加区域内的可预测性。

5.争端解决机制：争端解决机制是区域性贸易协定的重要组成部分，旨在解决成员国之间的争议和纠纷。争端解决机制通常包括协商、仲裁和调解等方式，以确保争议得到及时、公正和有效的解决。

（三）区域性贸易协定的法律问题与挑战

1.法律冲突与协调：区域性贸易协定可能引发成员国之间的法律冲突和协调问题。例如，不同国家的法律制度、司法体系和法律法规存在差异，可能导致协定实施过程中的法律适用问题和解释分歧。

2.贸易转移问题：贸易转移是指在区域性贸易协定实施过程中，由于关税和非关税壁垒的降低或消除，部分商品可能从非成员国转向成员国进口，导致非成员国的不满和抵制。这可能对区域性贸易协定的实施产生负面影响。

3.知识产权保护问题：区域性贸易协定通常包含知识产权保护的规定，要求成员国加强知识产权保护。然而，不同国家的知识产权保护标准和执法力度存在差异，可能导致知识产权纠纷和争议。

4.竞争政策与反垄断法：区域性贸易协定可能涉及竞争政策与反垄断法的问题。在区域内消除贸易壁垒后，企业可能会加大市场垄断力度，影响市场竞争。因此，成员国需要协调竞争政策和反垄断法，以确保市场公平竞争。

第三节　政策与法律环境对市场管理的影响

一、政策与法律环境对国际贸易的影响

（一）关税与非关税壁垒

关税是政策与法律环境对国际贸易影响最直接的因素之一。关税作为一种贸易壁垒，通过增加进口商品的成本，从而影响国际贸易的规模和流向。高关税可能导致进口商品价格上涨，进而减少消费者需求和降低企业竞争力。

除了关税，非关税壁垒也对国际贸易产生重要影响。非关税壁垒包括进口配额、技术壁垒、卫生和植物检疫措施等，这些措施可能对进口商品设置额外的限制和要求，从而影响国际贸易的自由流动。

（二）贸易政策与协定

各国政府通过制定贸易政策和参与贸易协定来影响国际贸易。贸易政策包括自由贸易协定、区域贸易集团、单边或多边贸易政策等。这些政策可以促进或限制国际贸易，

影响全球贸易的格局和发展趋势。

自由贸易协定是贸易政策的重要组成部分，旨在消除贸易壁垒、促进商品和服务流动。例如，欧洲联盟和北美自由贸易协定等区域贸易集团通过推动成员国之间的自由贸易，促进了区域内的经济一体化。

（三）国际法规与知识产权保护

国际法规是规范国际贸易的重要法律框架。例如，世界贸易组织（WTO）通过推动自由贸易原则和解决贸易争端，为全球贸易提供了一个公平、透明的法律环境。

此外，知识产权保护也是国际法规中的重要议题。知识产权保护旨在保护创新成果不被侵犯，促进技术转移和知识共享。然而，过度的知识产权保护可能构成贸易壁垒，限制技术转移和商品流通。因此，国际法规在平衡各方利益的同时，需要寻求公平和可持续的解决方案。

（四）国内政策与法规

除了国际法规，各国国内的政策与法规也对国际贸易产生影响。例如，产业政策、货币政策和财政政策等国内政策可能影响本国企业在国际市场上的竞争力。此外，环境法规、劳工法规和社会责任法规等也可能对出口产业产生一定的约束力。这些国内政策和法规的实施可能对国际贸易产生正面或负面的影响，需要各国政府在制定政策时进行综合考虑。

二、企业应对政策与法律变化的策略

（一）持续关注政策与法律动态

企业应建立一套有效的信息收集与分析机制，持续关注国内外政策与法律的动态变化。通过收集政策与法律信息，企业可以及时了解相关领域的最新动态，以便提前制订应对策略。同时，企业还应关注国际经贸组织、行业协会等机构发布的政策与法律指南，以便更好地掌握相关要求和标准。

（二）建立灵活的决策机制

政策与法律环境的变化可能给企业带来诸多不确定性。因此，企业应建立灵活的决策机制，以便快速应对变化。在制定经营策略和项目计划时，企业应充分考虑政策与法律环境的变化因素，制定多种应对方案。此外，企业还应加强风险评估与预警机制建设，及时发现潜在风险并采取有效措施加以防范。

（三）加强内部管理与合规建设

应对政策与法律变化，企业需要加强内部管理与合规建设。首先，企业应建立健全的内部管理制度，规范经营行为，确保企业在遵守法律法规的前提下开展业务活动。其次，企业应加强合规培训，提高员工的合规意识和风险防范能力。此外，企业还应设立专门的法务部门或合规部门，负责监督和执行企业的合规政策。

（四）加强与政府部门的沟通与合作

企业应加强与政府部门的沟通与合作，了解政府在政策与法律方面的立场和意图。通过与政府部门建立良好的合作关系，企业可以及时了解政策动向，为制定应对策略提供有力支持。此外，企业还可以通过参与政策制定和修改的过程，为政府提供有益的建议和意见，促进政策的合理化。

（五）利用国际经贸组织维护自身权益

国际经贸组织如世界贸易组织（WTO）为企业提供了维护自身权益的平台。通过加入这些组织并参与相关规则制定和争议解决机制，企业可以争取公平的贸易待遇和维护自身合法权益。同时，国际经贸组织还为企业提供了交流与合作的平台，有助于企业拓展国际市场和获取先进经验。

（六）提高产品和服务质量

无论政策与法律环境如何变化，提高产品和服务质量始终是企业的重要任务。企业应注重产品质量和服务的持续改进，以满足国内外市场的需求。通过提高产品和服务质量，企业可以增强市场竞争力，提高客户满意度，降低因政策与法律变化带来的风险。

（七）加强国际合作与交流

应对政策与法律变化需要各国企业的共同合作与交流。企业应积极参与国际经贸合作与交流活动，与其他国家的企业共同探讨应对策略和解决方案。通过分享经验和资源，企业可以相互支持、共同发展，为国际贸易的繁荣做出贡献。

三、提高企业在国际市场中的竞争力

（一）加强品牌建设

品牌是企业形象和信誉的集中体现，是企业在国际市场中的重要竞争要素。企业应注重品牌建设，通过提升品牌形象、加强品牌宣传和推广，提高品牌知名度和美誉度。同时，企业还应加强品牌保护，维护自身合法权益，防止侵权行为对企业品牌造成损害。

（二）提高产品创新能力

创新是企业发展的动力源泉，也是提高企业竞争力的关键因素。企业应加大产品研发的投入，不断推出具有自主知识产权的新产品，以满足市场需求。同时，企业还应加强技术合作与交流，吸收先进技术，提升自身技术实力。通过提高产品创新能力，企业可以不断拓展市场份额，增强竞争力。

（三）优化生产管理

生产管理是企业运营的重要环节，也是提高企业竞争力的关键因素。企业应加强生产管理，优化生产流程，降低生产成本，提高生产效率。同时，企业还应注重质量管理体系建设，确保产品质量符合国际标准。通过优化生产管理，企业可以提升自身成本优势，增强市场竞争力。

（四）拓展国际市场

国际市场是企业发展的重要舞台，也是提高企业竞争力的必经之路。企业应积极开拓国际市场，扩大市场份额。通过市场调研和分析，了解目标市场的需求和竞争状况，制定合适的营销策略。同时，企业还应加强与国外企业的合作与交流，拓展业务合作渠道，共同开拓国际市场。通过拓展国际市场，企业可以提升自身市场占有率和盈利能力。

（五）提升服务水平

服务是企业竞争力的重要组成部分，也是提高客户满意度和忠诚度的关键因素。企业应注重服务水平的提升，提供优质的售前、售中和售后服务。通过建立完善的客户服务体系，及时解决客户问题，满足客户需求。同时，企业还应加强服务创新，提供个性化、差异化的服务，提高客户满意度和忠诚度。通过提升服务水平，企业可以增强客户黏性，提高市场竞争力。

（六）加强人才培养与引进

人才是企业发展的核心资源，也是提高企业竞争力的关键因素。企业应注重人才培养与引进，建立完善的人才管理体系。通过内部培训、外部引进等多种方式，提升员工的专业素质和技能水平。同时，企业还应营造良好的企业文化氛围，激发员工的积极性和创造力。通过加强人才培养与引进，企业可以提升自身人才优势，增强竞争力。

（七）强化风险管理

风险管理是企业稳定发展的保障措施，也是提高企业竞争力的关键因素。企业应建立健全的风险管理体系，加强风险预警、评估与应对工作。通过制定风险防范措施和应急预案，降低企业在国际市场中面临的各种风险。同时，企业还应注重危机管理能力的提升，确保在面临突发事件时能够迅速应对、妥善处理。通过强化风险管理，企业可以提高自身的稳健性和竞争力。

（八）持续改进经营策略

经营策略是企业发展的指导思想，也是提高企业竞争力的关键因素。企业应持续改进经营策略，根据市场变化及时调整战略方向和业务重心。同时，企业还应加强市场分析能力和商业情报的收集工作，为制定科学的经营策略提供有力支持。通过持续改进经营策略，企业可以保持与时俱进的经营理念和市场竞争力。

第十三章　金融创新环境下国际贸易市场的
未来展望

第一节　金融创新趋势及其对国际贸易的影响

一、金融创新的定义与分类

金融创新是近年来金融领域发展迅速的一个方向，它涉及到金融产品、服务、技术、组织形式等多个方面的创新。

（一）金融创新的定义

金融创新可以从多个角度进行定义。一般来说，金融创新是指金融机构或金融市场为了适应经济环境的变化、获取竞争优势、提高经营效率而进行的金融产品、服务、技术、组织形式等方面的创新活动。这个定义涵盖了金融创新的多个方面，包括产品创新、服务创新、技术创新、组织创新等。

（二）金融创新的分类

1.产品创新

产品创新是指金融机构为了满足客户需求而开发的新的金融产品。例如，新的存款产品、贷款产品、理财产品、保险产品等。产品创新是金融创新的重要组成部分，它能够满足客户多样化的需求，提高金融机构的盈利能力。

2.服务创新

服务创新是指金融机构为了提高客户满意度和忠诚度而提供的新的服务方式或服务流程。例如，网上银行、手机银行、自助银行等。服务创新能够提高金融机构的服务质量和效率，降低运营成本，增强竞争优势。

3.技术创新

技术创新是指金融机构利用新的技术手段改进现有的产品和服务，提高经营效率和质量。例如，大数据技术、人工智能技术、区块链技术等。技术创新能够为金融机构提供更多的数据分析和风险管理手段，提高经营稳健性和竞争力。

4.组织创新

组织创新是指金融机构通过调整组织结构、管理方式、激励机制等方式提高经营效率和质量。例如，事业部制、矩阵制等组织结构的调整和优化。组织创新能够提高金融机构的管理效率和资源配置效率，增强组织的适应性和竞争力。

（三）金融创新的动因与影响

金融创新的动因是多方面的，主要包括以下几个方面。经济环境的变化、市场竞争的加剧、科技进步的推动等。经济环境的变化要求金融机构不断调整自身的经营策略和业务模式以适应市场需求的变化；市场竞争的加剧促使金融机构不断推出新的产品和服务以获取竞争优势；科技进步的推动为金融机构提供了更多的技术手段和创新空间。

金融创新对金融机构和整个经济体系都有重要的影响。一方面，金融创新可以提高金融机构的经营效率和质量，增强竞争优势，促进金融业的发展；另一方面，金融创新也可能带来新的风险和问题，如过度杠杆化、金融市场波动加剧等，需要引起关注和防范。

（四）金融创新的监管与规范

为了维护金融市场的稳定和公平竞争，监管机构需要对金融创新进行监管和规范。一方面，监管机构需要加强对金融创新的监管，制定相应的监管政策和标准，防范化解金融风险；另一方面，监管机构也需要鼓励和支持金融创新，促进金融业的发展和转型升级。在规范金融创新的过程中，需要注重平衡监管与创新的关系，避免过度监管对金融创新的制约。同时，还需要加强国际合作与交流，共同应对金融创新的挑战和机遇。

随着科技的不断进步和经济环境的变化，金融创新将继续成为未来发展的重要趋势。未来金融创新将更加注重客户需求和体验，以智能化、数字化、个性化为主要特点。同时，金融创新也将更加注重风险管理和合规要求，确保金融市场的稳定和健康发展。金融机构需要紧跟时代步伐，加强科技研发和应用，提高创新能力，以应对未来的市场竞争和挑战。

二、金融创新的发展趋势与特点

随着经济全球化和科技进步的加速，金融创新的发展趋势和特点也在不断演变。金融创新不仅是金融机构应对市场竞争和寻求增长的重要手段，也是推动金融业转型升级和可持续发展的重要力量。

（一）金融创新的发展趋势

1.数字化与智能化

随着大数据、云计算、人工智能等技术的快速发展，金融创新正朝着数字化与智能化的方向加速发展。金融机构通过运用新技术手段，不断提升客户体验和服务效率，降低运营成本。数字化和智能化已经成为金融创新的重要趋势，引领着金融业的发展潮流。

2.开放化与共享化

随着互联网的普及和信息共享的需求增加，金融创新正朝着开放化与共享化的方向发展。金融机构通过开放平台、共享经济等方式，与其他产业和服务进行深度融合，实现资源共享和价值共创。这种开放与共享的模式有助于提升金融服务的覆盖面和普惠性，推动金融业更加深入地融入经济社会的发展。

3.个性化与定制化

随着消费者需求的多样化和个性化，金融创新正朝着个性化与定制化的方向发展。金融机构通过大数据分析和人工智能技术，深入挖掘客户需求，提供更加精准和个性化的产品和服务。这种定制化的服务模式有助于提高客户满意度和忠诚度，增强金融机构的市场竞争力。

4.绿色化与可持续发展

随着可持续发展理念的深入人心，金融创新正朝着绿色化与可持续发展的方向发展。金融机构关注环境保护、社会责任和经济效益的平衡，将可持续发展理念融入金融产品和服务中。这种绿色化的创新模式有助于推动经济社会的可持续发展，提升金融机构的社会责任和品牌形象。

（二）金融创新的特点

1.创新方式的多样性

金融创新涉及的领域广泛，包括产品创新、服务创新、技术创新、组织创新等多个方面。金融机构通过多种方式的创新组合，实现全方位的业务升级和发展。这种多样性的创新方式有助于满足客户多元化的需求，提高金融机构的市场适应能力和竞争优势。

2.风险管理的复杂性

金融创新往往伴随着新的风险和挑战，需要金融机构加强风险管理。随着金融创新的深入发展，风险管理的复杂性也在不断增加。金融机构需要建立完善的风险管理体系，运用先进的风险管理工具和技术手段，有效防范和化解风险，确保业务的稳健发展。

3.监管政策的动态性

金融创新的快速发展需要监管政策的动态调整和优化。监管机构需要根据金融创新的趋势和特点，及时调整和完善监管政策和标准，以保障金融市场的公平竞争和稳定发展。同时，金融机构也需要积极配合监管政策的要求，加强合规管理，确保业务运营的合法性和规范性。

4.跨界合作的广泛性

金融创新往往需要跨界合作和资源整合，涉及多个领域和行业的交流与合作。金融机构需要积极拓展合作伙伴关系，与其他产业和服务进行深度融合，共同探索新的商业模式和创新路径。这种跨界合作的模式有助于提升金融机构的创新能力，实现互利共赢的发展格局。

三、金融创新对国际贸易的影响分析

金融创新与国际贸易是现代经济中两个密切相关的领域。金融创新通过提供新的金融工具、服务和市场机制，影响着国际贸易的规模、结构和效率。

（一）金融创新对国际贸易的积极影响

1.降低交易成本

金融创新提供了便捷的支付结算工具，如电子银行、跨境支付等，极大地降低了国际贸易中的交易成本。这些创新工具提高了交易的效率和安全性，减少了资金占用和流动性风险，为贸易双方带来了实实在在的经济利益。

2.促进贸易融资

金融创新为国际贸易提供了多元化的融资渠道和工具，如贸易融资、供应链融资等。这些创新产品和服务满足了企业在贸易过程中的融资需求，缓解了企业的资金压力，支持了企业的经营和发展。

3.增强风险管理

金融创新带来了更加丰富的风险管理工具，如外汇衍生品、利率衍生品等。这些工具帮助企业有效管理汇率风险、利率风险等常见的贸易风险，降低了经营的不确定性，提升了企业的竞争力和市场适应性。

4.优化资源配置

金融创新促进了全球范围内的资本流动和资源配置。一方面，资本可以更加便捷地流向有发展潜力的国家和地区，支持当地经济的增长；另一方面，资本也可以更加有效地流入有竞争力的企业，支持其研发、生产和市场开拓。

（二）金融创新对国际贸易的挑战与问题

1.加大国际收支不平衡的风险

金融创新使得资本流动更加便捷和快速，这在一定程度上加大了国际收支不平衡的风险。一些国家可能面临资本流入过度、本币升值压力增大的问题，而另一些国家则可能出现资本流出过度、本币贬值压力增大的问题。这些问题可能引发货币危机和国家经济危机。

2.增加金融监管的难度

金融创新的快速发展给传统的金融监管带来了挑战。一方面，一些新的金融产品和服务的监管规则尚不明确，容易导致监管空白；另一方面，金融创新的复杂性和跨境性使得监管协调的难度加大。这可能导致监管套利和市场不稳定性的增加。

3.加剧国际贸易利益分配不均

金融创新可能加剧国际贸易利益分配的不均。一方面，发达国家由于拥有先进的金融体系和创新优势，可能在全球贸易中获得更多的利益；另一方面，一些发展中国家可能由于自身金融体系的不完善和创新能力的不足，而在全球贸易中处于不利地位。

4.加大企业财务压力

金融创新也给企业带来了财务压力。一方面，企业需要不断更新金融知识和技能，以适应新的金融产品和服务的运作和管理；另一方面，企业也面临着更加复杂和多变的金融风险，需要加强风险管理的能力和意识。

（三）应对策略与建议

1.完善国际金融监管体系

加强国际合作与协调，完善国际金融监管体系是应对金融创新挑战的重要措施。国际社会应共同制定更加明确和具有可操作性的监管规则，加强对跨境金融活动和风险的监管，降低金融市场的波动性和系统性风险。

2.提升发展中国家的金融创新能力

发展中国家应加强自身金融体系的建设和创新能力的提升。通过加强教育和培训、鼓励金融科技的发展、优化营商环境等措施，提高本国在国际贸易中的地位和竞争力。

3.促进国际贸易利益均衡分配

国际社会应加强贸易利益的均衡分配，通过完善国际贸易规则和推动经济合作，减少发达国家和发展中国家之间的利益冲突。同时，各国也应加强国内政策的调整和完善，促进经济的平衡发展。

4.加强企业风险管理意识与能力

企业应加强自身风险管理意识和能力建设，提高对金融创新产品的认知和使用能力。通过建立完善的风险管理体系、培养专业的风险管理人才等措施，降低企业在贸易过程中的风险敞口和损失。

第二节 国际贸易市场的发展方向与挑战

一、国际贸易市场的发展趋势与特点

国际贸易市场是全球经济活动的重要领域，随着全球化和信息化的发展，国际贸易市场呈现出一些新的发展趋势和特点。

（一）全球化与区域化并存

全球化是当今世界经济发展的重要特征之一，国际贸易市场也不例外。随着全球化的深入推进，各国之间的贸易往来越来越频繁，国际贸易规模不断扩大，贸易结构也日益复杂。同时，区域化也在国际贸易市场中扮演着越来越重要的角色。区域内的国家通过建立自由贸易区、关税同盟等方式，降低贸易壁垒，促进区域内贸易的发展。这种全球化与区域化并存的局面，使得国际贸易市场呈现出更加多元化和灵活性的特点。

（二）电子商务的广泛应用

电子商务的兴起对国际贸易市场产生了深远的影响。通过电子商务平台，企业可以更加便捷地获取全球范围内的商机和资源，降低交易成本，提高交易效率。同时，电子商务还可以促进中小企业进入国际贸易市场，增强市场的竞争性和活力。然而，电子商务也给国际贸易市场带来了新的挑战，如网络安全、数据保护、税收征管等问题。

（三）贸易保护主义的抬头

近年来，贸易保护主义在全球范围内有所抬头，对国际贸易市场产生了不利影响。一些国家通过设置贸易壁垒、加强知识产权保护等方式，保护本国产业和就业。这种贸易保护主义的做法不仅会扭曲国际贸易秩序，还可能引发贸易战和摩擦，对全球经济造成负面影响。

（四）环境问题成为贸易重要议题

随着环境问题的日益突出，国际贸易市场对环境问题的关注也越来越高。许多国家开始实施绿色贸易政策，加强环境保护和监管，推动可持续发展。同时，一些与环境相关的产品和话题也成为国际贸易的重要议题，如碳排放权交易、绿色包装等。未来，环境问题将在国际贸易市场中发挥越来越重要的作用。

（五）服务贸易成为新的增长点

随着全球经济的发展和产业结构的调整，服务贸易逐渐成为国际贸易市场新的增长点。服务贸易包括金融、教育、医疗、文化等多个领域，具有高附加值和高成长性的特点。未来，随着全球化和信息化的发展，服务贸易的市场规模将进一步扩大，成为推动国际贸易市场发展的重要力量。

针对以上发展趋势和特点，国际社会和企业应采取相应的应对策略和建议。首先，应加强国际合作与协调，推动全球化深入发展，降低贸易壁垒，促进贸易自由化便利化。其次，应积极应对电子商务带来的挑战和机遇，加强网络安全和数据保护，制定合理的税收政策。此外，还应反对贸易保护主义，维护自由贸易秩序，推动全球经济一体化进程。同时，应关注环境问题和服务贸易的发展，加强环境保护和监管，推动可持续发展和服务业创新发展。

二、国际贸易市场面临的挑战与问题

国际贸易市场在过去的几十年中取得了巨大的发展，但同时也面临着许多挑战和问题。这些挑战和问题不仅影响着国际贸易的顺利进行，也制约着全球经济的发展。

（一）贸易保护主义抬头

近年来，贸易保护主义在全球范围内有所抬头，对国际贸易市场产生了不利影响。一些国家通过设置贸易壁垒、加强知识产权保护等方式，保护本国产业和就业。这种贸易保护主义的做法不仅会扭曲国际贸易秩序，还可能引发贸易战和摩擦，对全球经济造成负面影响。

贸易保护主义的抬头对国际贸易市场的发展带来了严重的挑战。首先，贸易保护主义会破坏国际贸易规则和秩序，导致全球贸易的收缩和增长放缓。其次，贸易保护主义会引发贸易战和摩擦，增加国际贸易的成本和不确定性，给企业带来巨大的经营风险。此外，贸易保护主义还会导致全球经济的分裂和碎片化，削弱全球经济的稳定性和可持续性。

（二）多边贸易体制的困境

多边贸易体制是国际贸易的重要基石，旨在推动贸易自由化和便利化，促进全球经济的繁荣和发展。然而，近年来多边贸易体制面临着许多困境和挑战。首先，多边贸易谈判的进展缓慢，难以取得突破性进展。其次，一些国家开始寻求区域性和双边贸易协议，削弱多边贸易体制的地位和影响力。此外，一些国家还采取单边主义行动，违反贸易规则和秩序，给多边贸易体制带来严峻的挑战。

多边贸易体制的困境对国际贸易市场的发展带来了严重的影响。首先，多边贸易体制的失效会导致贸易规则和秩序的混乱，增加国际贸易的成本和不确定性。其次，多边贸易体制的困境会导致全球经济的分裂和碎片化，削弱全球经济的稳定性和可持续性。

因此，解决多边贸易体制的困境是国际贸易市场面临的重要任务之一。

（三）发展中国家与发达国家的经济差距拉大

发展中国家与发达国家之间的经济差距是国际贸易市场长期存在的问题之一。虽然发展中国家在国际贸易中取得了一定的成就和发展，但经济差距仍然在拉大。这种经济差距不仅制约着发展中国家的经济发展和民生改善，也影响着国际贸易市场的稳定和发展。

发展中国家与发达国家经济差距的拉大对国际贸易市场的发展带来了严重的影响。首先，经济差距的拉大会导致发展中国家在国际市场上缺乏竞争力，难以获得更多的贸易机会和利益。其次，经济差距的拉大还会增加国际贸易的不确定性和风险，导致全球经济的波动和脆弱性。因此，缩小发展中国家与发达国家之间的经济差距是国际贸易市场面临的重要任务之一。

（四）全球供应链的脆弱性

全球供应链是国际贸易的重要组成部分，但同时也是最脆弱的环节之一。全球供应链的脆弱性主要表现在以下几个方面。一是自然灾害、疾病等不可抗力因素可能导致供应链的中断；二是地缘政治风险、贸易摩擦等人为因素可能导致供应链的不稳定；三是过度依赖单一供应商可能导致供应链的脆弱性增加。这些因素都可能导致全球供应链的中断或不稳定，对国际贸易市场带来巨大的影响和损失。

全球供应链的脆弱性对国际贸易市场的发展带来了严重的影响。首先，全球供应链的中断或不稳定会导致生产和物流成本的增加，降低企业的竞争力和盈利能力。其次，全球供应链的脆弱性还可能引发贸易战和摩擦，增加国际贸易的成本和不确定性。因此，提高全球供应链的韧性和稳定性是国际贸易市场面临的重要任务之一。

针对以上挑战和问题，国际社会和企业应采取相应的应对策略和建议。首先，应加强国际合作与协调，推动全球化深入发展，降低贸易壁垒，促进贸易自由化便利化。其次，应积极应对电子商务带来的挑战和机遇，加强网络安全和数据保护，制定合理的税收政策。此外，还应反对贸易保护主义，维护自由贸易秩序，推动全球经济一体化进程。同时，应关注发展中国家与发达国家经济差距拉大的问题，加强国际援助和支持，推动全球经济的平衡和可持续发展。最后，应提高全球供应链的韧性和稳定性，加强风险管理，降低供应链的中断或不稳定风险。

三、国际贸易市场发展的机遇与空间

随着全球化进程的不断深入，国际贸易市场的发展面临着许多机遇与空间。这些机遇与空间不仅为全球经济的发展注入了新的动力，也为各国企业的国际化经营提供了广阔的平台。

（一）新兴市场的崛起

随着发展中国家的崛起，新兴市场在国际贸易中的地位越来越重要。这些新兴市场拥有庞大的消费群体和不断增长的购买力，为国际贸易提供了巨大的市场空间。此外，新兴市场还拥有丰富的资源和劳动力优势，为国际贸易提供了多元化的产品和服务。因此，新兴市场的崛起为国际贸易市场的发展带来了巨大的机遇。

企业应积极开拓新兴市场，发掘其中的商机和潜力。一方面，企业可以通过多元化的市场策略，满足新兴市场的多样化需求，提高市场占有率和竞争力。另一方面，企业也可以通过技术创新和品牌建设，提升产品和服务的质量和附加值，赢得新兴市场的认可和信任。

（二）电子商务的快速发展

电子商务的快速发展为国际贸易市场带来了新的机遇与空间。电子商务平台为企业提供了便捷的交易渠道和营销手段，降低了交易成本和门槛，使得更多的中小企业能够参与到国际贸易中。同时，电子商务的发展也促进了跨境物流、支付等环节的便利化，为国际贸易提供了更加完善的配套服务。

企业应积极拥抱电子商务，利用电子商务平台拓展国际市场。一方面，企业可以通过电子商务平台获取更多的商机和客户资源，提高销售业绩和市场影响力。另一方面，企业也可以通过电子商务平台优化供应链管理，降低库存成本和运营风险。此外，企业还应加强与跨境电商平台的合作与交流，共同推动电子商务在国际贸易中的普及和应用。

（三）区域经济一体化的深化

区域经济一体化是推动国际贸易市场发展的重要力量。区域经济一体化协议的签署和实施有助于消除贸易壁垒、降低交易成本、促进区域内市场的融合和发展。随着区域经济一体化的不断深化，国际贸易市场的发展空间将进一步扩大。

企业应关注区域经济一体化的发展趋势，积极参与区域经济合作。一方面，企业可以通过了解区域内的市场需求和政策环境，发掘更多的商业机会和合作伙伴。另一方面，企业也可以通过与区域内企业的合作与交流，共同应对市场挑战和风险，提高自身的竞争力和适应能力。此外，企业还应注重提高自身的国际化经营能力，积极适应和融入区域经济一体化的发展进程。

（四）技术创新的驱动

技术创新是推动国际贸易市场发展的重要动力。随着科技的不断进步和创新，新的产品和服务的不断涌现，为国际贸易提供了更多的选择和可能性。例如，数字化技术的发展使得数据和信息能够更加快速地传递和共享；智能制造技术的应用使得生产过程更加高效和智能化；新能源技术的研发和应用为环保产业和可持续发展提供了新的机遇。

企业应注重技术创新和应用，以提升自身的竞争力和市场地位。一方面，企业可以通过加大研发投入和技术引进，开发具有自主知识产权的产品和服务，提高自身的核心竞争力。另一方面，企业也可以通过与科研机构、高校等合作，共同推动技术创新和成果转化，抢占市场先机和技术制高点。同时，企业还应关注国际贸易市场的动态和趋势，及时调整自身的战略和布局，以适应市场的变化和发展。

第三节　未来国际贸易市场的战略布局与政策建议

一、企业应对金融创新环境的策略

随着金融市场的不断发展和创新，企业面临的金融环境也日益复杂。为了适应这种变化，企业需要采取一系列应对策略。

（一）提高金融创新意识和能力

首先，企业应提高金融创新意识，认识到金融创新对于企业发展的重要性。企业应关注金融市场的动态和趋势，了解各种金融产品和服务的优势和特点，以便更好地选择和应用。同时，企业还应加强金融创新能力的培养，通过培训和学习，提高员工的金融素养和创新能力，为企业的金融创新提供人才保障。

（二）建立完善的财务和风险管理体系

金融创新往往伴随着风险。为了确保企业的金融创新活动能够稳健进行，企业需要建立完善的财务和风险管理体系。企业应加强财务管理，规范财务流程和报表制度，确保财务信息的真实性和完整性。同时，企业还应建立完善的风险管理体系，对各种可能出现的风险进行充分评估和预警，制定相应的应对措施，以降低金融创新的风险。

（三）加大金融科技投入和应用

金融科技的发展为企业的金融创新提供了新的机遇和工具。企业应加大金融科技的投入和应用，利用大数据、人工智能等技术提高金融服务的质量和效率。例如，企业可以利用大数据技术对客户的需求和行为进行分析，提供更加精准的金融服务；利用人工智能技术优化客户服务流程，提高客户体验和服务水平。

（四）积极参与金融创新合作

金融创新往往需要跨界的合作和资源整合。企业应积极参与金融创新合作，与金融机构、科技公司等开展战略合作，共同推动金融创新的发展。通过合作，企业可以共享资源和知识，降低创新成本和风险，提高创新效率和成功率。同时，合作还可以为企业带来更多的商业机会和竞争优势。

（五）建立良好的企业信用体系

在金融创新环境下，企业的信用状况对于其获得金融服务的能力至关重要。企业应建立良好的企业信用体系，加强信用管理，确保企业的信用记录和报告的真实性和准确性。同时，企业还应积极参与信用评级和认证，提高自身的信用等级和信誉度，以便更好地获得金融机构的支持和服务。

（六）注重合规性和监管要求

金融创新活动必须符合相关法律法规和监管要求。企业应加强合规意识，确保在金融创新活动中遵守相关法律法规和监管要求。同时，企业还应积极与监管机构沟通交流，了解监管动态和政策导向，以便更好地适应市场变化和监管要求。

二、国家层面应对国际贸易市场的政策建议

随着全球化的深入发展，国际贸易市场在各国经济发展中扮演着越来越重要的角色。然而，国际贸易市场的波动和不确定性也给各国带来了挑战。为了应对这些挑战，国家层面需要采取一系列政策措施。

（一）加强多边贸易体系

多边贸易体系是维护国际贸易秩序和规则的重要机制。国家应加强多边贸易体系，推动世界贸易组织（WTO）的改革和完善，以应对当前国际贸易面临的挑战。具体而言，国家可以采取以下措施。

1.积极参与 WTO 的各项活动和谈判，维护国际贸易秩序和规则。

2.推动 WTO 的改革和完善，提高其有效性和权威性。

3.倡导自由贸易原则，反对贸易保护主义和单边主义。

（二）优化国际贸易环境

优化国际贸易环境是促进国际贸易发展的重要保障。国家应采取以下措施优化国际贸易环境。

1.完善国际贸易法律法规体系，加强知识产权保护，保障公平竞争。

2.简化进出口流程，降低关税和非关税壁垒，提高贸易便利化水平。

3.加强与其他国家的经贸合作，建立互利共赢的贸易关系。

（三）促进出口多元化

出口多元化是降低对单一市场的依赖性，增强国际贸易稳定性的重要手段。国家应采取以下措施促进出口多元化。

1.鼓励企业开拓新市场，扩大出口渠道。

2.推动产业升级和创新发展，提高产品质量和技术含量，增强国际竞争力。

3.加强与其他国家的经贸合作，共同开拓国际市场。

（四）加强国际合作与交流

加强国际合作与交流是应对国际贸易市场不确定性的重要途径。国家应采取以下措施加强国际合作与交流。

1.积极参与国际经济组织和区域贸易组织的活动和谈判，加强与其他国家的合作与交流。

2.推动与其他国家的贸易投资便利化，加强金融、科技、人才等领域的合作。

3.加强与其他国家的政策沟通和协调，共同应对国际贸易市场的挑战。

（五）提升企业竞争力

企业在国际贸易市场中扮演着重要角色。提升企业竞争力是应对国际贸易市场不确定性的关键。国家应采取以下措施提升企业竞争力。

1.支持企业加强技术创新和品牌建设，提高产品质量和技术含量。

2.鼓励企业加强国际化经营，开拓国际市场，扩大出口规模。

3.优化企业营商环境，降低企业成本和负担，增强企业活力。

（六）建立健全风险防范机制

建立健全风险防范机制是应对国际贸易市场不确定性的重要保障。国家应采取以下措施建立健全风险防范机制。

1.加强信息收集和分析，及时掌握国际贸易市场的动态和趋势。

2.建立风险预警和应对机制，及时发现和化解风险。

3.支持企业加强风险管理和防范，提高企业的风险应对能力。

综上所述，国家层面应对国际贸易市场的政策建议包括加强多边贸易体系、优化国际贸易环境、促进出口多元化、加强国际合作与交流、提升企业竞争力和建立健全风险防范机制等方面。这些措施将有助于应对国际贸易市场的挑战和机遇，促进国际贸易的稳定和可持续发展。

三、未来国际贸易市场的战略布局与展望

随着全球化的深入发展，国际贸易市场在未来仍将扮演着重要的角色。然而，未来

的国际贸易市场将面临许多不确定性和挑战，需要各国进行战略布局和展望。

（一）战略布局

1.创新驱动

创新是推动国际贸易发展的重要动力。各国应加强科技创新和人才培养，提高产品质量和技术含量，推动产业升级和创新发展。同时，应加强知识产权保护，鼓励企业加强知识产权的创造、保护和运用，推动创新成果的转化和商业化。

2.绿色发展

随着全球环境问题的日益严重，绿色发展已成为各国经济发展的重要方向。未来国际贸易市场应加强环保标准的制定和实施，推动绿色生产和绿色消费，促进环保产业的发展。同时，应加强国际合作，共同应对气候变化和环境问题。

3.区域一体化

区域一体化是推动国际贸易市场发展的重要途径。各国应加强区域贸易合作，推动区域一体化进程，降低贸易成本和壁垒，提高贸易便利化水平。同时，应加强与其他国家的政策沟通和协调，共同应对国际贸易市场的挑战。

4.数字经济

数字经济是未来国际贸易市场的重要发展方向。各国应加强数字经济的合作和交流，推动数字经济创新发展，促进数字经济与传统产业的融合。同时，应加强数据安全和隐私保护，保障数字经济的健康发展。

（二）展望

1.贸易格局多元化

未来国际贸易市场将呈现多元化的贸易格局。一方面，新兴市场和发展中经济体将逐渐成为国际贸易的重要力量；另一方面，贸易伙伴关系将更加多元化，包括发达国家、发展中国家和新兴市场等。这种多元化的贸易格局将有助于增强国际贸易的稳定性和可持续性。

2.贸易规则不断完善

随着国际贸易的发展，贸易规则将不断完善。各国应加强多边贸易体系的建设和完善，推动贸易规则的普遍适用和公平合理。同时，应加强区域贸易组织的作用，推动区域一体化进程，降低贸易成本和壁垒。此外，还应加强贸易与投资、金融、知识产权等领域的合作和协调，推动国际贸易的全面发展。

3.技术创新引领贸易发展

技术创新将继续引领国际贸易的发展。随着科技的不断进步和应用，新的贸易方式和商业模式将不断涌现。例如，数字贸易、跨境电商、智能制造等领域将成为国际贸易的重要方向。同时，技术创新也将为国际贸易提供更加便捷、高效的服务和支持。

4.环保和可持续发展成为重要议题

环保和可持续发展将成为未来国际贸易市场的重要议题。各国应加强环保标准的制定和实施，推动绿色生产和绿色消费，促进环保产业的发展。同时，应加强国际合作，共同应对气候变化和环境问题，推动全球经济的可持续发展。

5.区域一体化进程加速

区域一体化进程将继续加速。各国应加强区域贸易合作，推动区域一体化进程，降低贸易成本和壁垒，提高贸易便利化水平。同时，应加强与其他国家的政策沟通和协调，共同应对国际贸易市场的挑战。区域一体化进程的加速将有助于增强国际贸易的稳定性和可持续性。

6.多元化市场开拓成为重要方向

随着全球市场的不断扩大和多元化，开拓多元化市场成为各国的重要方向。各国应鼓励企业加强市场开拓和创新发展，加强与不同国家和地区的贸易合作和交流，推动国际贸易市场的多元化发展。同时，应加强市场研究和分析，了解不同市场的需求和特点，制定针对性的市场开拓策略，提高国际贸易的竞争力和市场份额。

7.人才培养和知识产权保护成为关键

未来国际贸易市场的发展需要大量高素质的人才支持。各国应加强人才培养和引进，提高人才的国际竞争力和创新能力。同时，应加强知识产权保护，鼓励企业加强知识产权的创造、保护和运用，推动创新成果的转化和商业化。通过加强人才培养和知识产权保护，将有助于提升国际贸易的核心竞争力。

8.国际贸易组织的作用不断加强

国际贸易组织在推动国际贸易发展和规则制定方面发挥着重要作用。各国应加强与国际贸易组织的合作和协调，积极参与国际贸易规则的制定和实施。同时，应加强国内政策改革和调整，与国际贸易组织的要求保持一致，推动国际贸易的规范化和法治化。

9.应对贸易保护主义和单边主义的挑战

贸易保护主义和单边主义是当前国际贸易发展的重要挑战。各国应加强合作和协调，共同应对贸易保护主义和单边主义的挑战。同时，应加强多边贸易体系的建设和完善，推动贸易规则的普遍适用和公平合理。通过加强合作和应对挑战，将有助于维护国际贸易的公平和自由化。

第十四章　金融创新环境下国际贸易市场的风险与机遇

第一节　金融创新带来的风险识别与评估

一、金融创新环境下的风险特征与分类

（一）金融创新环境下的风险特征

金融创新在推动金融业发展的同时，也带来了新的风险特征。以下是对金融创新环境下风险特征的详细分析。

1.风险的隐蔽性增加

金融创新产品日趋复杂，非专业的投资者往往难以理解其背后的风险。此外，许多金融衍生品本身就是为了规避监管而设计，其风险更加隐蔽，不易被监管部门及时发现。

2.风险的传染性增强

金融创新使得不同市场、不同行业之间的联系更加紧密。一旦某个环节出现问题，风险很容易快速传染到其他领域，引发连锁反应。

3.风险的突发性更强

金融创新产品的杠杆效应使得风险被放大，一旦市场出现不利变动，损失可能迅速累积，导致市场出现突然的崩盘。

4.风险的可控性降低

随着金融市场的全球化，跨境资本流动加速，这使得一些局部的风险事件可能对全球金融体系产生影响，增加了风险管理的难度。

5.风险的长期性影响增强

金融创新不仅涉及到单个产品或机构的风险，更可能对整个金融体系的长远发展产生影响。例如，过度依赖短期利润的金融创新可能导致金融体系的长期稳定性受损。

（二）金融创新环境下的风险分类

根据风险的来源和性质，可以将金融创新环境下的风险分为以下几类。

1.市场风险

市场风险是指因市场价格波动导致的风险。在金融创新环境下，市场风险的来源更加广泛，包括利率、汇率、股票价格、商品价格等。由于金融衍生品的高度杠杆性，市场风险的放大效应更加明显。

2.信用风险

信用风险是指借款人或债务人违约引发的风险。在金融创新环境下，信用风险的来源也更加复杂。例如，复杂的债务链、交叉违约等都可能引发连锁的信用风险。此外，一些金融创新产品虽然本身不涉及信用风险，但由于其与其他信用风险高度相关，也可能引发连锁反应。

3.操作风险

操作风险是指因内部操作失误、系统故障或外部事件导致的风险。在金融创新环境下，操作风险的来源更加多样化。例如，新业务系统的设计缺陷、数据安全问题、员工误操作等都可能引发操作风险。操作风险的隐蔽性强，且一旦发生，往往会造成较大的损失。

4.法律风险

法律风险是指因违反法律法规、监管要求或合同约定引发的风险。在金融创新环境下，法律风险的来源更加复杂。例如，金融创新产品的设计可能违反法律法规，或者合同条款存在模糊性，导致各方对权利义务的理解存在分歧。法律风险一旦发生，可能会对金融机构的声誉和业务造成严重影响。

5.流动性风险

流动性风险是指因资金流动性不足引发的风险。在金融创新环境下，流动性风险的来源也更加多样化。例如，复杂的产品结构可能导致金融机构难以迅速变现资产，或者资金来源过于集中于短期债务，使得资金流动性受到限制。流动性风险一旦发生，可能会对金融机构的日常运营造成严重影响。

二、风险识别的方法与工具

随着金融创新的不断发展和市场竞争的加剧，金融机构面临的风险环境日趋复杂。风险识别作为风险管理的基础，其重要性和难度也不断提高。为了准确全面地识别金融创新环境下的风险，金融机构需要采用科学的风险识别方法和工具。

（一）风险树法

风险树法是一种常用的风险识别方法，它通过构建风险因素的层级关系，逐层分解潜在风险因素，以便更全面地了解各类风险的相互关系。在金融创新环境下，风险树法可以帮助金融机构识别各业务环节中的潜在风险，并评估其对整体业务的影响。

（二）风险清单法

风险清单法是一种基于经验和历史数据的简单风险识别方法。通过列举潜在的风险因素，并与历史数据对比，可以初步评估各类风险的概率和影响。在金融创新环境下，风险清单法可以帮助金融机构快速识别常见风险，为后续的风险评估和应对提供基础数据。

（三）敏感性分析法

敏感性分析法是一种定量分析方法，通过分析不同风险因素的变化对业务指标的影响，来评估各类风险的敏感性和影响程度。在金融创新环境下，敏感性分析法可以帮助金融机构了解各风险因素的变化对业务的影响，从而制定针对性的风险管理策略。

（四）压力测试法

压力测试法是一种模拟极端情况下的风险识别方法。通过模拟市场、经济等极端情况，评估金融机构在这些情况下的风险承受能力。在金融创新环境下，压力测试法可以帮助金融机构发现潜在的风险点，提高其对突发风险的应对能力。

（五）专家调查法

专家调查法是一种基于专家判断的风险识别方法。通过邀请业内专家对金融机构的业务进行评估，识别潜在的风险因素。在金融创新环境下，专家调查法可以帮助金融机构发现那些不易被量化分析的风险因素，提高风险识别的全面性。

（六）数据挖掘法

数据挖掘法是一种基于大数据分析的风险识别方法。通过收集和分析大量的业务数据，利用数据挖掘技术识别潜在的风险模式和趋势。在金融创新环境下，数据挖掘法可以帮助金融机构从海量的数据中提取有价值的风险信息，提高风险识别的准确性和效率。

（七）风险敞口分析法

风险敞口分析法是一种针对金融衍生品的风险识别方法。通过分析金融衍生品的头寸和相关风险因素，评估潜在的损失和收益。在金融创新环境下，风险敞口分析法可以帮助金融机构了解其各类金融衍生品的潜在风险敞口，提高其风险管理能力。

（八）风险网络分析法

风险网络分析法是一种针对复杂系统风险识别的分析方法。通过构建风险因素之间的关联网络，评估各类风险的相互影响和传递路径。在金融创新环境下，风险网络分析法可以帮助金融机构全面了解各业务环节之间的风险传递关系，提高其对系统性风险的应对能力。

综上所述，这些方法和工具在金融创新环境下各有其适用范围和优势。为了提高风险识别的准确性和全面性，金融机构应根据其业务特点和风险管理需求，选择合适的方法和工具进行风险识别。同时，随着金融创新的不断发展和市场的变化，金融机构应不断更新和完善其风险识别的方法和工具，以适应新的风险环境。此外，金融机构还应注重培养专业的风险管理人才，提高其在复杂风险环境下的应对能力。只有这样，才能有效地应对金融创新环境下的各类风险挑战，保障其业务的稳健发展。

三、风险评估的标准与流程

随着金融创新的不断发展和国际贸易的日益频繁，国际贸易风险评估的重要性日益凸显。在金融创新环境下，国际贸易风险评估的标准和流程对于保障贸易的顺利进行、降低风险损失具有重要意义。

（一）风险评估的标准

1.全面性

风险评估应全面考虑贸易过程中的各类风险因素，包括政治风险、经济风险、市场风险、物流风险等。全面性的标准要求评估过程应涵盖贸易的各个环节，避免遗漏重要风险因素。

2.客观性

风险评估应基于客观事实和数据，避免主观臆断和偏见。评估人员应保持中立、公正的态度，运用科学的方法和工具进行客观分析。

3.及时性

风险评估应反映贸易过程中的实时风险状况，及时发现和预警潜在风险。在金融创新环境下，市场环境变化迅速，及时的风险评估有助于企业做出快速反应。

4.可操作性

风险评估的结果应具有可操作性，能为贸易决策提供有效依据。评估结果应具有明确的指导意义，能够为贸易策略、风险管理措施的制定提供支持。

（二）风险评估的流程

1.确定评估目标

在开始风险评估前，应明确评估的目标和范围。这包括确定需要评估的风险类型、贸易伙伴、交易条件等。只有明确了目标，才能有针对性地进行风险评估。

2.数据和信息收集

收集与贸易相关的数据和信息是风险评估的基础。这包括收集政治经济形势、市场行情、行业动态、合作伙伴的资信状况等信息。数据和信息的准确性、全面性和时效性对评估结果具有重要影响。

3.风险识别

风险识别是风险评估的关键环节，它通过分析数据和信息，识别出贸易过程中可能面临的各种风险。风险识别应全面考虑内外部环境，识别出潜在的政治风险、经济风险、市场风险等。

4.风险评估与分析

在识别出潜在风险后，应对其进行量化和定性分析，评估其发生的可能性和影响程度。这一过程需要运用适当的风险评估方法，如概率分析、敏感性分析等。通过对风险的全面分析，可以确定风险的性质和程度，为企业决策提供依据。

5.制定风险管理策略

基于风险评估结果，企业可以制定相应的风险管理策略。这包括制定预防措施、应急预案等，以降低潜在风险的发生概率和影响程度。同时，企业应定期回顾并更新风险管理策略，以确保其始终能反映当前的市场环境和企业的实际情况。

6.监控与持续改进

在实施风险管理策略后，企业应持续监控贸易过程中的风险状况。通过定期的风险评估和审计，可以检查风险管理措施的有效性，及时发现并解决潜在问题。同时，企业应不断学习和改进风险管理方法和技术，提高自身的风险管理能力。

（三）实践建议

为提高国际贸易风险评估的准确性和有效性，企业可以采取以下实践建议。

1.建立完善的风险管理组织架构，明确各部门的职责和分工，确保风险评估工作的顺利开展。

2.加强内部培训和人才培养，提高评估人员的专业素养和技能水平，提升风险评估的质量。

3.结合实际情况选择合适的风险评估工具和方法，不断探索和创新，提高评估的效率和准确性。

4.建立完善的风险管理信息系统，实现数据和信息的实时收集、分析和共享，提高风险预警和应对能力。

5.加强与贸易伙伴、相关机构和行业协会的沟通和合作，共同应对国际贸易中的风险挑战。

6.重视风险文化的建设，提高全员的风险意识和参与度，形成良好的风险管理氛围。

7.加强对金融创新产品和服务的学习和研究，深入了解其特点和风险属性，为企业制定风险管理策略提供支持。

8.积极参与国际经贸规则的制定和改革，关注国际贸易形势和发展趋势，为企业长远发展做好准备。

9.在追求贸易利益的同时，注重履行社会责任和可持续发展目标，提升企业的国际形象和声誉。

10.建立健全的内部控制体系和审计机制，加强对贸易过程的监督和检查，确保风险管理策略的有效执行。

通过以上实践建议的实施，企业可以进一步提高国际贸易风险评估的标准与流程的科学性和有效性，降低潜在风险的损失和影响程度，保障贸易的顺利进行并实现可持续发展目标。

第二节 风险应对策略与工具选择

一、风险防范策略的制定与实施

在金融创新环境下，国际贸易风险呈现出多样化和复杂化的特点。为了有效防范和应对这些风险，企业需要制定和实施针对性的风险防范策略。

（一）风险防范策略的制定

1.熟悉国际市场和政策环境

企业在开展国际贸易前，应充分了解目标市场的政治、经济、文化环境，以及相关的贸易政策、法规和惯例。通过深入了解市场和政策环境，企业可以更好地评估潜在风险，并制定相应的防范措施。

2.合理选择贸易伙伴

选择资信良好、实力雄厚的贸易伙伴是降低风险的关键。企业应通过多方调查和评估，选择具有良好信誉和经验的合作伙伴。同时，应重视与伙伴之间的沟通和协作，建立健全的合作关系，共同应对贸易风险。

3.优化贸易结构

企业应根据自身实际情况，合理安排贸易方式和结构，降低潜在风险。例如，可采用多元化的贸易方式、分散货源地、拓展销售渠道等策略，降低对单一贸易伙伴或市场的依赖，从而降低风险。

4.制定风险应急预案

针对可能出现的风险和突发事件，企业应制定详细的风险应急预案。预案应包括风险识别、评估、应对措施、善后处理等内容，以使企业在风险发生时能够迅速响应，减少损失。

5.定期评估和更新风险防范策略

随着市场环境和贸易条件的变化，企业应定期评估现有风险防范策略的有效性，并及时进行调整和更新。通过持续优化风险防范策略，企业可以更好地应对不断变化的贸易风险。

（二）风险防范策略的实施

1.强化风险管理意识

企业应加强对全体员工的培训和教育，提高员工的风险意识和风险管理能力。只有当全体员工都具备足够的风险意识，才能在开展业务时自觉地防范和控制风险。

2.建立健全的风险管理机制

企业应建立完善的风险管理机制，明确各部门在风险管理中的职责和分工。通过建立风险管理委员会、风险管理部门等机构，加强对贸易风险的集中管理和协调。同时，应完善内部风险管理制度和流程，确保各项风险管理措施的有效执行。

3.运用科技手段提升风险管理水平

随着科技的发展，企业应积极运用大数据、人工智能等先进技术手段提升风险管理水平。例如，利用大数据分析技术对市场数据、交易数据等进行深入挖掘和分析，提高风险预警和识别能力；利用人工智能技术构建风险评估模型和智能决策支持系统，提高风险管理决策的科学性和准确性。

4.加强与专业机构的合作与交流

企业应加强与保险公司、会计师事务所、律师事务所等专业机构的合作与交流，借助外部专业力量提升自身的风险管理能力。通过与专业机构合作，企业可以获得更全面、专业的风险管理建议和服务，降低潜在风险的影响。

5.建立风险信息共享平台

企业应建立内部风险信息共享平台，实现各部门之间的信息交流与合作。通过信息共享平台，企业可以及时获取、分析和传递风险信息，提高对风险的响应速度和应对能力。

6.严格执行风险管理制度和流程

企业应严格执行已制定的风险管理制度和流程，确保各项风险管理措施的有效执行。同时，应加强对制度执行情况的监督和检查，及时发现和纠正制度执行中的问题，确保制度的有效性。

7.关注国际经贸形势和政策变化

企业应持续关注国际经贸形势和政策变化，及时调整贸易策略和风险管理措施。通过深入研究国际经贸形势和政策变化对企业的影响，企业可以提前做好应对准备，降低潜在风险的影响。

8.建立风险管理文化

企业应重视风险管理文化的建设，将风险管理理念融入企业文化中。通过培养员工的风险意识和管理思维，形成全员参与的风险管理氛围，提高企业的整体风险管理水平。

9.持续改进和创新风险管理方法

随着市场环境和贸易条件的不断变化，企业应持续改进和创新风险管理方法。通过学习借鉴先进的风险管理理念和方法，结合自身实际情况进行创新应用，企业可以不断提升自身的风险管理能力，更好地应对各种贸易风险挑战。

10.重视国际合作与协调

在国际贸易中，企业应重视与其他国家和地区的合作与协调。通过参与国际经贸组织和论坛等活动，加强与其他国家和地区的交流与合作，共同应对国际贸易中的风险和挑战。通过国际合作与协调，企业可以扩大自身的影响力和话语权，为国际贸易的稳定发展贡献力量。

二、风险控制工具的选择与应用

（一）风险控制工具的选择标准

1.工具的有效性

选择风险控制工具时，首先要考虑的是工具的有效性。有效性是指工具能够准确地识别、评估和控制风险，降低风险对企业的影响。在选择风险控制工具时，企业应充分考虑工具的历史表现和实证效果，确保所选工具能够在实际操作中发挥预期作用。

2.工具的适应性

不同的企业、不同的贸易环境需要不同的风险控制工具。因此，企业在选择风险控制工具时，应充分考虑自身的业务特点、风险管理需求以及外部环境等因素。适应性强的风险控制工具能够在各种情况下发挥稳定的作用，更好地满足企业的风险管理需求。

3.工具的成本效益

风险控制工具的选择还应考虑成本效益。企业在选择风险控制工具时，应充分评估工具的成本和效益，确保所选工具能够在控制风险的同时带来经济效益。对于成本较高、效益不明显的风险控制工具，企业应慎重考虑是否采用。

4.工具的可持续性

随着市场环境和贸易条件的变化，风险控制工具的可持续性变得越来越重要。可持续性强的风险控制工具能够适应环境变化，长期为企业提供风险控制服务。企业在选择风险控制工具时，应关注工具的更新能力和升级能力，确保工具能够长期有效。

（二）常用风险控制工具及其应用

1.贸易保险

贸易保险是一种常见的风险控制工具，主要为企业提供运输、信用和政治等方面的保险服务。通过购买贸易保险，企业可以在遭受损失时获得经济补偿，降低风险对企业的影响。贸易保险的应用范围广泛，适用于各种贸易方式和贸易领域。

2.贸易融资

贸易融资是另一种常见的风险控制工具，通过提供资金支持降低企业的贸易风险。企业可以通过贸易融资获得短期或长期资金支持，保障贸易活动的顺利进行。贸易融资的应用需考虑企业的财务状况和融资需求，确保资金的有效利用。

3.贸易合同条款

贸易合同条款是预防和规避风险的另一重要手段。在合同中明确约定双方的权利和义务，以及在各种可能出现的风险情况下的处理方式，有助于减少贸易纠纷和降低风险损失。企业应重视合同条款的制定和审核，确保合同条款的完备性和有效性。

4.风险管理信息系统

风险管理信息系统是现代企业常用的风险控制工具之一。该系统通过收集、整理和分析各类贸易数据和信息，帮助企业识别、评估和控制风险。通过建立风险管理信息系统，企业可以实时监控贸易活动中的潜在风险，及时采取应对措施。企业在建立风险管理信息系统时，应注重系统的稳定性和安全性，确保数据的准确性和保密性。

5.多元化市场战略

多元化市场战略是企业分散贸易风险的常用方法之一。通过开拓多个市场，企业可以降低对单一市场的依赖程度，减少市场变化对企业的影响。多元化市场战略的应用需充分考虑企业的资源和能力，避免盲目扩张和市场过度分散带来的新风险。

6.国际合作与协调

国际合作与协调也是企业降低国际贸易风险的重要手段之一。通过与其他国家和地区的政府、企业和国际组织进行合作与协调，企业可以共同应对国际贸易中的风险和挑战。国际合作与协调的应用需关注国际政治经济形势的变化和地区间的贸易关系，确保合作的可行性和长期性。

7.金融衍生品

金融衍生品（如远期合约、期权、掉期等）是一种金融创新的风险管理工具，有助于企业在汇率、利率和商品价格波动中锁定风险或赚取收益。正确使用金融衍生品可以帮助企业在国际贸易中更好地管理价格风险和货币风险等。然而，金融衍生品的使用也伴随着高杠杆和高风险的特性，因此企业需要谨慎操作，避免过度投机和滥用衍生品带来的损失。

8.供应链管理

供应链管理是另一种重要的风险控制工具。通过优化供应链的各个环节，提高供应链的透明度和稳定性，企业可以降低潜在的物流延误、成本上升和产品质量问题等风险。企业应重视供应链伙伴的选择和关系管理，建立稳定的供应链合作关系，提高整体供应链的抗风险能力。

9.法律法规遵从与争议解决机制

企业在国际贸易中应遵守相关国家和地区的法律法规，避免因违规行为引发的法律风险和经济损失。同时，企业应建立有效的争议解决机制，在出现贸易纠纷时能够及时、合法地解决问题。通过加强法律法规遵从和争议解决机制的建设，企业可以降低法律风险对贸易活动的影响。

10.人才培养与团队建设

风险管理团队的建设是企业有效应对国际贸易风险的基石。企业应培养具备专业知识、技能和经验的风险管理人才，提高整个团队的风险识别、评估和控制能力。通过建立高效的风险管理团队，企业可以更好地应对各种贸易风险挑战，保障企业的长期稳定发展。

（三）风险控制工具的应用案例

接下来，我们将通过具体案例来探讨这些风险控制工具在实践中的应用。

案例一：贸易保险的应用

某出口企业向南美国家出口一批价值较高的机械设备。由于目的地国家政治经济形势不稳，企业面临较高的政治风险和货物损失风险。为降低风险，企业决定购买贸易保险。通过向保险公司支付保险费，企业获得了政治风险和货物运输保险，确保在遭遇风险时能够得到经济补偿。

案例二：贸易融资的应用

某大型跨国企业与非洲某国进行大宗商品贸易，由于非洲国家的外汇管制和支付延误问题，企业面临资金流转压力。为解决资金问题，企业决定采用贸易融资手段。通过与银行合作，企业获得了贸易融资支持，包括应收账款融资和货物质押融资等，从而缓解了资金压力，确保了贸易活动的顺利进行。

案例三：多元化市场战略的应用

某服装出口企业主要依赖欧洲市场，但近年来受欧洲经济不景气影响，订单量大幅下降。为降低对单一市场的依赖，企业决定实施多元化市场战略。通过开拓北美、亚洲和非洲等新兴市场，企业分散了风险，实现了业务的稳定增长。

案例四：国际合作与协调的应用

某大型跨国企业在中东地区开展工程承包业务，由于当地政治风险较高，企业决定与其他国际承包商合作。通过与其他国家的企业组成联合体共同投标和施工，企业共同分担风险和资源，提高了项目的抗风险能力。同时，企业还与当地政府和相关机构建立良好的协调关系，有效应对潜在的政治和经济风险。

在金融创新环境下，国际贸易风险控制工具的选择与应用对于企业的稳定发展至关重要。企业在面对国际贸易风险时，应结合自身实际情况和业务需求，灵活运用多种风险控制工具。为了更好地应对风险，企业还应不断提高风险管理意识和能力，建立健全的风险管理体系。同时，政府和社会各界也应加强风险管理培训和信息共享平台建设，为企业提供更多有效的风险控制工具和资源支持。

在未来的发展中，金融创新将持续推动风险控制工具的创新和发展。企业应保持敏锐的市场洞察力，关注金融创新动态和风险管理技术的发展趋势，及时掌握新的风险控制工具和方法。同时，企业应加强与金融机构、风险管理专业机构和其他企业的合作与交流，共同推动国际贸易风险控制水平的提升。

三、风险分散与转移的途径与方法

在金融创新的大背景下，国际贸易风险的分散与转移显得尤为重要。企业需要寻找有效的途径和方法，以降低风险、保障贸易活动的顺利进行。以下将详细探讨这些途径和方法。

（一）风险分散途径

1.多元化市场：通过开拓多个市场，企业可以将业务分散到不同地区，从而降低对单一市场的依赖。这样，即使某个市场出现风险，其他市场的业务仍能保持稳定，有助于整体业务的稳定发展。

2.多元化产品：企业可以开发和销售多种类型的产品，以分散单一产品可能面临的市场风险。不同产品可能面临的竞争环境、市场需求等因素不同，多元化的产品组合可以降低整体风险。

3.合作伙伴的多样性：企业可以与多个合作伙伴开展业务，包括供应商、分销商等。这样，即使某个合作伙伴出现问题，企业仍有其他选择，保障供应链的稳定性。

4.跨境资本运作：企业可以通过跨境资本运作，如跨境上市、跨国并购等方式，利用国际资本市场的资源，实现资本的多元化配置，降低资金风险。

（二）风险转移途径

1.贸易保险：通过购买贸易保险，企业可以将特定风险转移给保险公司。一旦发生风险事件，企业可以得到保险公司的经济补偿，降低自身损失。

2.贸易融资：通过贸易融资手段，企业可以将资金风险转移给银行。例如，企业可以利用银行提供的信用证、保理等金融服务，将收款风险转移给银行。

3.国际合作与协调：企业可以与其他国家的企业合作，共同应对风险。通过合作，企业可以共享资源、分担风险，提高整体抗风险能力。

4.合同条款的约定：在贸易合同中，企业可以约定一些风险转移的条款。例如，可以约定由对方承担运输风险、质量保证等条款，将部分风险转移给对方。

5.利用金融衍生品：金融衍生品如远期合约、期权等可以为企业提供规避风险的工具。通过合理运用这些工具，企业可以在一定程度上规避价格波动、汇率变动等风险。

（三）风险管理方法

1.建立风险管理机制：企业应建立健全的风险管理体系，包括风险识别、评估、监控和应对等方面。通过建立专门的风险管理部门或团队，企业可以提高对风险的敏感度和应对能力。

2.运用现代风险管理技术：企业应积极运用现代风险管理技术，如风险值（VaR）模型、压力测试等工具，对风险进行量化管理和监控。这些技术可以帮助企业更准确地评估风险大小和潜在损失。

3.强化信息收集与分析：企业应加强对市场、政策、竞争对手等方面的信息收集与分析工作。通过及时掌握相关信息，企业可以提前预警风险，并采取有效措施进行防范和控制。

4.提高人员素质：企业应加强对员工的风险管理培训和教育，提高员工的风险意识和应对能力。同时，应招聘具有风险管理专业背景的人才，充实风险管理团队的力量。

5.定期进行风险评估与审计：企业应定期进行风险评估与审计工作，以全面了解自身面临的各种风险及其状况。通过评估和审计结果，企业可以及时调整风险管理策略和措施，确保其有效性和适应性。

6.加强国际合作与交流：企业应积极参与国际风险管理组织、论坛等活动，加强与其他国家和企业的合作与交流。通过分享经验和资源，企业可以提高自身的风险管理水平，并共同应对全球性风险挑战。

7.创新风险管理工具：随着金融创新的不断发展，新的风险管理工具和产品将不断涌现。企业应保持敏锐的市场洞察力，关注金融创新动态和风险管理技术的发展趋势，及时掌握并运用新的风险管理工具和产品。

8.建立风险管理文化：将风险管理融入企业文化中，使员工在日常工作中始终保持风险意识。通过定期举办风险管理培训、研讨会等活动，提高员工对风险的认识和理解，培养全员参与的风险管理文化。

9.利用大数据和人工智能技术：运用大数据和人工智能技术对海量数据进行处理和分析，帮助企业更准确地识别和评估潜在风险。同时，利用这些技术可以提高风险预警的准确性和时效性，使企业能够及时采取应对措施。

10.建立风险应急预案：针对可能出现的重大风险事件，制定详细的风险应急预案。预案应包括应急组织、处理流程、资源保障等方面，确保企业在遭遇风险时能够迅速、有效地应对，降低损失程度。

在金融创新环境下，国际贸易风险的分散与转移对于企业的可持续发展至关重要。为了有效应对各种风险挑战，企业需要不断创新和完善风险管理机制和方法。同时，政府和社会各界也应加强支持力度，为企业提供更多有效的风险管理工具和资源支持。在未来的发展中，国际贸易风险的分散与转移将更加依赖于金融创新和技术进步的力量。因此，企业应保持敏锐的市场洞察力，不断学习新知识，掌握新技能，以适应不断变化的国际贸易环境，

第三节　金融创新带来的市场机遇与发展空间

一、金融创新环境下市场的变化与特点

随着金融创新的不断深入，国际贸易市场也在发生深刻的变化，呈现出一些新的特点。这些变化和特点不仅反映了当前市场的现状，也对未来的发展产生了重要影响。本部分将深入探讨这些变化和特点，以更好地理解金融创新对国际贸易市场的推动作用。

（一）市场全球化与自由化程度加深

金融创新的快速发展加速了资本的跨国流动，推动了市场全球化的进程。国际贸易不再局限于传统的地域性市场，而是逐渐成为一个全球性的市场。企业可以更加便捷地进入国际市场，寻找更广阔的发展空间。同时，各国政府也积极推动贸易自由化，降低关税和非关税壁垒，为国际贸易创造了更加宽松的环境。

（二）贸易模式多元化与创新化

金融创新的涌现为国际贸易提供了更多的支付方式和融资渠道，推动了贸易模式的多元化。例如，区块链技术为跨境支付提供了更加安全、快捷的解决方案；数字货币的发展降低了跨境交易的成本和时间；供应链金融为中小企业提供了更加灵活的融资方式。这些创新模式不仅提高了贸易的效率，也为企业带来了更多的商业机会。

（三）供应链金融与贸易融资的重要性提升

在金融创新的背景下，供应链金融和贸易融资成为国际贸易中的重要环节。随着全球价值链的深化，企业之间的合作越来越紧密，供应链金融为上下游企业提供了更加便捷的融资支持，推动了供应链的整体发展。贸易融资则为企业提供了资金支持和风险保障，帮助企业更好地应对市场波动。

（四）服务贸易和技术贸易的崛起

金融创新不仅促进了商品贸易的发展，也推动了服务贸易和技术贸易的崛起。随着信息技术的快速发展，数字贸易、知识产权交易、技术服务等新型贸易形式逐渐成为国际贸易的重要组成部分。这些新型贸易形式具有更高的附加值和市场潜力，为国际贸易带来了新的增长点。

（五）环境和社会责任成为贸易的重要考量因素

随着全球环境问题和社会问题的日益突出，贸易中的环境和社会责任问题逐渐成为关注焦点。消费者和利益相关方对企业的环保和社会责任要求越来越高，这促使企业在

贸易活动中更加注重可持续发展和伦理责任。企业需要关注供应链的环境影响和社会责任履行情况，确保整个价值链的可持续性。

金融创新对国际贸易市场产生了深远的影响，推动了市场的全球化、多元化和创新化进程。为了更好地适应这些变化和特点，企业需要采取一系列措施。

1.积极参与全球市场竞争：利用金融创新带来的便利条件，积极开拓国际市场，提高企业的国际竞争力。通过优化出口产品结构、提高产品质量和服务水平等方式，提升企业在国际市场中的地位和影响力。

2.创新商业模式和合作模式：利用金融创新的契机，探索新的商业模式和合作模式。例如，通过跨境电商、数字货币等新型模式拓展业务范围；与上下游企业建立紧密的合作关系，共同应对市场风险和挑战。

3.关注供应链金融和贸易融资：充分利用供应链金融和贸易融资的优势，为企业提供资金支持和风险保障。加强与金融机构的合作，优化融资方案，降低融资成本，提高企业的资金使用效率。

4.培养国际化和创新型人才：加强人才培养和引进力度，建立一支具备国际视野和创新精神的人才队伍。通过培训、交流等方式提高员工的国际化素养和创新意识，为企业的发展提供智力支持。

5.关注可持续发展和伦理责任：在贸易活动中注重环境保护和社会责任履行，将可持续发展理念融入企业的战略规划和日常经营中。同时，关注国际市场的伦理规范和法律法规要求，确保企业的经营行为符合国际标准和价值观。

二、金融创新带来的市场机遇分析

随着金融创新的深入推进，国际贸易市场面临着前所未有的机遇。金融创新为国际贸易提供了更加便利的支付方式、更加灵活的融资渠道和更加完善的风险管理工具，从而降低了交易成本、提高了市场效率，为企业提供了更广阔的发展空间。本部分将深入分析金融创新为国际贸易市场带来的机遇，以揭示其对于市场发展的推动作用。

（一）新型支付方式的涌现

金融创新背景下，新型支付方式不断涌现，为国际贸易提供了更加便捷的支付体验。传统的跨境支付方式通常涉及多家银行和多个中间环节，导致交易时间较长、成本较高。而新型支付方式如跨境电子支付、数字货币等，则大大简化了支付流程。

1.跨境电子支付：通过电子平台完成跨境支付，具有快速、安全、低成本等优势。企业可以实时跟踪交易状态，确保资金及时到账。此外，跨境电子支付还为企业提供了更加丰富的支付选择，满足了不同国家和地区消费者的支付需求。

2.数字货币：作为一种新型货币形式，数字货币具有去中心化、可追溯等特性，为跨境支付提供了更加高效和安全的解决方案。数字货币降低了跨境交易的成本，提高了资金周转速度，为企业带来了更多的商业机会。

（二）融资渠道的多元化与灵活性

金融创新为国际贸易提供了更加多元化和灵活的融资渠道，缓解了企业的资金压力。传统贸易融资方式通常较为单一，难以满足企业的多样化需求。而金融创新背景下，供应链金融、跨境电商融资等新型融资方式应运而生。

1.供应链金融：通过整合供应链上的信息流、物流和资金流，为企业提供更加灵活的融资支持。供应链金融不仅降低了企业的融资门槛和成本，还提高了资金使用效率，促进了整个供应链的协同发展。

2.跨境电商融资：针对跨境电商领域的融资需求，金融机构推出了诸多创新产品。这些产品通常具有审批速度快、额度高、循环使用等特点，为跨境电商企业提供了更加便捷的融资支持。

（三）风险管理工具的创新

金融创新为国际贸易带来了更加丰富的风险管理工具，帮助企业有效应对市场风险和不确定性。传统的风险管理工具通常较为单一，难以满足复杂多变的国际市场环境。而金融创新背景下，金融机构不断创新风险管理工具，为企业提供更加全面和个性化的服务。

1.贸易保险：贸易保险是为企业在贸易活动中面临的特定风险提供保障的一种保险产品。随着金融创新的推进，贸易保险不断丰富和完善，为企业提供了更加全面的风险保障。例如，信用保险可以帮助企业规避因买家违约带来的风险；货物运输保险可以保障企业在货物运输过程中的损失。

2.汇率风险管理：随着国际贸易的不断发展，汇率波动对企业的影响越来越大。金融机构为企业提供了丰富的汇率风险管理工具，如远期结售汇、外汇期权等，帮助企业有效规避汇率风险。企业可以根据自身业务需求选择合适的汇率风险管理工具，确保业务稳定发展。

3.利率风险管理：利率波动对企业的影响不容忽视。金融机构为企业提供了利率掉期、利率期货等利率风险管理工具，帮助企业锁定未来利率水平或对冲利率风险。通过合理运用这些工具，企业可以降低财务成本、稳定经营收益。

（四）新型贸易模式的涌现

金融创新推动了新型贸易模式的涌现，为国际贸易带来了新的增长点。这些新型贸易模式通常具有更高的附加值和市场潜力，为企业提供了更广阔的发展空间。

1.跨境电商：跨境电商通过互联网平台完成跨国交易，具有高效、便捷的特点。在金融创新的推动下，跨境电商逐渐成为国际贸易的重要增长点。企业可以利用跨境电商平台拓展海外市场、提高品牌知名度、获取更多商机。同时，跨境电商也为消费者提供了更加丰富的产品选择和购物体验。

2.全球供应链整合：金融创新促进了全球供应链的整合，使得企业能够更加高效地配置资源、降低成本。通过金融支持，企业可以优化供应链管理，提高物流效率，确保产品质量，从而增强市场竞争力。

3.数字贸易：数字贸易是借助数字技术开展的国际贸易活动，具有无纸化、自动化、智能化等特点。数字贸易降低了交易成本、提高了交易效率，为中小企业进入国际市场提供了更多机会。金融机构为数字贸易提供相应的金融支持，促进了这一新兴领域的发展。

4.绿色贸易：随着环境保护意识的增强，绿色贸易逐渐成为国际贸易的重要方向。金融机构为绿色贸易提供专项融资、绿色保险等支持，鼓励企业开展绿色生产、推动可持续性发展。这不仅有利于企业的长远发展，也有助于推动全球经济的绿色转型。

三、金融创新环境下的发展空间与前景

（一）金融创新环境下国际贸易的发展空间

金融创新在推动国际贸易市场发展的过程中起着关键作用，为国际贸易提供了更广阔的发展空间和无限的可能性。以下将从几个方面探讨金融创新如何拓展国际贸易的发展空间。

1.新型支付方式与贸易便利化

随着金融科技的迅速发展，新型支付方式如电子银行、第三方支付等逐渐成为主流。这些新型支付方式大大提高了支付效率和安全性，降低了交易成本，为国际贸易提供了更加便利的条件。企业可以通过电子银行完成跨境汇款、信用证等传统银行业务，降低了时间成本和人力成本。同时，第三方支付平台为买家和卖家提供了更加便捷的支付和收款渠道，进一步简化了国际贸易的结算流程。

2.供应链金融与贸易融资

供应链金融作为一种新型金融服务模式，为国际贸易提供了更加灵活和高效的融资

解决方案。通过供应链金融，企业可以获得针对贸易全流程的融资支持，从采购、生产到销售等各个环节获得资金支持。这不仅缓解了企业的资金压力，还促进了整个供应链的稳定运行。此外，贸易融资的创新产品如福费廷、保理等为企业提供了更加多元化的融资选择，满足了企业在不同贸易场景下的融资需求。

3.数字货币与跨境支付

数字货币的发展为跨境支付带来了新的解决方案。数字货币基于区块链技术，具有去中心化、交易速度快、成本低等特点，为跨境支付提供了更加便捷和安全的途径。随着数字货币的逐渐普及和应用，跨境支付将变得更加高效和可靠，降低了传统跨境支付中的汇兑风险和手续费。数字货币的发展将进一步推动国际贸易的数字化进程，为企业提供更多跨境支付的便利。

4.金融科技的创新应用

金融科技的发展为国际贸易带来了诸多创新应用。例如，大数据分析能够帮助企业更好地了解市场需求和消费者行为，从而制定更加精准的营销策略。人工智能技术可以应用于客户服务、订单处理等环节，提高企业的运营效率。区块链技术可以用于贸易融资、物流信息管理等场景，增强贸易的可追溯性和透明度。这些金融科技的创新应用将进一步提升国际贸易的智能化水平，为企业创造更多价值。

（二）金融创新环境下国际贸易的发展前景

金融创新将持续推动国际贸易市场的变革和发展，未来的国际贸易将呈现出以下发展趋势。

1.数字化和智能化水平提升

随着金融科技的不断发展，未来的国际贸易将更加数字化和智能化。企业将借助大数据、云计算、人工智能等技术手段，实现贸易全流程的数字化管理。数字化贸易将提高贸易的透明度和可追溯性，降低信息不对称风险。同时，智能化技术的应用将进一步提高企业的运营效率和决策水平，提升企业的市场竞争力。

2.绿色贸易和可持续发展

随着环保意识的日益增强，未来的国际贸易将更加注重绿色和可持续发展。金融机构将提供更多绿色金融产品和服务，支持企业的绿色生产和贸易活动。绿色贸易将成为国际贸易的重要方向，推动全球经济的可持续发展。企业将面临更高的环保标准和可持续性要求，需要加强环保意识和行动，以适应绿色贸易的发展趋势。

3.区域化和自由化程度加深

区域经济一体化和贸易自由化是未来国际贸易发展的重要趋势。各国将进一步加强区域经济合作和一体化进程，推动贸易自由化和便利化。同时，各种自由贸易协定将不断涌现，降低关税和非关税壁垒，促进全球贸易的增长。企业需要关注区域化和自由化的发展动态，把握市场机遇和挑战。

4.服务贸易比重增加

服务贸易将成为未来国际贸易的重要组成部分。随着全球经济结构的调整和服务业的发展，服务贸易的比重将逐渐增加。金融、电信、信息技术、文化创意等服务领域的贸易将成为新的增长点。企业需要加强服务贸易的创新和发展，提升服务品质和国际化水平，以适应服务贸易比重增加的趋势。

第十五章 金融创新环境下国际贸易市场的创新模式与实践

第一节 创新驱动的国际贸易市场发展模式

一、创新在国际贸易市场中的作用与价值

在国际贸易市场中，创新不仅是推动发展的动力，也是提升竞争力的关键。创新在推动贸易发展、优化贸易结构、提高贸易效益等方面发挥着重要作用。以下将详细探讨创新在国际贸易市场中的作用与价值。

（一）创新是推动贸易发展的关键动力

创新在国际贸易中发挥着关键作用，是推动贸易发展的核心动力。随着科学技术的不断进步和市场竞争的加剧，企业必须通过创新来提高产品质量、降低成本、开发新产品和开拓新市场。只有持续创新，才能在国际贸易竞争中保持领先地位。

首先，技术创新是推动贸易发展的关键因素。技术创新的不断涌现，使得企业能够提高生产效率、降低成本，并开发出更具竞争力的产品。例如，数字化技术的应用使得企业能够实现智能化生产，提高生产效率和产品质量。同时，信息技术的发展也推动了电子商务的兴起，为国际贸易提供了更加便捷的交易平台。

其次，商业模式创新也对于国际贸易市场的发展起到重要作用。通过创新商业模式，企业能够更好地满足市场需求、提升客户体验、提高运营效率。例如，一些企业通过发展定制化产品服务，满足消费者个性化需求，实现了产品的差异化竞争。此外，一些企业通过跨界合作、融合发展等模式创新，实现了资源共享和优势互补，进一步拓展了市场空间。

（二）创新优化贸易结构，提高贸易效益

创新不仅推动了贸易的发展，还优化了贸易结构，提高了贸易效益。在国际贸易中，传统的大规模生产已经逐渐被小批量、个性化的生产所取代。这要求企业不断创新生产模式和组织方式，以满足市场需求的变化。同时，随着消费者需求的多样化和个性化，

企业需要不断创新产品和服务，以满足消费者的需求。这些变化都要求企业不断优化贸易结构，提高贸易效益。

此外，创新还能提高企业的核心竞争力。核心竞争力是企业长期竞争优势的源泉，而创新则是提升核心竞争力的关键途径。通过创新，企业可以获得独特的竞争优势，例如技术领先、品牌优势、渠道优势等。这些优势可以转化为企业的市场地位和盈利能力，进而提高贸易效益。

（三）创新促进贸易伙伴关系的深化与拓展

在国际贸易中，企业需要与全球各地的供应商、生产商、销售商等建立紧密的合作伙伴关系。创新不仅有助于企业与现有合作伙伴关系的深化，还有助于拓展新的合作伙伴关系。通过技术创新和模式创新，企业可以与合作伙伴共同开发新产品、开拓新市场、提高供应链效率等，实现互利共赢。这种深化的合作伙伴关系有助于降低交易成本、增强信息共享、提高市场竞争力等。同时，创新的商业模式和组织方式也有助于企业拓展新的合作伙伴关系，进入新的市场领域和客户群体。

（四）创新有助于应对国际贸易中的挑战与风险

在国际贸易中，企业面临着各种挑战与风险，例如关税壁垒、技术壁垒、知识产权保护等。通过不断创新，企业可以更好地应对这些挑战与风险。例如，通过技术创新提高产品质量和降低成本，可以增强企业在国际市场中的竞争力；通过商业模式创新适应市场需求的变化，可以提高企业的应变能力；通过知识产权保护可以保护企业的核心技术和品牌价值。这些应对策略都可以帮助企业在国际贸易中取得更好的发展成果。

总结来说，创新在国际贸易市场中的作用与价值不容忽视。它不仅推动了贸易的发展、优化了贸易结构、提高了贸易效益；还促进了贸易伙伴关系的深化与拓展；同时也有助于应对国际贸易中的挑战与风险。因此，企业在参与国际贸易时应注重创新，以应对市场的变化和竞争的压力。政府和相关机构也应提供支持和激励措施，鼓励企业进行创新活动，以促进国际贸易市场的持续发展和繁荣。

二、创新驱动的发展模式的特点与优势

在当今世界，创新已成为推动经济发展的核心动力。创新驱动的发展模式以其独特的特点和优势，正逐渐成为各国经济发展的主流。这种模式不仅有助于提高国家的竞争力，还有助于实现可持续发展。以下将详细探讨创新驱动的发展模式的特点与优势。

（一）创新驱动的发展模式的特点

1.以创新为核心驱动力：创新驱动的发展模式最显著的特点是它将创新作为推动经

济发展的核心动力。与传统的资源或投资驱动的发展模式不同，创新驱动模式强调的是通过科技创新、制度创新、产业创新等手段，提高生产效率、开发新产品、开拓新市场，从而实现经济的持续增长。

2.知识经济为基础：在创新驱动的发展模式下，知识经济成为重要的基础。知识经济强调的是知识的创造、传播和应用，这正是创新驱动模式的核心所在。通过加大对教育和研发的投入，培养高素质的人才，提高整个社会的创新能力，是实现经济持续发展的关键。

3.高度的竞争与合作：在创新驱动模式下，竞争与合作并存。企业之间既在市场上展开激烈的竞争，又在研发、生产和销售等方面进行广泛的合作。这种竞合关系有助于推动企业不断提高自身的创新能力，实现共同发展。

4.灵活适应市场需求：创新驱动的发展模式具有灵活适应市场需求的特点。随着消费者需求的不断变化，企业需要不断创新以满足这些需求。这使得创新驱动模式能够快速适应市场的变化，抓住市场机遇，实现快速发展。

（二）创新驱动的发展模式的优势

1.提升国家竞争力：创新驱动的发展模式有助于提升国家的竞争力。通过不断创新，国家可以掌握核心技术和知识产权，提高产品和服务的附加值。这使得国家在国际市场上获得更大的竞争优势，实现经济的持续增长。

2.实现可持续发展：创新驱动模式有助于实现可持续发展。这种模式鼓励企业通过创新降低对环境的负面影响，提高资源的利用效率。同时，通过发展新兴产业和技术，创新驱动模式能够为经济的可持续发展提供强有力的支撑。

3.促进产业升级和转型：创新驱动的发展模式能够推动产业升级和转型。通过科技创新和产业创新，企业能够开发出更具竞争力的新产品和新技术，推动传统产业向高技术、高附加值的领域升级。这有助于提高国家的产业竞争力，实现经济的跨越式发展。

4.培养高素质人才：创新驱动模式强调知识经济的基础作用，加大对教育和研发的投入，培养了大量高素质的人才。这些人才不仅具备高度的创新能力，还拥有广阔的视野和敏锐的市场洞察力。他们是推动经济发展的重要力量，也是国家实现可持续发展的宝贵财富。

5.优化资源配置：在创新驱动模式下，资源会更加集中于高成长、高回报的领域和行业。这有助于提高资源的利用效率，优化资源配置，实现经济的快速和高效发展。

6.提升社会福祉：通过创新驱动的发展模式，国家可以提供更高质量的产品和服务，满足人民日益增长的物质和文化需求。同时，创新还能够推动社会进步和文明发展，提升人民的生活质量和幸福感。

总结来说，创新驱动的发展模式具有以创新为核心驱动力、知识经济为基础、高度的竞争与合作、灵活适应市场需求等特点。同时，这种模式还有助于提升国家竞争力、实现可持续发展、促进产业升级和转型、培养高素质人才、优化资源配置以及提升社会福祉等优势。因此，在当今世界经济形势下，越来越多的国家开始采用或转向创新驱动的发展模式，以实现经济的持续健康发展。

三、创新模式的实施路径与策略

随着全球化的深入发展，国际贸易市场的竞争日趋激烈。为了在国际贸易中取得优势，创新模式的实施变得尤为重要。创新不仅涉及产品、技术和服务的创新，更包括商业模式、市场策略和管理方法的创新。以下将详细探讨国际贸易市场创新模式的实施路径与策略。

（一）产品与技术创新

加大研发投入：持续创新是企业保持竞争力的关键。为了在激烈的市场竞争中脱颖而出，企业需要不断加大研发投入，积极探索新技术、新应用。通过自主研发，企业可以拥有自主知识产权，形成技术壁垒，避免受制于人。这不仅可以提升产品质量，还能为企业带来差异化竞争优势。

跨领域合作：在当今多元化的市场环境下，企业应积极寻求与其他产业领域的合作机会。跨界合作能够为企业带来新的创意和资源，促进技术创新和产品升级。通过与不同领域的合作伙伴共同研发、生产，企业可以实现优势互补，快速将新技术引入市场。这不仅有助于提高企业的竞争力，还能拓展新的业务领域，实现多元化发展。

关注新兴技术：随着科技的不断进步，新兴技术层出不穷。企业要保持敏锐的市场洞察力，密切关注新兴技术的发展动态。了解并掌握人工智能、区块链、物联网等领域的最新进展，有助于企业把握未来市场的先机。通过提前布局，企业可以抢占市场制高点，为未来的发展奠定坚实基础。

除了以上提到的加大研发投入、跨领域合作和关注新兴技术，企业在发展中还需注意以下几点。

人才引进与培养：优秀的人才是企业最宝贵的资源。企业应积极引进具有创新能力和实践经验的人才，同时注重内部人才培养。通过提供良好的发展空间和激励机制，激发员工的创造力和潜力，为企业的发展提供有力的人才保障。

市场拓展与品牌建设：在加大研发投入、推动技术创新的同时，企业还应注重市场拓展和品牌建设。通过深入分析市场需求、制定有效的营销策略、提升品牌价值等方式，提高产品的市场占有率和企业知名度。

风险管理与知识产权保护：企业在发展过程中需加强风险管理和知识产权保护。建立完善的风险管理体系，预防和应对潜在风险；同时，加强知识产权的申请、保护和维权工作，确保企业的创新成果得到合理保护。

企业文化建设：良好的企业文化能够激发员工的归属感和凝聚力，促进企业的稳定发展。企业应注重文化建设，营造积极向上、团结协作的工作氛围，使员工能够在企业中找到归属感，共同为实现企业的发展目标而努力。

供应链管理优化：随着企业的发展和规模的扩大，供应链管理成为影响企业竞争力的重要因素。企业应不断优化供应链管理体系，与供应商建立长期稳定的合作关系，提高采购、生产和物流的效率，降低运营成本。

财务管理与资金运作：财务管理是企业发展的重要支撑。企业应建立健全财务管理体系，规范财务运作，确保财务数据的真实性和准确性。同时，合理规划资金运作，为企业的研发、生产和市场拓展提供充足的资金保障。

社会责任与可持续发展：企业在追求经济效益的同时，还应积极履行社会责任，推动可持续发展。关注环境保护、公益事业等方面，通过绿色生产、环保经营等方式实现企业与社会的和谐发展。

（二）商业模式创新

1.平台化运营：企业可搭建平台，整合资源，提供一站式服务，以降低交易成本，提高运营效率。

2.定制化服务：根据客户的个性化需求，提供定制化的产品和服务，提升客户体验。

3.共享经济：运用共享经济的理念，通过共享资源降低成本，实现商业模式的创新。

（三）市场策略创新

1.市场细分：对国际市场进行细分，深入挖掘不同市场的需求特点，以制定针对性的市场策略。

2.差异化竞争：在产品、价格、渠道和促销等方面实施差异化策略，以突出自身优势，避免直接竞争。

3.品牌建设：加强品牌建设，提升品牌知名度和美誉度，以品牌优势赢得市场份额。

（四）管理方法创新

1.敏捷管理：采用敏捷的管理方法，快速响应市场变化，提高企业的应变能力。

2.人才管理：建立有效的人才激励机制，吸引和留住优秀人才，为企业的创新发展提供人才保障。

3.风险管理：加强风险管理，建立完善的风险预警和应对机制，降低企业在国际市场中的风险。

（五）政策与制度创新

1.优化营商环境：政府应优化营商环境，降低企业进入和退出门槛，鼓励企业积极参与国际贸易。

2.创新支持政策：制定针对创新的支持政策，如税收优惠、资金扶持等，激发企业的创新活力。

3.完善法律法规：健全与国际贸易相关的法律法规体系，为企业提供公平、公正的竞争环境。

（六）国际合作与交流

1.跨境合作项目：通过开展跨境合作项目，共享资源、技术和市场信息，实现互利共赢。

2.参加国际展览与论坛：积极参加国际展览和论坛活动，与国际同行交流经验，了解行业动态。

3.国际人才培养与交流：加强国际人才培养和交流活动，提升企业的国际化水平。

总体来说，国际贸易市场创新模式的实施需要从产品与技术创新、商业模式创新、市场策略创新、管理方法创新、政策与制度创新以及国际合作与交流等多个方面入手。通过综合运用这些路径与策略，企业可以不断提升自身的创新能力，适应不断变化的市场环境，从而在国际贸易市场中取得更大的成功。

第二节　创新实践案例分析及其启示

一、典型创新实践案例的介绍与特点

在国际贸易市场中，企业通过不断创新以适应快速变化的环境。这些创新实践案例涵盖了产品、技术、商业模式和市场策略等多个方面。

（一）苹果公司的 iPod 和 iPhone

苹果公司的 iPod 和 iPhone 是国际贸易市场中的经典创新案例。iPod 重塑了音乐播放器市场，引领了数字化音乐消费的潮流。iPhone 则是一款具有影响力的产品，它融合了多项技术，如触摸屏、移动互联网接入和应用程序商店，改变了手机行业的格局。

特点：

创新的技术整合：苹果公司通过 iPod 和 iPhone，将多项技术整合到单一产品中，满足了消费者的多元化需求。

生态系统建设：苹果公司不仅开发产品，还构建了一个完整的生态系统，包括软件开发、硬件制造和内容提供等，为用户提供了丰富的使用体验。

高端定位：苹果公司以高端市场定位为核心，吸引了一批忠诚度高的用户，并通过品牌效应实现了高附加值。

（二）特斯拉电动汽车

特斯拉电动汽车是新能源汽车领域的佼佼者，它通过创新的电动汽车技术和商业模式，改变了传统汽车行业的格局。

特点：

先进的技术创新：特斯拉在电动汽车领域拥有多项核心技术，如电池技术、电机技术和自动驾驶技术等，为产品提供了强大的竞争优势。

直销模式：特斯拉采用直销模式，直接与消费者建立联系，降低了中间环节的成本，使得产品更具价格竞争力。

能源一体化解决方案：特斯拉不仅销售电动汽车，还提供能源存储和太阳能解决方案，实现了一体化的能源利用和绿色出行。

（三）阿里巴巴的跨境电商平台

阿里巴巴的跨境电商平台为全球中小企业提供了进入中国市场的机会，推动了全球贸易的发展。

特点：

平台化运营：阿里巴巴搭建了一个连接买家和卖家的平台，降低了跨境交易的门槛和成本。

高效的物流解决方案：阿里巴巴通过建立物流基础设施和合作伙伴关系，为卖家提供快速、可靠的物流服务。

多元化的支付方式：阿里巴巴提供了多种支付方式，满足了不同国家和地区用户的支付需求。

本地化策略：阿里巴巴注重本地化运营，与全球各地的政府、企业和消费者建立了紧密的联系，为卖家提供了市场进入支持。

（四）腾讯的微信国际化

腾讯的微信通过国际化的战略布局，成为全球社交媒体领域的翘楚。微信不仅在中国大陆广泛使用，还逐渐在全球范围内扩大影响力。

特点：

产品本土化：微信针对不同国家和地区进行产品本土化改造，以满足当地用户的文化和使用习惯。

开放平台战略：微信开放平台，吸引第三方开发者参与应用开发，丰富了平台的功能和服务。

社交与商业融合：微信将社交与商业功能融合在一起，为用户提供了便捷的生活服务体验。

数据驱动运营：腾讯利用大数据和人工智能技术优化用户体验，提高用户黏性和活跃度。

以上案例具有几个显著的特点：首先，这些企业具有强大的创新能力和敏锐的市场洞察力，能够迅速捕捉并应对市场的变化；其次，这些企业注重产品的研发和创新，不断推出符合市场需求的新产品；第三，这些企业利用先进的技术手段优化产品和服务体验；第四，这些企业通过建立强大的品牌和生态系统来巩固市场地位；最后，这些企业在管理和运营方面不断创新，以适应快速变化的市场环境。这些特点为其他企业在国际贸易市场中实施创新提供了有益的借鉴和启示。

二、案例的成功因素与实施条件

（一）成功因素

1.创新能力和市场洞察力

成功的企业往往具备强大的创新能力和敏锐的市场洞察力。它们能够快速捕捉市场变化，并针对消费者需求进行产品和技术创新。同时，这些企业能够预测市场趋势，提前布局，抓住机遇。例如，苹果公司的 iPod 和 iPhone、特斯拉电动汽车，以及阿里巴巴的跨境电商平台，都是基于强大的创新能力和市场洞察力而取得成功的。

2.优质的产品和服务

在国际贸易市场中，优质的产品和服务是企业赢得消费者信任和忠诚度的关键。企业应注重产品研发和创新，以满足消费者多样化的需求。同时，企业应关注产品质量和服务体验，不断提升客户满意度。通过提供优质的产品和服务，企业能够树立良好的品牌形象，巩固市场地位。

3.品牌建设和生态系统建设

成功的国际贸易企业通常具备强大的品牌影响力和生态系统建设能力。品牌是企业形象和价值的体现，通过品牌推广和营销活动，企业能够提升品牌知名度和美誉度。同时，企业应注重生态系统建设，整合产业链上下游资源，建立稳定的合作关系。通过打造完整的生态系统，企业能够降低交易成本、提升运营效率，并为客户提供更全面的解决方案。

4.国际化战略和市场布局

国际贸易市场的成功离不开正确的国际化战略和市场布局。企业应制定明确的国际化战略，包括目标市场选择、市场进入方式、资源配置等。同时，企业应关注全球市场动态，了解各国政策法规、文化差异和消费习惯，以更好地适应市场需求。通过合理的市场布局和国际化战略，企业能够拓展全球业务，提升竞争力。

（二）实施条件

1.强大的研发实力和技术创新能力

国际贸易市场的竞争激烈，企业要想脱颖而出，必须具备强大的研发实力和技术创新能力。这包括对市场趋势的敏锐洞察、对技术发展的准确判断、对研发资源的充足投入以及对创新过程的精细管理。只有不断推出符合市场需求的新产品和技术，企业才能在市场中占据优势地位。

2.灵活的组织结构和高效的运营管理

国际贸易市场的环境多变，企业需要具备灵活的组织结构和高效的运营管理能力以应对各种挑战。这包括对市场信息的快速响应、对供应链的优化整合、对资源的合理配置以及对成本的精细控制等。只有实现高效运营和管理，企业才能在市场竞争中取得优势。

3.丰富的资源储备和稳定的供应链

国际贸易市场的竞争不仅仅是单个企业的竞争，更是整个供应链的竞争。企业需要具备丰富的资源储备和稳定的供应链以保障生产和经营的顺利进行。这包括对原材料的充足供应、对生产过程的精细控制、对物流环节的高效协调以及对销售渠道的优化布局等。只有建立稳定的供应链体系，企业才能在市场中立于不败之地。

4.优秀的国际化人才和团队文化

国际贸易市场的成功离不开一支具备国际化视野和跨文化沟通能力的人才队伍。企业需要招聘和培养一批高素质的员工，他们应具备语言能力、专业知识、跨文化沟通技巧以及团队协作精神。同时，企业应注重团队文化建设，营造积极向上的工作氛围，激发员工的创造力和凝聚力。通过建立优秀的国际化人才队伍和团队文化，企业能够提升整体竞争力，实现可持续发展。

5.完善的风险管理和应对能力

国际贸易市场面临着诸多风险和不确定性因素，如政治风险、汇率风险、物流风险等。企业需要建立完善的风险管理体系和应对能力以降低潜在损失。这包括对市场风险的准确评估、对汇率波动的合理应对、对物流环节的安全保障以及对政治风险的预防控制等。只有有效控制风险，企业才能保持稳定发展。

以上是国际贸易市场案例的一些成功因素与实施条件。企业在开展国际贸易时可以借鉴这些成功因素与实施条件，结合自身实际情况制定合适的发展战略和实施计划。同时，企业应关注国际贸易市场的变化和发展趋势，不断调整和创新经营策略以适应市场的需求和变化。

三、案例的启示与借鉴意义

在国际贸易市场中，成功的案例不胜枚举。这些案例不仅为企业提供了宝贵的经验教训，而且对于整个行业的发展都具有重要的启示和借鉴意义。

（一）创新是关键

创新是企业在国际贸易市场中取得成功的关键因素之一。成功的案例告诉我们，只有通过不断创新，才能在市场中获得竞争优势。企业应关注市场需求和技术发展，不断推出新产品和新技术，以满足消费者的需求并提升自身竞争力。同时，企业应注重创新能力的培育和提升，加大研发投入，加强人才培养，建立创新文化，为创新提供有力的支持和保障。

（二）品质是基石

品质是企业赢得消费者信任和忠诚度的基石。在国际贸易市场中，企业应注重产品质量和服务质量的提升，以满足消费者的需求和期望。同时，企业应加强品质管理体系的建设和完善，确保产品和服务质量的稳定性和可靠性。通过提供高品质的产品和服务，企业能够树立良好的品牌形象，巩固市场地位，提升竞争力。

（三）合作共赢是方向

在国际贸易市场中，合作共赢是发展的趋势和方向。企业应注重与上下游合作伙伴建立稳定的合作关系，共同开拓市场、提升竞争力。同时，企业应关注国际经贸合作与交流，积极参与国际标准和规则的制定，推动行业发展和贸易便利化。通过合作共赢，企业能够实现互利共赢、共同发展。

（四）可持续发展是目标

可持续发展已成为全球企业的共同追求。在国际贸易市场中，企业应关注环境保护、社会责任和经济效益的平衡发展。通过实现可持续发展，企业能够为消费者、员工、社会和环境创造长期价值。同时，企业应关注国际经贸政策、法规和标准的发展动态，遵守国际规则和惯例，为可持续发展做出贡献。

（五）应对风险是必备能力

国际贸易市场面临着诸多风险和不确定性因素，如政治风险、汇率风险、物流风险等。企业应建立完善的风险管理体系和应对能力，降低潜在损失。这包括对市场风险的准确评估、对汇率波动的合理应对、对物流环节的安全保障以及对政治风险的预防控制等。只有有效控制风险，企业才能保持稳定发展。此外，企业应关注国际贸易市场的变化和发展趋势，不断调整和创新经营策略以适应市场的需求和变化。通过加强市场研究、提升信息获取和分析能力、加强客户关系管理等方式，企业能够更好地把握市场机会、应对市场挑战。

此外，企业还可以从成功案例中借鉴以下几点。

1.战略定位：明确自身在国际市场的战略定位，制定符合自身特点和优势的发展计划。同时关注行业发展趋势和国家政策导向，积极调整战略布局。

2.品牌建设：加强品牌宣传和推广工作，提升品牌知名度和美誉度。通过独特的品牌形象和文化内涵吸引目标客户群体，增强品牌忠诚度。

3.渠道拓展：积极开拓国内外市场渠道，加强与分销商和零售商的合作与沟通。同时利用电商平台和社交媒体等新兴渠道拓展销售网络，提升市场份额。

4.供应链管理：优化供应链管理体系，与供应商建立长期合作关系。通过精细化管理降低成本、提高效率，确保产品质量和运输物流的稳定可靠。

5.人才培养与引进：重视人才的引进、培养和激励工作。通过建立完善的人才管理体系和激励机制吸引优秀人才加入，提高企业核心竞争力。同时加强内部培训和人才梯队建设工作，提升员工的专业素质和工作能力。

第三节　创新模式推广与应用的前景与挑战

一、创新模式推广的机遇与优势

（一）国际贸易市场创新模式推广的机遇

随着全球化的加速和科技的快速发展，国际贸易市场正经历着深刻的变化。传统的贸易模式和渠道正在受到挑战，而新的创新模式则带来了无限的机遇。这些创新模式不仅为企业提供了更广阔的市场和更多的商机，还为消费者带来了更便捷、个性化的购物体验。

首先，电子商务的兴起为国际贸易市场带来了巨大的变革。通过电子商务平台，企业可以直接接触到全球的消费者，打破了地域和时间的限制。这使得中小企业有机会与大企业站在同一起跑线上，共同竞争全球市场。同时，消费者也可以更加方便地购买到来自世界各地的商品，满足了他们对多元化和个性化的需求。

其次，数字货币和区块链技术也为国际贸易市场带来了创新的机会。数字货币的兴起为企业提供了新的支付方式，降低了交易成本，提高了交易效率。而区块链技术则可以确保交易的安全性和透明性，减少了欺诈和纠纷的风险。这些创新技术的应用将为国际贸易市场带来更多的便利和安全保障。

此外，智能科技的发展也为国际贸易市场带来了机遇。智能制造、智能物流和智能供应链等技术应用，使得企业能够更加高效地生产、配送和销售产品。这不仅可以降低成本，提高效率，还可以为消费者提供更加优质的产品和服务。

（二）国际贸易市场创新模式推广的优势

国际贸易市场创新模式的推广具有多方面的优势。首先，创新模式可以帮助企业提高竞争力。在国际贸易市场中，企业面临着激烈的竞争。通过创新模式的应用，企业可以提高自身的生产效率、降低成本、提升产品质量，从而获得更大的竞争优势。

其次，创新模式有助于开拓新的市场。随着全球化的加速和消费者需求的多样化，开拓新的市场对于企业的发展至关重要。创新模式可以帮助企业更好地了解目标市场的需求和文化，从而制定更加精准的市场策略，抓住更多的商机。

此外，创新模式还有助于推动产业的升级和转型。传统的贸易模式往往集中在低附加值的制造环节，而创新模式可以推动企业向高附加值的环节转型，如研发、设计、品牌营销等。这不仅可以提高企业的盈利能力，还可以推动整个产业的升级和转型。

最后，创新模式还有助于企业提高品牌价值和影响力。通过创新模式的应用，企业可以更好地展示自身的品牌特色和价值，提升品牌知名度和美誉度。这有助于企业在国际市场中树立良好的形象，增强消费者的忠诚度和信任度。

综上所述，国际贸易市场创新模式的推广对于企业的发展和整个产业的升级都具有重要的意义。企业应该抓住机遇，勇于创新，积极探索和应用新的贸易模式和技术，以适应不断变化的市场需求和竞争环境。同时，政府和社会也应该为企业的创新提供支持和保障，共同推动国际贸易市场的繁荣和发展。

二、创新模式应用面临的挑战与风险

（一）国际贸易市场创新模式应用面临的挑战

国际贸易市场创新模式的推广虽然带来了无限的机遇，但同时也面临着多方面的挑战。这些挑战主要来自技术、市场、政策和环境等方面。

首先，技术挑战是创新模式应用中最为常见的问题之一。随着科技的不断进步，新的创新模式层出不穷，但技术的更新换代也带来了兼容性和互操作性的问题。企业需要不断跟进新技术的发展，同时确保自身的系统、设备和人员能够适应技术的变化。此外，技术的复杂性和专业性也要求企业具备足够的技术储备和人才支持。

其次，市场挑战也是创新模式应用中不可避免的问题。国际贸易市场的竞争激烈，企业需要面对来自国内外同行的竞争压力。同时，市场的需求和消费者偏好也在不断变化，企业需要时刻关注市场动态，及时调整自身的市场策略。此外，市场的多样性和差异性也要求企业具备更强的市场适应能力和创新能力。

第三，政策挑战也是创新模式应用中不可忽视的因素。国际贸易市场的政策和规则是由各个国家和地区的政府制定的，而这些政策和规则可能存在差异和变化。企业需要密切关注政策的变化和趋势，及时调整自身的经营策略和业务模式。同时，企业还需要加强与政府和相关机构的沟通和合作，积极参与政策的制定和执行，以维护自身的合法权益和市场地位。

最后，环境挑战也是创新模式应用中需要考虑的因素之一。随着全球环境问题的日益严重，国际贸易市场也开始关注环保和可持续发展的问题。企业需要采取更加环保和可持续的生产方式和技术，以减少对环境的负面影响。同时，企业还需要关注国际社会对环保和可持续发展的标准和要求，加强与国际组织和机构的合作，以提升自身的环保和社会责任形象。

（二）国际贸易市场创新模式应用的风险

除了以上挑战，国际贸易市场创新模式应用还面临着一系列的风险。这些风险主要来自市场、技术、政策和环境等方面。

首先，市场风险是创新模式应用中最为常见的风险之一。国际贸易市场的需求和消费者偏好是不断变化的，企业需要时刻关注市场动态，及时调整自身的经营策略和业务模式。然而，市场的变化也可能导致企业的经营出现问题，如市场需求下降、产品滞销等。此外，市场的多样性和差异性也要求企业具备更强的市场适应能力和创新能力，这也带来了市场风险的不确定性。

其次，技术风险也是创新模式应用中需要考虑的因素之一。随着科技的不断进步，新的创新模式层出不穷，但技术的更新换代也可能导致企业的技术和设备过时、落后。企业需要不断跟进新技术的发展，同时确保自身的系统和设备能够适应技术的变化。然而，技术的复杂性和专业性也带来了技术风险的不确定性。

第三，政策风险也是创新模式应用中不可忽视的因素之一。国际贸易市场的政策和规则是由各个国家和地区的政府制定的，而这些政策和规则可能存在差异和变化。企业需要密切关注政策的变化和趋势，及时调整自身的经营策略和业务模式。然而，政策的变化也可能导致企业的经营出现问题，如关税的提高、进口限制的加强等。同时，企业还需要加强与政府和相关机构的沟通和合作，积极参与政策的制定和执行，以维护自身的合法权益和市场地位。然而，政府的决策也可能带来不确定性和风险。

最后，环境风险也是创新模式应用中需要考虑的因素之一。随着全球环境问题的日益严重，国际贸易市场也开始关注环保和可持续发展的问题。企业需要采取更加环保和可持续的生产方式和技术，以减少对环境的负面影响。然而，环保和可持续发展的要求也可能给企业带来额外的成本和负担，如采用可再生能源、减少废弃物排放等措施需要投入更多的资金和技术支持。同时，国际社会对环保和可持续发展的标准和要求也在不断提高，这也给企业带来了不确定性和风险。

三、应对挑战的策略与措施

（一）国际贸易市场应对挑战的策略与措施

国际贸易市场面临着众多的挑战，这些挑战既包括来自技术、市场、政策和环境等方面的外部压力，也包括企业自身在创新、人才、品牌和渠道等方面的内部短板。为了应对这些挑战，企业需要采取一系列的策略和措施，以提升自身的竞争力和市场地位。

首先，企业需要加强技术创新和人才培养。创新是企业发展的动力源泉，而技术则是创新的核心要素。企业需要加大技术研发的投入，不断推出具有自主知识产权和核心竞争力的新产品和技术，以提升自身的技术水平和市场竞争力。同时，企业还需要加强人才培养和引进，建立一支高素质、专业化的人才队伍，为企业的创新发展提供强有力的人才支持。

其次，企业需要加强市场开拓和品牌建设。国际贸易市场的竞争激烈，企业需要不断提升自身的市场开拓能力和品牌影响力。在市场开拓方面，企业可以通过多种途径，如参加展会、开展商务洽谈、建立销售网络等，积极开拓国内外市场，扩大市场份额。在品牌建设方面，企业可以通过提升产品质量、加强品牌宣传和推广、提高售后服务水平等方式，树立良好的品牌形象和口碑，提升品牌知名度和美誉度。

第三，企业需要加强政策研究和国际合作。国际贸易市场的政策和规则是企业开展国际贸易活动的重要依据和保障。企业需要加强对国际经贸政策、法规和标准的研究，及时掌握国际市场的变化和趋势，合理规避政策风险。同时，企业还需要积极参与国际合作和交流，与国内外同行建立广泛的合作关系，共同应对国际贸易市场的挑战和机遇。

最后，企业需要加强环保和社会责任建设。随着全球环境和社会问题的日益突出，企业的环保和社会责任形象已经成为国际贸易市场的重要评价指标之一。企业需要采取更加环保和可持续的生产方式和技术，减少对环境的负面影响。同时，企业还需要关注员工福利、劳工权益等问题，加强企业内部管理和文化建设，树立良好的企业形象和社会责任形象。

（二）具体策略与措施

为了应对这些挑战，企业可以采取以下具体的策略与措施。

1.加大技术研发和创新投入：企业应该注重技术研发和创新投入，建立专门的技术研发团队，积极开展新技术和新产品的研发工作。同时，企业还应该关注行业发展趋势和市场需求变化，及时调整技术研发和创新方向，以保持技术的领先地位和满足市场需求的变化。

2.提升人才培养和引进力度：企业应该注重人才培养和引进工作，建立完善的人才培养机制和引进渠道。通过内部培训、外部引进等多种方式，提升企业人才队伍的整体素质和技术水平，为企业的创新发展提供强有力的人才支持。

3.加强市场开拓和品牌建设：企业应该注重市场开拓和品牌建设工作，建立完善的市场开拓体系和品牌推广渠道。通过多种方式积极开拓国内外市场，扩大市场份额。同时，企业还应该注重提升产品质量和服务水平，树立良好的品牌形象和口碑。

4.深化政策研究和国际合作：企业应该加强对国际经贸政策、法规和标准的研究工作，及时掌握国际市场的变化和趋势。同时，企业还应该积极参与国际合作和交流活动，与国内外同行建立广泛的合作关系，共同应对国际贸易市场的挑战和机遇。

5.推进环保和社会责任建设：企业应该注重环保和社会责任建设工作，采取更加环保和可持续的生产方式和技术。同时，企业还应该关注员工福利、劳工权益等问题，加强企业内部管理和文化建设工作。通过这些措施的实施，可以提升企业的环保和社会责任形象，增强企业在国际贸易市场的竞争力。

6.灵活应对市场变化：国际贸易市场的变化多端，企业应该灵活应对市场变化。通过建立完善的市场信息收集和分析机制，及时了解市场需求和竞争态势的变化情况。同时，企业还应该建立快速响应机制和市场应变能力，根据市场变化及时调整经营策略和业务模式。通过这些措施的实施，可以提高企业的市场适应能力和竞争力。

7.优化供应链管理：企业的供应链管理对于提高效率和降低成本具有重要作用。企业应该建立完善的供应链管理体系和物流配送体系，优化采购、生产和配送等环节的管理流程。通过提高供应链的透明度和可预测性、降低库存成本和提高物流效率等措施的实施，可以提高企业的运营效率和降低成本。

8.加强风险管理：国际贸易市场存在各种风险因素，如政治风险、汇率风险等。企业应该加强风险管理意识和管理体系的建设工作。通过建立完善的风险识别、评估和控制机制，及时发现和应对各种风险因素。同时，企业还应该积极参与国际保险市场和利用金融工具等措施来降低风险对企业的影响。

9.探索多元化市场：国际贸易市场的多元化发展是未来的趋势之一。企业应该积极探索多元化市场的发展机遇和空间。通过开拓新兴市场、拓展产品线和服务范围等方式来扩大市场份额和提高盈利能力。同时，企业还应该关注不同市场的需求和文化差异等因素的影响，以更好地适应市场需求的变化和文化差异的挑战。

10.提升跨境电商能力：跨境电商是国际贸易的新趋势之一。企业应该积极提升自身的跨境电商能力和水平。通过建立跨境电商平台、拓展跨境电商业务等方式，开拓更广阔的国际市场。同时，企业还应该关注跨境电商的政策和法规变化，及时调整业务模式和策略，以适应市场变化和政策要求。

国际贸易市场面临着众多的挑战，企业需要采取一系列的策略和措施来应对这些挑战。通过加大技术研发和创新投入、提升人才培养和引进力度、加强市场开拓和品牌建设、深化政策研究和国际合作、推进环保和社会责任建设、灵活应对市场变化、优化供应链管理、加强风险管理和探索多元化市场等措施的实施，可以提高企业的竞争力和市场地位，更好地应对国际贸易市场的挑战和机遇。

第十六章 金融创新环境下国际贸易市场的合作与共赢

第一节 跨国合作的意义与价值

一、跨国合作在国际贸易中的地位与作用

随着全球化的不断推进，国际贸易已经成为各国经济发展的重要引擎。在这个大背景下，跨国合作逐渐崭露头角，成为推动国际贸易发展的重要力量。

（一）资源优化配置的促进者

跨国合作的核心在于资源的跨国流动与优化配置。通过跨国合作，企业能够充分利用不同国家的资源优势，实现资源的全球优化配置。这不仅有助于降低生产成本、提高生产效率，还有利于促进全球经济的协同发展。在国际贸易中，跨国合作对于资源的优化配置起到了积极的推动作用，使得全球范围内的资源得以更加高效、合理地利用。

（二）技术创新与产业升级的推动者

跨国合作也是技术创新和产业升级的重要途径。通过与国际先进企业、研究机构的合作，企业可以引进先进技术和管理经验，提升自身的技术水平和创新能力。同时，跨国合作还有助于促进产业结构的调整和优化，推动产业向高端化、智能化、绿色化方向发展。在国际贸易中，跨国合作为技术创新和产业升级提供了平台和机会，促使企业不断更新技术和产品，提高自身的竞争力和市场地位。

（三）市场拓展与发展的助力者

跨国合作能够帮助企业拓展国际市场，扩大发展空间。通过与国外企业合作，企业可以更快地了解和适应国际市场需求，提高自身产品的国际竞争力。同时，跨国合作还有助于企业打破贸易壁垒、降低市场进入门槛，进一步扩大市场份额。在国际贸易中，跨国合作为企业提供了更广阔的市场空间和发展机会，使得企业能够更好地把握国际市场的机遇和挑战。

（四）国际竞争力的提升者

跨国合作还有助于企业提高国际竞争力。通过与国际先进企业合作，企业可以学习其先进的管理理念、市场运作模式和人才培养机制，提升自身的管理水平和市场运作能力。同时，跨国合作还有助于企业获取更多的国际资源，增强其全球资源配置能力，进一步提高国际竞争力。在国际贸易中，跨国合作为企业提供了一个学习和提升的平台，促使企业不断提升自身的管理水平和市场竞争力。

（五）国际贸易规则的参与者与影响者

跨国合作对国际贸易规则的制定与完善具有重要影响。跨国企业作为全球经济的主体，在国际贸易中扮演着重要角色。通过跨国合作，企业可以参与国际贸易规则的制定和谈判，推动国际贸易规则的完善和发展。这有助于维护国际贸易的公平、公正和透明，促进全球经济的稳定与发展。在国际贸易中，跨国合作为企业提供了一个参与国际贸易规则制定和谈判的机会，使得企业能够更好地维护自身利益和推动国际贸易的公平、公正和透明。

二、合作对各方利益的实现与提升

随着全球化进程的加速，跨国合作在国际贸易中的地位日益凸显。这种合作模式不仅促进了资源的优化配置、技术的创新与产业升级，更在市场拓展、国际竞争力提升以及国际贸易规则的制定等方面发挥了重要作用。然而，跨国合作的成功并不仅仅依赖于这些宏观层面的因素。事实上，它在微观层面上对各方利益的实现与提升也起到了至关重要的作用。

（一）资源共享与成本优化

跨国合作最直接的益处之一是资源共享。通过合作，各方可以将自身的优势资源投入到共同的事业中，实现资源的优化配置。这种资源共享不仅可以降低生产成本，提高经济效益，还能在一定程度上缓解各国资源分布不均的问题。在资源共享的过程中，各方能够以更低的成本获取所需的资源，从而在国际贸易中获得更大的竞争优势。

（二）技术转移与创新驱动

跨国合作是技术转移的重要渠道。通过与国外先进企业的合作，发展中国家可以引进先进技术，提高自身的生产效率和产品质量。这种技术转移不仅有助于缩小技术差距，还能带动产业升级和经济发展。同时，跨国合作也有助于推动创新。在合作过程中，各方可以相互学习、交流和借鉴，激发新的创新灵感和技术突破。这种创新驱动不仅有助于提升各方的技术水平和竞争力，还能创造更多的商业机会和价值。

（三）市场开拓与品牌建设

跨国合作可以帮助各方开拓国际市场，扩大销售渠道。通过合作，企业可以借助合作伙伴的渠道和网络优势，快速进入新的市场，提高市场占有率和影响力。同时，跨国合作还有助于企业提升品牌形象和知名度。通过与国际知名企业合作，企业可以借助其品牌效应和口碑，提升自身品牌的国际地位和市场认可度。这种品牌建设不仅有助于提高企业的竞争力和市场份额，还能为其带来更多的商业机会和价值。

（四）风险管理与社会责任

跨国合作可以帮助各方分散风险，降低经营不确定性。在国际贸易中，各国面临的政治、经济、文化等方面的风险各不相同。通过跨国合作，企业可以与合作伙伴共同应对这些风险，降低单一国家的风险对企业整体经营的影响。同时，跨国合作还有助于企业履行社会责任，提高可持续发展水平。在合作过程中，企业可以借鉴合作伙伴的先进管理模式和社会责任实践，改善自身的经营行为和社会形象。这种风险管理和社会责任的履行不仅有助于提高企业的声誉和形象，还能为其带来更多的商业机会和价值。

（五）人才培养与组织发展

跨国合作还有助于企业培养国际化人才，提高组织发展水平。通过与国际先进企业的合作，企业可以派遣员工到合作伙伴处学习和交流，培养具有国际视野和跨文化沟通能力的人才。这种人才培养不仅有助于提高企业的管理水平和创新能力，还能为其带来更多的商业机会和价值。同时，跨国合作还有助于企业提高自身的组织发展水平。在合作过程中，企业可以借鉴合作伙伴的先进管理模式和组织架构，改善自身的组织效率和运营水平。这种组织发展不仅有助于提高企业的竞争力和市场份额，还能为其带来更多的商业机会和价值。

综上所述，跨国合作在国际贸易中对于各方利益的实现与提升具有重要作用。通过资源共享、技术转移、市场开拓、风险管理、人才培养等方面的合作，各方可以共同实现自身利益的最大化。同时，跨国合作还有助于推动国际贸易的公平、公正和透明，促进全球经济的稳定与发展。未来，随着全球化进程的不断深入和国际贸易环境的不断变化，跨国合作将继续发挥重要作用。各方应积极把握机遇，加强跨国合作，共同推动国际贸易的繁荣与发展。

三、跨国合作对全球经济的贡献

跨国合作作为全球经济一体化的重要推动力，对全球经济的贡献日益显著。这种贡献不仅体现在促进国际贸易、推动经济增长、创造就业机会等方面，还表现在提升技术水平、优化资源配置、加强市场竞争等方面。

（一）促进国际贸易与经济增长

跨国合作的核心在于资源的全球配置与优化。通过跨国合作，各国可以发挥自身比较优势，实现资源的高效利用。这种资源的最优配置有助于提高生产效率、降低成本，从而增强全球经济的竞争力。同时，跨国合作促进了国际贸易的发展，扩大了市场规模，进一步推动了全球经济的增长。

（二）创造就业机会与缓解贫困

跨国合作对于创造就业机会、缓解全球贫困问题具有积极意义。随着跨国合作的深入开展，企业为了适应全球化竞争，不断扩大生产规模，增加对劳动力的需求。这为各国的就业市场提供了大量岗位，特别是对于发展中国家而言，跨国合作带来的就业机会有助于缓解当地的贫困问题。

（三）提升技术水平与产业升级

跨国合作是技术转移和知识共享的重要途径。通过与国际先进企业的合作，发展中国家可以引进先进技术，加速自身的技术进步和产业升级。这种技术转移对于提高全球产业的科技含量、优化产业结构、促进经济可持续发展具有积极作用。

（四）优化资源配置与提高效率

跨国合作有助于优化全球资源的配置，提高经济效率。在跨国合作的框架下，资源可以更加自由地流动，从低效领域转向高效领域，从而实现资源的最大化利用。这种资源的优化配置有助于提高全球经济的整体运行效率，促进世界经济的繁荣发展。

（五）加强市场竞争与推动创新

跨国合作有利于加强市场竞争，激发企业的创新活力。在全球化的背景下，企业面临着日益激烈的竞争压力，而通过跨国合作，企业可以获得更多的资源和知识支持，增强自身的竞争力。同时，跨国合作推动了企业间的技术交流与合作，促进了技术的不断创新和应用，为全球经济注入了新的活力。

（六）促进文化交流与文明互鉴

跨国合作还有助于促进不同文化间的交流与理解，推动文明互鉴。在跨国合作的框架下，各国之间的文化交流得以加强，有助于消除文化隔阂、增进相互理解。这种文化交流不仅有助于推动全球文化的繁荣发展，还有助于构建和谐稳定的国际关系，为全球经济创造良好的外部环境。

综上所述，跨国合作对全球经济的贡献表现在多个方面。通过促进国际贸易、创造就业机会、提升技术水平、优化资源配置、加强市场竞争以及促进文化交流等方面，跨国合作有力地推动了全球经济的发展与繁荣。在全球化日益深化的今天,跨国合作的重要性愈发凸显。各国应积极参与到跨国合作中,共同把握全球化带来的机遇与挑战,为实现全球经济可持续发展做出积极贡献。

第二节　合作共赢的实现路径与策略

一、建立有效的合作机制与平台

随着全球化的深入发展,跨国合作已成为推动世界经济前进的重要动力。然而,要实现跨国合作的可持续发展,建立有效的合作机制与平台显得尤为重要。这不仅有助于加强各方的信任与合作,更能确保资源的合理配置和有效利用。

（一）建立合作机制,明确合作目标与原则

在跨国合作中,明确合作目标与原则是至关重要的。这有助于各方在合作过程中保持方向一致,避免产生不必要的摩擦。合作机制的建立,旨在保障各方的权益,确保合作的公平、公正与透明。具体来说,可以从以下几个方面着手。

1.制定明确的合作目标:在开展跨国合作之前,各方应充分沟通,明确合作的长期与短期目标。这有助于确保合作过程中的行动一致,提高合作效率。

2.确立合作原则:为了维护各方的利益,确保合作的顺利进行,应制定一套明确的合作原则,如诚信、互惠、共同发展等。

3.建立协商机制:在合作过程中,难免会遇到各种问题与挑战,因此需要建立一套有效的协商机制,以便及时解决问题,确保合作的顺利进行。

（二）搭建合作平台,促进资源共享与交流

跨国合作的成功与否,很大程度上取决于合作平台的搭建。一个良好的合作平台,能够促进各方之间的资源共享与交流,提高合作的深度与广度。具体来说,可以从以下几个方面搭建合作平台。

1.建立信息交流平台:通过建立信息交流平台,各方可以及时了解彼此的发展动态,分享合作项目的进展情况,从而提高决策效率和合作效果。

2.搭建技术研发平台:通过技术研发平台的搭建,各方可以共同开展技术研发,提高技术水平和创新能力。这有助于增强合作体的核心竞争力,推动产业升级。

3.创建人才培养平台:人才培养是跨国合作的重要方面。通过创建人才培养平台,各方可以共同培养高素质的人才,提高人力资源的综合素质。这有助于增强合作体的可持续发展能力。

4.构建贸易服务平台：通过构建贸易服务平台，可以为跨国合作提供便利的贸易环境。这有助于促进贸易的自由化与便利化，降低交易成本，提高经济效益。

5.建立金融服务平台：金融是跨国合作的血脉。通过建立金融服务平台，可以为跨国合作提供融资支持、风险评估和金融咨询等服务。这有助于解决资金瓶颈问题，保障合作的顺利进行。

（三）加强政策协调，优化跨国合作环境

跨国合作的深入发展，离不开各国政策的支持与协调。为了优化跨国合作环境，各国应加强政策协调，共同营造良好的发展环境。具体来说，可以从以下几个方面着手。

1.政策沟通：加强各国之间的政策沟通，了解彼此的发展战略和政策意图。通过政策对话和协商，增进相互理解与信任，为跨国合作的开展奠定基础。

2.法规完善：完善跨国合作的法律法规体系，为合作的开展提供法律保障。各国应制定有利于跨国合作的法规政策，降低合作的法律风险，保障各方的合法权益。

3.税收优惠：为了鼓励跨国合作的开展，各国可以制定税收优惠政策。通过减免税收或提供税收抵免等方式，降低跨国合作的成本，提高经济效益。

4.金融支持：加强金融支持力度，为跨国合作提供融资便利。各国可以通过设立跨国合作基金、提供低息贷款或担保等方式，为跨国合作项目提供资金支持。

5.简化行政程序：为了提高跨国合作的效率，各国应简化行政程序，减少审批环节和时间成本。通过建立一站式服务窗口、推行电子政务等方式简化行政流程。

（四）跨文化沟通与跨国合作

在全球化的大背景下，国际商务活动日益频繁。不同文化背景下的商务沟通显得尤为重要。跨文化沟通在国际商务中的重要性不容忽视。

1.文化差异对国际商务的影响

国际商务活动往往涉及不同国家和地区的参与者，他们有着不同的文化背景、价值观和行为规范。这些文化差异会对国际商务活动产生深远影响。例如，在决策方式上，西方文化强调个人主义和独立思考，而东方文化则注重集体主义和共识决策。如果不能有效理解和处理这些文化差异，可能会导致沟通障碍和误解，影响商务谈判和合作的顺利进行。因此，在国际商务中，了解和尊重文化差异至关重要。

2.跨文化沟通在国际商务中的作用

（1）促进信息传递和理解：在国际商务中，信息传递的准确性和及时性对于合作成功至关重要。跨文化沟通有助于各方更好地理解彼此的需求、意图和期望，从而在信息传递中达到一致性，避免误解和冲突。

（2）加强合作关系：有效的跨文化沟通有助于建立互信和友好的合作关系。通过了解不同文化背景下的行为规范和价值观，各方可以更好地适应彼此，减少冲突和误解，促进合作关系的发展。

（3）提高谈判技巧：在国际商务谈判中，跨文化沟通技巧是成功的关键。了解不同文化背景下的谈判风格和策略，可以更加灵活地应对谈判中的挑战和变化，提高谈判效率和成果。

（4）促进全球化思维：跨文化沟通有助于培养参与者的全球化思维，更好地适应全球化的商业环境。通过了解不同文化背景下的商业模式和策略，可以发现更多的商业机会和合作伙伴，促进企业的发展和国际化进程。

3.提升跨文化沟通能力的策略

增强文化敏感度：在国际商务中，参与者应具备高度的文化敏感度，尊重和理解不同国家和地区的文化特点。通过了解不同文化的背景、价值观、行为规范和沟通方式，可以更好地适应不同文化环境，提高沟通效果。

学习跨文化沟通技巧：掌握跨文化沟通技巧是国际商务成功的关键。参与者应学习如何应对不同文化背景下的商务场合，包括语言沟通、非语言沟通、谈判技巧等。此外，还应了解如何处理文化冲突和误解，提高应对能力。

建立共同价值观和目标：在国际商务中，建立共同价值观和目标有助于减少文化差异带来的影响。通过寻找共同点和合作基础，可以加强各方之间的联系和信任，促进合作的顺利进行。

利用专业翻译和语言服务：在国际商务中，语言是沟通的重要桥梁。利用专业翻译和语言服务可以确保信息的准确传递和理解，避免因语言障碍引起的误解和冲突。同时，通过学习目标国家的语言，可以更好地了解当地文化和商业环境，提高跨文化沟通能力。

开展跨文化培训：跨文化培训是提升跨文化沟通能力的重要途径。通过培训，可以让参与者了解不同国家和地区的文化特点、行为规范和沟通方式，学习如何应对文化差异和冲突，提高跨文化沟通技巧和应对能力。

总之，跨国合作建立有效的合作机制与平台对于全球化背景下的国际商务活动具有重要意义。参与者应增强文化敏感度，学习跨文化沟通技巧，建立共同价值观和目标，利用专业翻译和语言服务，开展跨文化培训，以提升自身的跨文化沟通能力。这将有助于在国际商务活动中取得更好的成果，促进全球经济的繁荣与发展。

二、资源共享与优势互补

（一）跨国合作资源共享与优势互补的重要性

随着全球化的不断深入发展，跨国合作已经成为企业拓展市场、获取资源、提高竞争力的重要手段。在跨国合作中，资源共享与优势互补是关键因素之一，它有助于企业实现互利共赢的目标，推动合作向更深层次发展。

资源共享是指合作各方通过共享各自的资源，实现资源的优化配置和高效利用，降低成本、提高效益。优势互补则是指合作各方发挥各自的优势，弥补彼此的不足，共同提升竞争力和市场地位。在跨国合作中，不同国家、不同企业所拥有的资源和优势各不相同，通过资源共享与优势互补，可以实现互利共赢的局面，推动企业的共同发展。

（二）跨国合作资源共享与优势互补的方式

1.技术共享与研发合作

技术是企业的核心竞争力之一，通过技术共享与研发合作，可以提高企业的技术水平和创新能力，推动产品升级换代，开拓更广阔的市场。例如，苹果公司与三星公司在技术上的合作，共同推动了智能手机的创新和发展。

2.市场资源共享

市场资源包括销售渠道、客户资源、品牌影响力等。通过市场资源共享，可以扩大销售网络、拓展市场份额、提高品牌知名度。例如，阿里巴巴与京东在电商领域的合作，共同推动了中国电商行业的发展。

3.生产资源共享

生产资源包括设备、原材料、人力资源等。通过生产资源共享，可以降低生产成本、提高生产效率、实现规模经济效应。例如，汽车行业的供应链管理，通过供应商之间的合作与资源共享，实现了成本优化和快速响应市场需求。

4.管理资源共享

管理资源包括企业管理理念、管理模式、管理方法等。通过管理资源共享，可以学习借鉴先进的管理经验和方法，提高企业管理水平和效率。例如，麦当劳与肯德基在连锁经营方面的合作与交流，推动了各自品牌的扩张和发展。

（三）跨国合作资源共享与优势互补的挑战与应对策略

1.文化差异与沟通障碍

跨国合作涉及到不同国家和地区的文化背景和语言习惯，文化差异和沟通障碍可能导致合作中的误解和冲突。因此，在跨国合作中，应充分了解和尊重各方文化背景和价值观，加强沟通与交流，促进文化融合。同时，应积极开展跨文化培训，提高参与者的跨文化沟通能力和文化敏感度。

2.法律法规与政策差异

不同国家和地区的法律法规和政策存在差异，可能对跨国合作产生影响。因此，在跨国合作中，应充分了解和遵守各方法律法规和政策要求，确保合作的合法性和合规性。同时，应积极寻求政策支持和优惠待遇，为合作创造有利条件。

3.经济风险与不确定性

跨国合作面临全球经济形势的不确定性和风险，如汇率波动、市场需求变化等。因此，在跨国合作中，应加强市场调研和风险评估，制定应对策略和预案。同时，应积极寻求多元化的市场和资源来源，降低单一市场和资源的风险。

4.知识产权保护与技术转移

跨国合作涉及到知识产权保护和技术转移的问题。因此，在跨国合作中，应加强知识产权保护意识和技术转移管理。同时，应建立完善的知识产权保护机制和技术转移体系，确保各方权益得到保障。

跨国合作资源共享与优势互补是全球化背景下企业发展的重要趋势。通过技术共享与研发合作、市场资源共享、生产资源共享和管理资源共享等方式，可以实现企业间的互利共赢和共同发展。然而，跨国合作也面临着文化差异、法律法规、经济风险和知识产权保护等方面的挑战。因此，在跨国合作中，应加强沟通交流、遵守法律法规、加强风险评估和知识产权保护等工作。展望未来，随着全球化的不断深入发展，跨国合作资源共享与优势互补将更加重要和普遍。企业应积极拓展国际市场、加强合作伙伴关系、提高自身核心竞争力和创新能力、不断推动全球经济的发展和繁荣。

三、风险共担与利益分配

（一）跨国合作风险共担与利益分配核心问题与挑战

随着全球化的加速发展，跨国合作日益成为企业寻求扩展市场、降低成本和提升竞争力的重要手段。然而，跨国合作也带来了诸多风险和挑战，其中最为核心的问题便是风险共担与利益分配。

（二）跨国合作风险共担与利益分配的影响因素

1.文化差异：跨国合作涉及不同国家和地区的文化背景，文化差异可能导致沟通障碍、误解和冲突，从而影响风险和利益的分配。

2.法律与政策环境：各国的法律法规、政策环境和商业惯例对跨国合作的约束和影响各不相同，合作各方需充分了解和遵守当地的法律和政策要求。

3.合作协议：合作协议是跨国合作的基础，协议中的权利、义务和责任条款将直接影响风险和利益的分配。

4.合作各方的实力与地位：各方的经济实力、技术水平、市场地位等因素将影响其在跨国合作中的谈判力和影响力，进而影响风险和利益的分配。

5.项目特点：跨国合作项目的规模、复杂性、风险大小等因素也会影响风险和利益的分配。

（三）跨国合作风险共担与利益分配的策略建议

1.建立全面的风险评估机制：在跨国合作之初，合作各方应进行全面的风险评估，明确可能面临的风险类型、程度和影响范围，为风险共担和利益分配提供依据。

2.公平合理的风险与利益分配：根据各方实力、地位、投入等因素，制定公平合理的风险与利益分配方案，确保各方的权益得到充分保障。

3.建立有效的沟通机制：加强各方之间的信息交流与文化沟通，促进相互理解与信任，降低因文化差异带来的风险和利益分配问题。

4.遵守法律法规和商业道德：遵守各国的法律法规和商业道德要求，确保跨国合作的合法性和可持续性。

5.灵活调整合作协议：根据合作项目的进展情况，及时调整合作协议中的风险与利益分配条款，以适应变化的市场环境和合作条件。

6.建立风险管理应对机制：针对可能出现的风险问题，制定相应的应对措施和预案，降低风险对跨国合作的影响，保障各方利益的实现。

7.强化合作伙伴关系管理：加强合作伙伴关系的维护和管理，通过建立长期稳定的合作关系，降低跨国合作中的风险和不确定性。

8.引入第三方协调机构：在跨国合作中，引入第三方协调机构有助于协调各方利益、解决争议和提高合作效率。

9.注重人才培养与团队建设：加强人才培养和团队建设，提高跨国合作中的人力资源素质和管理水平，降低因人员因素带来的风险问题。

10.持续改进与优化管理流程：对跨国合作的流程进行持续改进和优化，提高管理效率和市场适应性，降低潜在的风险和不确定性。

跨国合作的风险共担与利益分配是一个复杂而关键的问题，需要合作各方共同努力解决。通过建立全面的风险评估机制、公平合理的风险与利益分配、有效的沟通机制、遵守法律法规和商业道德等措施的实施，可以降低跨国合作中的风险和不确定性，保障各方的利益实现。同时，持续改进和优化管理流程、强化合作伙伴关系管理等措施也有助于提高跨国合作的稳定性和长期发展潜力。通过这些措施的综合运用，可以实现跨国合作的互利共赢、共同发展的目标。

第三节　国际组织在促进合作中的作用与贡献

一、国际组织的角色与职能

（一）国际贸易跨国合作中国际组织的角色与职能

随着全球化进程的不断加速，国际贸易已经成为各国经济发展的重要推动力。在这个过程中，跨国合作成为企业寻求资源、市场和技术的关键手段。而在跨国合作的舞台上，国际组织发挥着不可或缺的角色，承担着重要的职能。

（二）国际组织在跨国合作中的角色

1.促进者与协调者：国际组织通过举办贸易展览、论坛等活动，为各国企业搭建交流与合作的平台，促进国际贸易的发展。同时，国际组织还发挥着协调各方的角色，解决跨国合作中可能出现的矛盾和冲突。

2.规则制定者：国际组织在国际贸易规则的制定中发挥着核心作用。例如，世界贸易组织（WTO）通过推动自由贸易，为全球贸易提供制度保障。

3.服务提供者：国际组织为跨国合作提供各种服务，如信息咨询、法律援助等，帮助合作各方更好地应对跨国合作中的挑战。

（三）国际组织在跨国合作中的职能

1.政策建议与指导：国际组织为各国政府和企业在跨国合作中提供政策建议与指导，帮助各方理解和遵守国际规则，降低合作风险。

2.信息交流与共享：国际组织通过收集、整理和发布国际贸易信息，促进合作各方之间的信息交流与共享，为跨国合作的决策提供有力支持。

3.培训与能力建设：国际组织开展各类培训项目，提高各国企业在跨国合作中的能力与素质，帮助企业更好地融入全球价值链。

4.促进公平贸易：国际组织致力于推动公平贸易，反对贸易保护主义，维护国际贸易秩序的稳定。

5.危机管理与应对：国际组织在跨国合作面临危机时，发挥协调和资源整合的作用，帮助各方共同应对挑战。

6.环境保护与可持续发展：随着全球环境问题日益严重，国际组织在跨国合作中更加注重环境保护和可持续发展。例如，推动绿色供应链建设，倡导环保生产方式等，以确保跨国合作的可持续发展。

7.促进民间交流与文化理解：除了经济方面的合作，国际组织还致力于促进各国民间交流与文化理解。通过举办文化活动、学术交流等方式，增进各国人民之间的友谊与合作基础。

8.监督与评估：国际组织对跨国合作项目进行监督与评估，确保合作的顺利进行并取得预期成果。同时，通过评估结果的反馈，帮助各方不断完善合作模式和提升合作效果。

9.创新驱动：国际组织鼓励和支持跨国合作中的创新活动，推动技术转移和知识共享。通过搭建创新平台、提供创新资金等方式，激发企业在跨国合作中的创新活力。

10.搭建信任桥梁：在跨国合作中，信任是至关重要的基础。国际组织通过建立信任机制、加强透明度等方式，为合作各方搭建信任的桥梁，降低合作风险，促进合作的顺利进行。

国际贸易跨国合作的发展离不开国际组织的积极参与和贡献。国际组织在跨国合作中发挥着促进者、协调者、规则制定者和服务提供者的角色，承担着政策建议与指导、信息交流与共享、培训与能力建设等职能。随着全球化的深入发展，国际组织在跨国合作中的作用将更加重要。为了更好地应对全球挑战和促进国际贸易的繁荣发展，各国政府、企业和民间团体应加强与国际组织的合作，共同推动跨国合作的深入发展。

二、国际组织在跨国合作中的推动作用

（一）国际贸易国际组织在跨国合作中的推动作用

随着全球化的不断深入，国际贸易已经成为各国经济发展的重要支柱。在这个过程中，国际组织作为全球治理的重要主体，在跨国合作中发挥着不可或缺的推动作用。国际组织通过提供平台、制定规则、促进交流等方式，为跨国合作创造了良好的环境和条件，推动了全球经济的繁荣与发展。

（二）国际组织在跨国合作中的推动作用

1.提供交流与合作平台

国际组织作为各国政府、企业、研究机构等之间的桥梁，为跨国合作提供了重要的交流与合作平台。例如，世界贸易组织（WTO）通过推动自由贸易，促进了全球范围内的贸易往来；国际货币基金组织（IMF）和世界银行等金融机构为成员国提供了资金支持，帮助其应对经济挑战和推动经济发展。这些平台为跨国合作提供了机会和资源，使

得各国能够更好地实现互利共赢。

2.制定国际贸易规则

国际组织在制定国际贸易规则方面发挥着核心作用。国际贸易规则是跨国合作的重要保障，有助于维护公平竞争、减少贸易摩擦、促进贸易自由化等。例如，WTO 通过推动自由贸易，制定了全球贸易规则，促进了全球经济的繁荣与发展。其他国际组织如联合国贸易和发展会议（UNCTAD）也为国际贸易规则的制定和推广做出了重要贡献。

3.促进技术转移与创新

国际组织在促进技术转移与创新方面也发挥了积极作用。技术转移和创新是跨国合作的重要驱动力，有助于提高生产效率、推动产业升级和经济发展。例如，世界知识产权组织（WIPO）通过保护知识产权，促进了技术转移和创新的良性发展；联合国工业发展组织（UNIDO）也致力于推动工业领域的创新和技术转移。这些国际组织的努力为跨国合作提供了强大的技术支持和创新动力。

4.加强人才培养与能力建设

跨国合作的成功离不开高素质的人才。国际组织在加强人才培养与能力建设方面发挥了重要作用。例如，世界卫生组织（WHO）通过提供医疗培训和技术支持，帮助发展中国家提高卫生领域的能力；国际劳工组织（ILO）也为各国提供了职业培训和就业支持，提高了劳动力的技能水平。这些努力为跨国合作提供了高素质的人才保障，促进了合作的顺利开展。

5.推动可持续发展与环保合作

随着人们对环境保护意识的提高，可持续发展与环保合作成为跨国合作的重点领域之一。国际组织在此方面发挥了积极作用。例如，联合国环境规划署（UNEP）致力于推动全球环保事业的发展；绿色气候基金（GCF）等也为应对气候变化提供了资金支持和技术指导。这些国际组织的努力促进了各国在环保领域的合作与共同进步。

6.监督与评估跨国合作成果

国际组织还负责对跨国合作进行监督与评估，以确保合作的成果符合预期目标。通过对合作项目的定期评估和反馈，国际组织能够及时发现问题并提出改进建议，帮助各方不断完善合作模式和提高合作效果。同时，国际组织的监督与评估结果也为其他潜在合作伙伴提供了参考和借鉴，促进了跨国合作的良性发展。

综上所述，国际组织在跨国合作中发挥着重要的推动作用。它们通过提供交流与合作平台、制定国际贸易规则、促进技术转移与创新、加强人才培养与能力建设、推动可持续发展与环保合作以及对跨国合作成果进行监督与评估等方式，为跨国合作的顺利开展提供了有力支持。为了更好地应对全球挑战和促进经济发展，各国应积极参与国际组织的活动和合作项目，共同推动跨国合作的深入发展。同时，国际组织也应继续发挥其优势和作用，不断创新和完善跨国合作的机制和模式，以适应全球化时代的发展需求。

三、国际组织的贡献与未来发展方向

（一）国际贸易中国际组织的贡献与未来发展方向

随着全球化的深入发展，国际贸易已经成为各国经济发展的重要引擎。在这个过程中，国际组织发挥着不可或缺的作用。它们通过推动贸易自由化、促进多边贸易体制的完善、解决贸易争端等，为全球贸易的发展做出了重大贡献。同时，国际组织也在不断地适应和引领贸易格局的变化，探索未来的发展方向。

（二）国际组织在国际贸易中的贡献

1.推动贸易自由化

国际组织在推动贸易自由化方面发挥了关键作用。例如，世界贸易组织（WTO）致力于推动自由贸易，通过推动关税和非关税壁垒的削减，促进了全球贸易的发展。同时，区域贸易协定（RTAs）也在区域范围内推动了贸易自由化。这些协定通过消除成员国之间的贸易壁垒，促进了区域内的贸易和投资流动。

2.促进多边贸易体制的完善

国际组织在促进多边贸易体制的完善方面也发挥了重要作用。WTO通过推动成员国之间的协商和谈判，不断改进和完善多边贸易规则和纪律，为全球贸易的稳定和发展提供了保障。同时，国际组织还通过提供争端解决机制，帮助成员国解决贸易争端，维护多边贸易体制的权威性和有效性。

3.促进贸易与可持续发展相结合

近年来，国际组织越来越注重将贸易与可持续发展相结合。例如，联合国贸易和发展会议（UNCTAD）致力于推动贸易与发展的关联性，通过支持发展中国家融入全球经济、推动南南合作等方式，促进全球范围内的减贫和可持续发展。同时，国际组织还通过推动环保产品和服务的市场准入，促进绿色贸易的发展。

（三）国际组织在国际贸易中的未来发展方向

1.强化对新兴领域的规则制定和监管合作

随着全球贸易格局的不断变化，新兴领域的规则制定和监管合作成为国际组织未来的重要发展方向。例如，数字贸易、人工智能等新兴领域的规则制定对于保护国家安全、促进技术创新、保障消费者权益等方面都具有重要意义。国际组织需要加强成员国之间的合作与协商，制定适合新兴领域的规则和标准，并加强监管合作，以促进这些领域的健康发展。

2.强化对发展中国家的支持

发展中国家在全球贸易中处于相对弱势地位，因此国际组织需要继续加强对发展中国家的支持。例如，通过提供技术援助、资金支持等方式，帮助发展中国家提高其贸易能力和竞争力。同时，国际组织还需要关注发展中国家在国际贸易中的利益诉求，促进全球贸易的均衡和可持续发展。

3.加强与其他国际组织的合作与交流

随着全球治理体系的不断发展和演变，国际组织之间的合作与交流也变得越来越重要。国际组织需要加强与其他国际组织的合作与交流，共同应对全球性挑战和问题。例如，WTO 可以与联合国环境规划署（UNEP）、世界银行等国际组织加强合作，共同推动绿色贸易的发展；UNCTAD 可以与国际劳工组织（ILO）加强合作，共同推动就业和减贫等议题的发展。

4.强化对区域贸易协定的监管和协调

随着区域贸易协定的数量不断增加，其对于全球贸易格局的影响也越来越大。因此，国际组织需要加强对区域贸易协定的监管和协调。例如，WTO 可以加强对区域贸易协定的审议和监督，确保其符合多边贸易规则和纪律；UNCTAD 可以加强对区域贸易协定的经济影响评估，为成员国提供决策参考。

综上所述，国际组织在国际贸易中发挥着重要的作用。它们通过推动贸易自由化、促进多边贸易体制的完善、解决贸易争端等方式，为全球贸易的发展做出了重大贡献。未来，国际组织需要继续适应和引领贸易格局的变化，强化对新兴领域的规则制定和监管合作、加强对发展中国家的支持、加强与其他国际组织的合作与交流、强化对区域贸易协定的监管和协调等方向发展。同时，各国政府、企业和非政府组织也应加强与国际组织的合作与交流，共同推动全球贸易的健康发展。

参考文献

[1]郭佳祺.跨境电商对我国国际贸易与宏观经济的影响[J].中国商论,2023(21):44-47.

[2]隋莉.新发展格局下提升河北省国际贸易竞争力探究[J].中国市场,2023(27):21-24.

[3]陈敏欣.基于全球价值链视角的我国企业国际贸易出口机制研究[J].中外企业文化,2023(08):64-66.

[4]佟光霁,孙沛雨.新发展格局下国际大豆贸易市场势力研究[J].学习与探索,2023(08):147-158.

[5]郑蕴.国际贸易法体系的碎片化结构:历史性变局、主要矛盾与中国对策[J].国际经济法学刊,2023(03):61-76.

[6]周静.新形势下国际经济与贸易发展趋势与策略探讨[J].全国流通经济,2023(13):40-43.

[7]许朝凯,刘宏曼.国际贸易网络演化与中国出口韧性提升[J].世界经济研究,2023(06):100-114+136.

[8]李莼.区域贸易协定中金融服务贸易自由化与管制的协调规则研究[D].重庆:西南大学,2023.

[9]张宁.金融创新模式与国际贸易协同发展机制研究——评经济管理出版社《金融创新与国际贸易经济发展》[J].价格理论与实践,2022(06):199.

[10]黄文哲.YG国际贸易公司竞争战略研究[D].广州:华南理工大学,2022.

[11]孙忠伟.立昱国际贸易公司国际市场营销战略研究[D].大连:大连理工大学,2020.

[12]单麒凝.浅谈连锁品牌在国际贸易中的管理策略[J].中国商论,2020(19):86-87.

[13]陈演易.国际贸易中公司收益管理的问题研究[J].中国商论,2020(19):84-85.

[14]宁静.马克思国际贸易理论对西安数字经济发展的启示[D].西安:西安工业大学,2020.

[15]刘璐.论国际贸易实务中的国际市场营销策略[J].中国商论,2020(03):76-77.

[16]高金龙.河钢国际传统贸易金融化操作实践分析[J].现代商业,2018(19):78-79.

[17]袁媛.本溪市对外贸易管理存在的问题与对策研究[D].沈阳:东北大学,2018.

[18]张军.浅谈网络贸易与国际贸易信息管理[J].现代经济信息,2017(18):138+140.

[19]王维娜.市场监管是国际贸易竞争力的重要基础与保障[J].山西农经,2016(11):82.

[20]张菁.国际货物进口贸易的风险防范研究[J].北方经贸，2014(06)：15.

[21]刘晨.我国商业银行国际贸易融资风险及其管理对策[D].大连：辽宁师范大学，2013.